中國學術思想 研究輯刊

二九編

林慶彰 主編

第 7 冊

王陽明的教化哲學研究：以「敬」為中心

向 輝 著

花木蘭文化事業有限公司

國家圖書館出版品預行編目資料

王陽明的教化哲學研究：以「敬」為中心／向輝 著 — 初版
— 新北市：花木蘭文化事業有限公司，2019〔民 108〕
目 2+238 面；19×26 公分
（中國學術思想研究輯刊 二九編：第 7 冊）
ISBN 978-986-485-709-8（精裝）
1.（明）王守仁 2. 學術思想 3. 陽明學
030.8   108001209

ISBN-978-986-485-709-8

中國學術思想研究輯刊
二九編 第七冊   ISBN：978-986-485-709-8

王陽明的教化哲學研究：以「敬」爲中心

作　　者　向輝
主　　編　林慶彰
總 編 輯　杜潔祥
副總編輯　楊嘉樂
編　　輯　許郁翎、王 筑　美術編輯　陳逸婷
出　　版　花木蘭文化事業有限公司
發 行 人　高小娟
聯絡地址　235 新北市中和區中安街七二號十三樓
　　　　　電話：02-2923-1455／傳真：02-2923-1452
網　　址　http://www.huamulan.tw 信箱 hml810518@gmail.com
印　　刷　普羅文化出版廣告事業
封面設計　劉開工作室
初　　版　2019 年 3 月
全書字數　233895 字
定　　價　二九編 15 冊（精裝）新台幣 28,000 元

王陽明的教化哲學研究：以「敬」爲中心

向輝 著

作者簡介

向輝（1980～），男，湖北鶴峰人，博士。先後在中央民族大學、北京大學和北京師範大學完成本科、碩士、博士學業，所修專業爲民族學（民族理論與民族政策）、社會學和教育學。現供職中國國家圖書館，副研究館員。先後在《社會理論學報》《國家圖書館館刊》《版本目錄學研究》《國學季刊》等國內外刊物發表論文 30 餘篇。

提 要

　　當王陽明（成化八年至嘉靖八年，1472～1529）開始探尋「人應該成爲什麼樣的人」「如何成爲一個人」「如何實現好的生活」等問題時，性理學「學爲聖人」的主張契合了他的精神世界；在朱子學薰染中，他溯源而上，以心詮心，借助於六經、四子的典範，修己以敬，最終成就了陽明學的新範式。

　　當王陽明的教化哲學成爲一種過往的歷史知識時，我們如何進入陽明學，體認陽明學，豐富陽明學就存在著無窮張力。疏解此張力，重啓經典活力，則有待於「敬道心筌」，即：首先，以「敬」爲方法，對作爲教化哲學的王陽明思想重新定位，以教育的眼光，歷史的考據，呈現其思想世界中「敬」的向度；其次，以王陽明著述及相關研究爲基礎，探究其教化的智慧和教化的路徑；最後，揭示更爲現實性的王陽明教化哲學和其哲學思想的精神，正是在這種精神中，陽明學逐漸形成、發展，並得以自我實現。

　　在王陽明的教化哲學中，「敬」扮演了不可或缺的關鍵角色。王陽明的教化哲學，始於「敬」的精神，成於生活之「敬」，是「敬」的成人之教。在此，「敬」和「過好生活的人」的教化哲學基本問題緊密結合，將儒家的教化哲學生活化、經典化和實踐化。此即敬道心筌的立場，它意味著回歸性理學的歷史脈絡，發掘其中的現實智慧。

本書爲著者同名博士論文，該論文的寫作曾獲北京師範大學
2015～2016 年度《顧明遠教育研究發展基金》資助
項目編號：2015009

謹致謝忱

目次

導　論

　　尊重客觀的人類生命心靈之敬意，是一導引我們之智慧的光
輝，去照察瞭解其他生命心靈之內部之一引線。……敬意向前伸展
增加一分，智慧的運用亦隨之增加一分，瞭解亦隨之增加一分。敬
意之伸展在什麼地方停止，則智慧之運用亦呆滯不前。〔註1〕
　　　　　　　　　　　——《為中國文化敬告世界人士宣言》（1958）

　　王陽明〔註2〕的思想世界值得我們一再重返。在教育史學的研究中，大多
關注其哲學的思想體系。比如，既有的研究多集中於道德倫理的解說和哲學
本體論的建構，在教育哲學中則通過教育的本質論、目的論、方法論和社會
教育、兒童教育等向度的梳理，建立其與朱子理學所不同的心學的教育哲學
形態。這種研究取向為王陽明哲學的當代性呈現提供了具體的路徑，無論是
境界的區分、良知二重性的解說，還是知行合一的詮釋，最終目標在於為現
實的教育提供歷史的哲學智慧。顯然，這樣的論述模式存在著一定的風險，
即可能將歷史僅僅視為一種文本的詮釋歷史，而非精神的智慧之學，從而使
王陽明的教化哲學成為一種批判繼承的客觀對象和知識體系建構的累積物，
這樣就或多或少地失去了歷史的現實性和現實的歷史性。

　　所謂歷史的現實性，是指歷史乃是當代史，人類社會的發展離不開對歷
史經驗的合理轉化和理性建構。在此，歷史就不僅僅是一種存留在博物館或

〔註1〕　張君勱，《新儒家思想史》〔M〕，北京：中國人民大學出版社，2006 年，第
　　　　559 頁。
〔註2〕　王陽明（成化八年至嘉靖七年，1472～1529）名守仁、字伯安、號陽明子，
　　　　封新建伯，謚文成。

者書本之上的知識考察對象，而是一種值得我們反覆進入的智慧境域。如果吾人不能以時代精神反觀歷史，則歷史不再成爲我們的祖先所留下的精神遺產，而成爲一種外在於人的自然遺產。

所謂現實的歷史性，是指現實乃是歷史的延續，人類精神的進步離不開現實世界的展開和歷史意義的追尋。在此，現實就不僅僅是一種當下情境的面對或者時代境域的考量，而是一種沿著歷史的情節不斷展開的人類精神世界的畫卷。如果吾人不能以歷史的眼光洞察當下，則現實不再具有未來的指向，而僅僅成爲一種現實的技術的應對，則現實將成爲失去其歷史的意義和生命的價值。

哲學家試圖進入歷史，以歷史的智慧之學，爲現實的生活帶來啓迪。在此，教育的哲學就成爲一種從當下出發的歷史洞察。這種洞察，不是以一種哲學的框架來切割歷史情節使之成爲我們所需要的歷史材料，不是以一種教育的方法來分解生活世界使之成爲教學所需要的工具。對於我們的生活而言，瞭解、研究、體察歷史，一方面需要有現實的理論思考，一方面需要有歷史的智慧思維。所謂現實的理論思考就是我們所研究的問題，必然是現實性的，離開現實的困境，替古人思考，那是歷史學家的課題，而不是教育史家的課題；所謂歷史的智慧思維就是我們所面對的問題，必然在古人那裡有所表達，太陽底下無甚新鮮事，離開歷史的洞察，打造全新的世界，那是新聞工作者的議題，而不是教育哲學家的議題。

在此意義上，我們研究王陽明的教化哲學，是爲了豐富吾人的智慧，將陽明的哲學思考轉化爲現實的考量，進而將儒學的成德盡性之學融貫於生活之中，成爲吾人得以立身安命的精神支柱和價值立場。

問題是，如何用現實的眼光理解作爲歷史存在的王陽明的教化哲學？學者以「心即理」「知行合一」「萬物一體」「致良知」諸語彙揭示它的宗旨或者主張。然而，陽明學何以成爲陽明學？如何理解作爲精神概念的良知？王陽明學說中內含著什麼樣的人文價值？它在何種程度上繼承和深化了儒學？用儒學的核心範疇如何理解王陽明的教化思想？作爲一種生活的智慧，王陽明教化哲學在何種面向上值得我們以之爲典範？它與我們的生活世界有何關係？

對此問題，學者進行了諸多嘗試，並給予我們很多啓示。在現代哲學視野中，性理學或者從形式的意義上被研究，或者從內容的意義被研究。從內

容的意義研究，或可稱之爲宋明理學；從形式的意義研究，或可稱之爲新儒學論。前者以錢穆（1895～1990）《宋明理學概述》〔註3〕、侯外廬（1903～1987）等著《宋明理學史》〔註4〕爲經典。後者則以馮友蘭（1895～1990）《中國哲學史》、陳榮捷（1901～1994）《中國哲學文獻選編》〔註5〕、張君勱〔註6〕（1887～1969）《新儒家思想史》〔註7〕和牟宗三（1909～1995）《心體

〔註3〕 錢穆，《宋明理學概述》〔M〕，北京：九州出版社，2011年。臺版出版情況爲：1953年中華文化出版事業社首版，1977年臺灣學生書局初版，1984年再版，其後收入1998年聯經版《錢賓四先生全集》第9冊。錢著所涉及內容始自宋學興起，下迄晚明遺老，分五十六目，將這一時期六百餘年間理學發展衍變軌跡作簡明扼要敘述。

〔註4〕 侯外廬、邱漢生、張豈之《宋明理學史》（人民出版社，上冊1984年出版，下卷1987年出版，上下卷合併1997年第2版，至2005年2版2印。此書乃集體研究成果，系統梳理了從北宋建國（建隆元年，960）至明末清初（乾隆二十年，1755）（據《宋明理學史》（上、下）所附理學家生卒年表）近八百餘年間以「性與天道」爲中心內容、吸取佛教和道教思想而以儒學爲主的理學思潮——這一中國思想史上的濁流（上冊，第21頁）。值得注意的是，於2016年1月出版的張豈之主編《侯外廬著作與思想研究》（33卷，長春出版社）幾乎收錄了侯外廬的全部著作，但並不包括《宋明理學史》。該書目錄爲：1《韌的追求》、2～3《資本論第一卷（上下）》、4《經濟學之成立及其發展》《經濟學論文》、5《中國古代社會史論》、6《中國封建社會史論》、7《蘇聯歷史學界諸論爭解答》《社會史論文》、8《中國古代思想學說史》、9～18《中國思想通史（第一至五卷）》、19《中國近代啓蒙思想史》、20～21《中國思想史綱》、22《中國古代社會與老子》等、24《思想史論文》等、25《新哲學教程》、26《抗日民族統一戰線》等、27《時論》、28《雜著》、29～30《侯外廬思想研究》、31《中國古代社會史（影印本）》、31～32《近代中國思想學說史（影印本）》。方光華、袁志偉《侯外廬的宋明理學史研究》（《國際陽明學研究》，2013年第3輯）說「這（《宋明理學史》）是迄今爲止論述宋明理學思想最全面的一部學術著作。」（張豈之，《侯外廬著作與思想研究（第29卷）》〔M〕，長春：長春出版社，2016年，第282頁）侯著上冊初版於1984年，下冊初版1987年）

〔註5〕 陳榮捷著 A Source Book in Chinese Philosophy（普林斯頓大學，1963年）或譯爲《中國哲學諸源》，或《中國哲學資料書》，中譯本譯爲《中國哲學文獻選編》（江蘇教育出版社，2006年）。此書在英語世界影響頗巨，雖爲資料選編，然有概要介紹、注釋、編者述評，實爲陳氏之哲學著述。此書第27～36章，自韓愈與李翺的儒學復興至王夫之唯物主義，對宋明儒者的新儒學進行論述。陳氏認爲新儒學以人爲中心，其三大基本論題爲性、理與命，而根本教義爲理一分殊。

〔註6〕 張君勱（1887～1969）名嘉森，字君勱，號立齋，江蘇嘉定人。

〔註7〕 張君勱《新儒家思想》原著爲英文，1957年上冊出版，1963年下冊出版。中譯本臺北弘文館出版社1986年初版，大陸簡體字較爲完整版有：河北教育

與性體》《從陸象山到劉蕺山》〔註8〕爲經典。後者更爲重視新儒學的教育的創新，並將儒學教育的目的歸結爲「在人民之間造成良善的道德風氣」〔註9〕或成德之教〔註10〕。這些典範式的論述爲我們理解性理學提供了不同的思考進路。無論新儒學或宋明理學，均是以哲學體系對性理學的進行重構式研究概念。

學問的形式要素和內容要素共同構成了知識論意義上的學問，所謂形式要素即學問之概念，所謂內容要素即學問之實質。形式與內容本不可分，設使缺失掉其中任何一個要素，都將無法展現這門學問的樣態。〔註11〕王陽明的教化哲學，淵源於性理學，亦成就於性理學。故而從教育哲學史的生發歷程來看，回到性理學的歷史脈絡之中，借鑒前述典範式研究的取徑，以問題爲導向，以方法爲指引，結合內容與形式，將有助於我們理解和把握包括王陽明教化哲學在內的傳統教育思想。

在教育哲學，教育是一種指向人的教化的過程。它盡心或致良知的過程，是教人培養道心或執行良知的命令，以保持和諧的倫常關係之過程，這

出版社 1996 年出版之劉夢溪主編《中國現代學術經典・張君勱卷》和中國人民大學出版社 2006 年出版之《張君勱儒學著作集》之《新儒家思想史》。張氏反對將儒家思想視爲博物館的死物並用自然科學方法加以研究的傾向，他認爲儒家思想仍是活著的傳統，「新儒學時期表示中國人對自己文化傳統的覺醒。」這種覺醒是基於儒家觀念和用語的新哲學，即「理學」或「性理學」，它是一套包括宇宙論、倫理學和知識論的體系，正是基於對理和人性的基本研究和認識，新儒學創造出一套新的教育方法，即重新復蘇的社會責任感、地方自治的鄉社（鄉約或者里甲）以及改進的政事，新儒學除了理論的建構之外，還奠定了中國人自宋代開始的生活方式，即道統、聖學、經典、書院和爲政及行政設施。

〔註8〕 牟宗三《心體與性體》《從陸象山到劉蕺山》影響頗巨，其中《心體與性體》臺北中正書局 1968～1969 年初版，《從陸象山到劉蕺山》臺灣學生書局 1979 年初版，臺北聯經出版事業股份有限公司 2003 年《牟宗三先生全集》本。大陸則有上海古籍出版社 1999 年，吉林出版集團責任有限公司 2013 年、2016 年《牟宗三文集》版。牟氏認爲，宋明儒的主要課題是以《論語》《孟子》《中庸》《易傳》《大學》爲基礎開出成德之教，即絕對圓滿之教，有其獨特的生命智慧，「豁醒先秦儒家之成德之教，說明吾人之自覺的道德實踐所以可能之超越的根據。」

〔註9〕 張君勱，《新儒家思想史》〔M〕，北京：中國人民大學出版社，2006 年，第43 頁。

〔註10〕 牟宗三，《心體與性體（第一冊）》〔M〕，《牟宗三先生全集（5）》〔M〕，臺北：聯經出版事業股份有限公司，2003 年，第40 頁。

〔註11〕 姜琦，《教育哲學》〔M〕，上海：群眾圖書館公司，1933 年，第1 頁。

便是教育的本質。〔註12〕也就是說，教化和良知乃是儒學教育的基本主張。教化和良知均面向人的生生之道，即直面人生，述之以道而問之以學，是對主體性的發現和行動邏輯的探尋，〔註13〕從教育史來看，它也必然指向現代教育哲學所涉及的教育本質論、價值論、目的論、知識論、道德論等的核心問題〔註14〕。陽明後學周汝登曾在一通信中寫道，所謂作爲人的日用常行的儒者之道毫無奇特處，其關鍵點在於根據人的處境而行，學生好好學，農民好好耕作，和尚好好念經，爲政好好出政績，各自依據他的職業、地位和角色做好事情，各自安頓好內心世界，道也就自然呈現於其中。〔註15〕而理學殿軍劉宗周則認爲學、論學乃是孔門之旨，說：「自良知之說倡，而人皆知此心此理之可貴，約言之，曰天下無心外之理。舉數千年以來晦昧之本心一朝而恢復之，可謂取日虞淵，洗光咸池。」〔註16〕性理學之核心問題即在於道、理與心，而一門學說是否成爲性理學的一部分的關鍵也就在於它是否對此作出了有效的詮釋。

故而，吾人今日研究王陽明教化哲學必有這樣的問題意識：陽明學何以成爲陽明學？換句話說，用儒學的基本範疇如何理解王陽明教化思想的核心精神？它內在的眞理性的價值何在？當王陽明的思想主張日漸成爲一種歷史知識的時候，知行合一、致良知甚至成爲一種老生常談。「之所以變成老生常談，是因爲他們包含了一個重大眞理。」〔註17〕對於我們來說，重要的問題在於試圖在此老生常談中找出破解當下謎題的密碼，增一分敬意，多一分智

〔註12〕 邱椿，〈王陽明的教育思想〉〔J〕，《北京師範大學學報》，1957年第01期，第63頁。

〔註13〕 於述勝，《中國現代教育學術史論》〔M〕，北京：中國社會科學出版社，2012年。

〔註14〕 「教育哲學從講法而言，無非兩大類：一類是以講教育哲學流派爲主，在講流派中兼講教育中的主要問題；另一類是以講教育問題爲主，在講每個問題時兼述各個流派的主張。」（黃濟，《教育哲學通論》〔M〕，太原：山西教育出版社，2014年，第324頁）

〔註15〕 「道本無奇，功惟見在。爲士子則習舉業，爲農夫則事耕田，爲比丘則誦經課，爲宰官則修政績。各素其位，各安其心，而道存乎其間矣。」（明）周汝登，《周汝登·周海門先生文錄卷之十》〔M〕，張夢新等點校，杭州：浙江古籍出版社，2015年，第265頁。

〔註16〕 （明）劉宗周，《原學》〔M〕，吳光主編，《劉宗周全集第3冊》〔M〕，杭州：浙江古籍出版社，2012年，第256頁。

〔註17〕 （美）蓋伊，《啓蒙運動（上卷）：現代異教精神的興起》〔M〕，劉北成譯，上海：上海人民出版社，2015年，第72頁。

慧，恢復本心，安頓此心，致其良知。

第一節 「敬」的基本洞察

「敬」的教化哲學表達在宋明儒者即「涵養須用敬，進學則在致知」〔註18〕「主一之謂敬」〔註19〕的主敬論說。「敬」被視爲是貫串儒者成聖之學始終的精神、行爲和理論。吾人認爲，王陽明所揭示的「敬」乃是其中一條可以選擇的路徑。這一路徑的選擇，並不意味著排斥歷代對於王陽明研究的豐碩成果，相反，這些成果爲我們的研究提供了豐富的深刻的洞察，是我們研究得以展開的基點。

立足於前賢的睿見，吾人對於王陽明的教化哲學研究，始於「敬」的思考。錢穆〔註20〕指出，王陽明的「知行合一」就是宋代學者所傳承的「敬」字；島田虔次說：「像（王陽明）這樣一心一意敬慕聖人的熱誠，難以認爲不

〔註18〕 （宋）程顥、程頤，《二程集・河南程氏遺書卷第十八》〔M〕，北京：中華書局，2014（1981），第 188 頁。《二程集》中關於「敬」的論述極爲豐富，二程已將敬字作爲孔門學說的根本性理念，如：「入道莫如敬，未有能致知而不在敬者。今人主心不定，視心如寇賊而不可制，不是事累心，乃是心累事。當知天下無一物是合少得者，不可惡也。」（第 66 頁）「聖人修己以敬，以安百姓，篤恭而天下平。惟上下一於恭敬，則天地自位，萬物自育，氣無不和，四靈何有不至。此體信達順之道，聰明睿智皆由是出」（第 80 頁）「學者莫若且先理會得敬，能敬則自知此矣。（第 202 頁）「敬爲學之大要。」（第 1184 頁）關於二程哲學的研究，參見：（英）葛瑞漢，《中國的兩位哲學家：二程兄弟的新儒學》〔M〕，程德祥等譯，鄭州：大象出版社，1999 年。葛瑞漢指出，程頤哲學中，心的本初的統一體（the original unity）成爲誠（integrity）；而這種狀態在活動中得以保持的過程稱爲敬（composure）。（第 119 頁）盧連章認爲，二程倫理思想的方法論是「敬誠爲本的修養觀」，而認識論上「程顥是以誠敬存之，程頤是格物致知。一個主張內省，一個主張外求，其目的都是要認識天理，達到仁的境界。」（盧連章，《程顥程頤評傳》〔M〕，南京：南京大學出版社，2001 年，第 125 頁）

〔註19〕 （明）胡廣、楊榮等，周群等校注，《四書大全校注・論語集注大全卷一》〔M〕，武漢：武漢大學出版社，2009 年，第 333 頁。

〔註20〕 錢穆說：「『心要在腔子裏』這句話宋儒用來釋敬。……敬是一種心理的態度，或者活動。從正面說，則是循理，是敬。人心有所繫便是私，能循理便是公。敬字工夫，也不過要我們去人欲、存天理，泯化小我，還歸大我，達到變化氣質的理想。」「陽明所謂的知行合一，豈不即是北宋傳下來的一個敬字？陽明所謂的致良知，豈不是北宋傳下來的一個義字。但北宋以來所謂的敬義夾持，本來分成兩橛，此刻到陽明手裏，便渾化爲一了。」（錢穆，《陽明學述要》〔M〕，北京：九州出版社，2010 年，第 14～15、6 頁）。

具有產生什麼的力量。眞正喚起新學問、新思潮的，與其說是精緻的學說，毋寧說是全心全意的熱情。」〔註21〕岡田武彥〔註22〕指出，無論是朱子學還是陽明學，都注重「敬」字；牟宗三認爲，致良知的致字即是警覺之意〔註23〕，所謂警覺實際上就是一種「敬」的精神。在此，「敬」是一個飽含精神追求的概念。它指向歷史的發展、時代的情境和人倫的教化。它在原始儒家經典中被作爲人倫教化的關鍵性話語，以「修己以敬」〔註24〕爲中心展開，由知義敬守〔註25〕、敬以直內〔註26〕、敬德修業〔註27〕等構成了儒家教化哲學的邏輯架構。此即王陽明所謂的「聖學之要，以敬爲先」，吾人從王陽明的教化哲學中所要體貼的智慧之學則是「敬之一字，親切要妙如此」。

　　「敬」是一個精神概念也是實踐概念，它是孔門的一貫宗旨。或以爲「敬」乃朱子學宗旨，在當代朱子學研究之典範式著作中，如錢穆《朱子新學案》〔註28〕、陳來《朱子哲學研究》〔註29〕、劉述先《朱子哲學思想的發

〔註21〕　（日）島田虔次，《朱子學與陽明學》〔M〕，西安：陝西師範大學出版社，1986年，第79頁。

〔註22〕　岡田氏特注重把握陽明學的精神實質，並以之爲求得内心的自得和體悟的借鏡。岡田氏首先敏銳地觀察到：「朱陸異同論者都重視敬」。（〔日〕岡田武彥，《王陽明大傳》〔M〕，重慶：重慶出版社，2015年，第28頁）

〔註23〕　牟宗三，《從陸象山到劉蕺山》〔M〕，長春：吉林出版集團有限責任公司，2016年，第146頁。

〔註24〕　子路問君子。子曰：「修己以敬。」曰：「如斯而已乎？」曰：「修己以安人。」曰：「如斯而已乎？」曰：「修己以安百姓。修己以安百姓，堯舜其猶病諸！」（《論語・憲問》14.42）

〔註25〕　禮之所尊，尊其義也。失其義，陳其數，祝史之事也。故其數可陳也，其義難知也。知其義而敬守之，天子之所以治天下也。（《禮記・郊特牲》11.24/72/4）

〔註26〕　直其正也，方其義也。君子敬以直內，義以方外。敬義立而德不孤，直方大不習无不利，則不疑其所行也。（《易經・坤・文言》2/5/5）

〔註27〕　僖公三十三年。狄伐晉，及箕。八月戊子，晉侯敗狄於箕。郤缺獲白狄子。先軫曰：「匹夫逞志於君而無討，敢不自討乎？」免胄入狄師，死焉。狄人歸其元，面如生。初，臼季使過冀，見冀缺耨，其妻饁之。敬，相待如賓。與之歸，言諸文公曰：「敬，德之聚也。能敬必有德，德以治民，君請用之。臣聞之，出門如賓，承事如祭，仁之則也。（《春秋左傳・僖公三十三年》B5.33.6/121/16）（乾）九三曰：君子終日乾乾，夕惕若屬，无咎，何謂也？子曰：君子進德修業。忠信，所以進德也；修辭立其誠，所以居業也。知至至之，可與幾也；知終終之，可與存義也。是故居上位而不驕，在下位而不憂。故乾乾，因其時而惕，雖危无咎矣。（《易經・乾・文言》2/5/5）

〔註28〕　錢穆，《錢賓四先生全集（11～15冊）・朱子新學案》〔M〕，臺北：聯經出版事業股份有限公司，1998年。

〔註29〕　陳來，《朱子哲學研究》〔M〕，上海：華東師範大學出版社，2000年。

展與完成》〔註30〕、陳榮捷《朱子學新探索》〔註31〕、余英時《朱熹的歷史世界》〔註32〕、田浩《朱熹的思維世界》〔註33〕、張立文《宋明理學研究》〔註34〕等均未以「敬」爲朱子學的最關鍵的觀念，這或與朱子的思想體系的複雜性有關。錢穆《朱子學提綱》三十二目第十六目爲「朱子論敬」，之前討論的是理氣論、心性論、宇宙論、聖人觀等等。錢穆認爲理學家對於本體論無異詞而對修養論、工夫論則爭議較大，其中朱子論敬直承二程傳統，但他並不認爲朱子學工夫即是敬，因爲「工夫不能單靠一邊，只恃一敬字。」〔註35〕則敬在朱子學不爲關鍵性宗旨可見其一斑。陳榮捷《中國哲學文獻選編》提出朱子的最大成就莫過於他對仁的詮釋，「仁者，心之德，愛之理」一語臻其極至。〔註36〕李相顯《朱子哲學》一書分論道、理氣、性理、倫理與政治、工夫，其中工夫部分分論敬與格物，並認爲朱子在程氏遺書後序中說，主敬與窮理爲學之大要，若能主敬以立其本，窮理以進其知，則本立而知益明，知精而本益固，故敬與格物相輔而行。〔註37〕可見，在當代朱子學研究者那裡，「敬」是朱子學的工夫論、修養論。

實際上，朱子一生勤苦，其成就關鍵就在一個「敬」字。朱子曾對門人說：「敬字工夫之妙，聖學所以成始成終者皆由此出，故曰：修己以敬。」〔註38〕所謂聖學，就是儒者之學。朱子將此字提到了極其關鍵的地位，怎麼強調都不爲過。朱子上承二程子關於性理學的基本主張：「自秦以來，無人識得敬字，至程子方說得親切，曰主一之謂敬，無適之謂一，故此合而言之，身在是，則心在是，而無一息之離；其事在是，則其心在是，而無一念之

〔註30〕 劉述先，《朱子哲學思想的完成與發展》〔M〕，長春：吉林出版集團有限責任公司，2014年。

〔註31〕 陳榮捷，《朱子新探索》〔M〕，上海：華中師範大學出版社，2007年。

〔註32〕 余英時，《朱熹的歷史世界：宋代士大夫政治文化的研究》〔M〕，北京：生活·讀書·新知三聯書店，2011年。

〔註33〕 田浩，《朱熹的思維世界》〔M〕，南京：鳳凰出版社，2011年。

〔註34〕 張立文，《宋明理學研究》〔M〕，北京：中國人民大學出版社，2016年。

〔註35〕 錢穆，《朱子學提綱》〔M〕，北京：生活·讀書·新知三聯書店，2014（2002／2005），第110頁。

〔註36〕 陳榮捷，《中國哲學文獻選編》〔M〕，南京：江蘇教育出版社，2006年，第500頁。

〔註37〕 李相顯，《朱子哲學》〔M〕，北平：世界科學社，1947年，第597頁。

〔註38〕 （宋）朱熹，《朱子全書 14 冊·朱子語類卷十二》〔M〕，朱傑人等主編，上海：上海古籍出版社；合肥：安徽教育出版社，2010年，第368頁。

雜。」〔註39〕朱子曾說：「伊川又言：涵養須用敬，進學則在致知。又言：入
道莫如敬，未有致知不在敬者。考之聖賢之言，如此類者亦眾。是知聖門之
學，別無要妙，徹頭徹尾只是個敬字而已。又承苦於妄念而有意於釋氏之
學，此正是元不曾實下持敬工夫之故。若能持敬以窮理，則天理自明，人欲
自消，而彼邪妄將不攻自破矣。至於鳶飛魚躍之問，則非他人言語之所能與，
亦請只於此處用力，自當見得。」〔註40〕朱子此類話語很多，錢穆《朱子新
學案》一書中用了很大的篇幅摘引了朱子論「敬」的話語〔註41〕，此不贅。
朱子著述過於豐富，而朱子學在明代以來亦極為繁榮，特別是科舉講章，將
朱子之心湮沒在無盡的講說之中，無法凸顯其「敬」的方法論意義。

　　將朱子學的方法論歸結為「敬」字，似為陽明《朱子晚年定論》的創舉
〔註42〕，王陽明的教化哲學本身就內涵著「敬」的宗旨。

　　第一，陽明明確地提出了「聖學之要，以敬為先」的主張，直接表明了
他的教化哲學立足於「敬」。陽明說：「大抵《九經》之序，以身為本。而聖
學之要，以敬為先，能修身以敬，則篤恭而天下平矣，是蓋堯舜之道。夫子
舉之以告哀公，正欲以興唐虞之治於春秋。而子思以繼大舜、文武、周公之
後者，亦以明其所傳之一致耳。後世有能舉而行之，則二帝三王之治，豈外
是哉！斯固子思之意也。」〔註43〕顯然，在陽明看來，修身為本的儒者學說，

〔註39〕　（明）胡廣、楊榮等，《周群等校注・四書大全校注・論語集注大全卷一》〔M〕，
　　　　　武漢：武漢大學出版社，2009 年，第 333 頁。
〔註40〕　（宋）朱熹，《朱子全書 22 冊・晦庵先生朱文公文集卷四十一・答程允夫》
　　　　　〔M〕，朱傑人等主編，上海：上海古籍出版社；合肥：安徽教育出版社，2010
　　　　　年，第 1873 頁。
〔註41〕　錢穆，《錢賓四先生全集（12 冊）・朱子新學案》〔M〕，臺北：聯經出版事業
　　　　　股份有限公司，1998 年，第 429～473 頁。
〔註42〕　元明以來，學者對朱子的詮釋已開始注重「敬」的方法論，如明初吳與弼曾
　　　　　說：枕上思《晦庵文集》及《中庸》，皆反諸身心性情，頗有意味。昨日欲書
　　　　　戒語云「溫厚和平之氣，有以勝夫暴戾逼窄之心，則吾學庶幾少有進耳。」
　　　　　今日續之云：「欲進乎此，舍持敬窮理之功，則吾不知其方矣。」蓋日來甚覺
　　　　　此二節工夫之切，而於《文集》中玩此話頭，益有意味也。（〔清〕黃宗羲，《明
　　　　　儒學案（修訂本）》〔M〕，沈芝盈點校，北京：中華書局，2013（2008），第
　　　　　24 頁）元代學者如吳澄對於朱子的敬論也有較為細緻地討論，不過尚未將朱子
　　　　　學的方法論歸結為敬字。參見：方旭東，《尊德性與道問學：吳澄哲學思想
　　　　　研究》〔M〕，桂林：廣西師範大學出版社，2015 年；陳來等，《中國儒學史・
　　　　　宋元卷》〔M〕，北京：北京大學出版社，2011 年。
〔註43〕　（明）王陽明，《王陽明全集（新編本）卷二十二》〔M〕，吳光等編校，杭州：
　　　　　浙江古籍出版社，2010 年，第 881～882 頁。

立足點就是「敬」。由「敬」出發，既可以實現修身的人生，又可以完成治世的理想。

其次，陽明曾著《孝經大義》〔註44〕一書，見諸《明史·藝文》，此應非史傳作者記錄錯誤。清人朱彝尊《經義考》即已著錄：「王氏守仁《孝經大義》一卷，未見。」〔註45〕此書失傳已久，未爲學者所知。眾所周知，《孝經》一書所述即是「敬」字，陽明疏解其大義，則不可能脫離此而論。

第三，陽明及其父王華均以《禮記》進士及第。王華本人在當時學者中，爲治《禮記》的大家。〔註46〕而《禮記》的核心問題就是「敬」及如何「敬」的問題。陽明思考學術問題時以「敬」爲出發點並非不可想像。

第四，陽明《朱子晚年定論》至今仍在，此書的核心主張就是「敬」。本書第一章將就此展開細緻討論。

第五，陽明有所謂出入佛老的事蹟，他之所以最終未曾歸於二氏，即在他明確表示過的唯有親在不能離之的儒者思想，則其以「敬」爲儒學信仰的核心，應無疑問。

第六，陽明講學中，論立志、論誠意、論省察、論去人欲存天理、論克己、論愼、論知行合一等等，無不是對「敬」的心的詮釋。

最後，陽明在提出良知之後，又加上一個致字，使之完整並引以爲教義，無非也是由「敬」道的擴展昇華。「敬→良知→致良知→敬」構成了一個方法論的循環，都指向了盡性成德的教化智慧。

由此，吾人可以確信王陽明教化哲學的宗旨即是「敬」字。那麼，爲何此一宗旨被忽視，或者甚至有人認爲陽明拋棄了「敬」呢？吾人認爲其緣由如次：

首先，最爲學者詬病的是在《古本大學序》中有「合之以敬而益綴，補之以傳而益離」之語〔註47〕，而《傳習錄》第129條又有：「新本先去窮格事

〔註44〕 （清）張廷玉等，《明史卷九十六·藝文一》〔M〕，北京：中華書局，2011（1974），第2367頁。

〔註45〕 （清）朱彝尊，《經義考新校卷二百二十八》〔M〕，林慶彰等主編，上海：上海古籍出版社，2010年，第4128頁。

〔註46〕 （日）鶴成久章，《明代餘姚的禮記學與王守仁：關於陽明學成立的一個背景》〔M〕，吳震、吾妻重二，《思想與文獻：日本學者宋明儒學研究》〔M〕，上海：華東師範大學出版社，2010年，第356～367頁。

〔註47〕 （明）王陽明，《王陽明全集（新編本）卷七》〔M〕，吳光等編校，杭州：浙江古籍出版社，2010年，第258頁。

物之理，即茫茫蕩蕩，都無著落處；須用添個敬字方纔牽扯得向身心上來。
然終是沒根源。若須用添個敬字，緣何孔門倒將一個最緊要的字落了，直待
千餘年後要人來補出？」〔註48〕此二條特易授人口實，特別是前者。由此學
者莫不以陽明學爲「不敬」之學，更有若干標榜陽明學者主張放蕩不羈、背
棄禮教，甚或以之爲革命口號，這就更讓人感受到陽明學的「不敬」了，因
此要麼是反朱子，要麼是禪學，要麼是外儒內佛，總之是蔑視一切權威而自
作主張。這種理解當然有其立論根據，吾人亦只能認爲此種理解在一定程度
上非眞知陽明學，而是部分地理解和詮釋了陽明學。比如李澤厚認就認爲陽
明主張敬是多餘的，誠意即可。〔註49〕此說似爲誤解。若眞實如此，何以日
本陽明學者，在他的思想基礎上提出了忠孝、敬天愛人的打動人心的主張？
何以陽明學人鄒守益等堅守敬的宗旨而爲一代名儒？何以陽明要在良知二字
上加一致字？諸多困惑無法解答。而且，在《大學古本序》中，陽明明確地
將誠意等同於「敬」，後一條中又明白地說出「敬是孔門最緊要的字」，這更
可以說明陽明學的方法論即是「敬」，而非相反。

　　第二，陽明學在學者的解說中逐漸失去其宗旨，如黃綰爲陽明作蓋棺定
論時說，其主張是知行合一、格物、親民，無有提及「敬」字。劉宗周、黃
宗羲亦未加以申說，特別是後者的巨著《明儒學案》在近代以來成爲性理學
的標準教科書，影響極其巨大。當代學者中，如馮友蘭《中國哲學史》（下冊）
論陽明從《大學問》講起，分別論及知行合一、朱陸異同、反二氏之學、陽
明學之反動等等，亦未及「敬」者。而論朱子則謂其講理、太極、氣、天地
人物、道德及修養等等，他認爲朱子的工夫論分兩方面，即程伊川的用敬與
致知，而重點落在格物。由此，亦可見前述朱子學者並不認爲「敬」是其核
心主張。不過值得注意的是，馮氏《中國哲學簡史》已經注意到這一問題，

〔註48〕　（明）王陽明，《王陽明全集（新編本）卷一》〔M〕，吳光等編校，杭州：浙
　　　　　江古籍出版社，2010年，第42頁。

〔註49〕　「朱熹將『畏』釋爲『敬』，再變而爲王陽明至劉宗周的『敬亦多餘』，只需
　　　　　『誠意』即可。對超驗（或超越對象）的上帝（『於穆天命』）的畏懼，既完
　　　　　全失去；管轄人心的『天理』只在此心之中。此『心』雖分爲『人心』，但『道
　　　　　心』又不能脫離充滿感性感欲的『人心』而存在。結果，『人心』反而成了更
　　　　　眞實的根基。這就無怪乎王門後學幾傳之後，便走入以人欲爲天理、由道德
　　　　　形而上學轉到了它的反面──自然人欲論。」李澤厚，《說儒學四期》〔A〕，《歷
　　　　　史本體論・己卯五說（增訂本）》〔M〕，北京：生活・讀書・新知三聯書店，
　　　　　2008年，第136～137頁。

在論陽明時改為「用敬」〔註50〕，並認為陽明是用「敬」以立本。

第三，當代學者的疏解，亦有意無意地增強了陽明學為「不敬」之學的認知。如在諸多當代哲學思想學者中，李澤厚貢獻毋庸置疑，其《己卯五說》明確提出，陽明學是拋棄敬的，其後他又進一步申論說宋明儒者對敬字分殊不夠，他專著一書《由巫釋禮釋禮歸仁》，論敬是由古代巫者對天、天道的敬畏式的宗教情感，其後逐漸轉變為人的情感。李先生作為大哲學者，其睿見是吾輩敬仰的，但他在對陽明學的宗旨這一論斷上實際上還是重複了之前學者的老套路，並未有所創見。明人詹景鳳說：「後世言論，大儒倡，小儒和；大儒是之，即不復審是中之非；大儒非之，則言自陽貨皆棄矣。」〔註51〕學術名著及名家的影響巨大其淵源已久。

錢穆服膺陽明之學，提出了著名的溫情與敬意之說，至今仍被歷史學研究者奉為金科玉律，此其體驗陽明學宗旨的一大發明。在《從陸象山到劉蕺山》一書中，牟宗三分析道，致良知之致表示行動，見於行事。「致」字含有警覺底意思，由警覺而開始其致。警覺亦名逆覺，即是隨其呈露而自覺地意識之而不令滑過，是謂之逆覺體證。〔註52〕牟氏又指出，論敬則必須指向心，敬的心是一種事關天理人欲的基本原則，所謂敬貫動靜即在於此。對此，牟氏將之命名為「敬的系統」與區別於他所分殊的宋明儒學的縱貫系統和橫攝系統。〔註53〕牟氏關於陽明的「敬」的宗旨已呼之欲出。

因此，本書提出以「敬」為中心對陽明學展開研究，亦只是撿拾了前哲先賢的理解，絕非向壁虛造，而是有所本、有所思的結果。

第二節　「敬」的回歸之路

「沖決一切網羅」，〔註54〕在較長一段時間內，不僅成為一種社會風潮，

〔註50〕馮友蘭，《中國哲學簡史》〔M〕，趙復三譯，北京：中華書局，2015年，第380頁。

〔註51〕轉引自：劉毓慶，《從經學到文學：明代《詩經》學史論》〔M〕，北京：商務印書館，2001年，第18頁。

〔註52〕牟宗三，《從陸象山到劉蕺山》〔M〕，長春：吉林出版集團有限責任公司，2016年，第146頁。

〔註53〕牟宗三，《王陽明的致良知教》〔M〕，《牟宗三先生全集第8冊》〔M〕，臺北：聯經出版事業有限公司，2003年，第14頁。

〔註54〕譚嗣同《仁說》：「網羅重重，與虛空而無極：初當沖決利祿之網羅，次沖決

也成為一種學術思潮。清光緒二十二至二十三年（1896～1897），譚嗣同造《仁學》，主張沖決一切歷史和現實的網羅，因為「其在上者，亦莫不極崇宋儒，號為洙泗正傳，意豈不曰宋儒有私德大利於己乎？悲乎悲乎！民生之厄，寧有已時耶！故常以為二千年來之政，秦政也，皆大盜也；二千年來之學，荀學也，皆鄉愿也。惟大盜利用鄉愿，惟鄉愿工媚大盜。二者相交相資，而罔不託之於孔。被託者之大盜鄉愿，而則所託之孔，又烏能知孔哉？」〔註55〕賀麟認為譚嗣同所謂「仁」，實際上是佛教的慈悲、耶教的博愛和陽明的良知的糅合體。「沖決網羅」是為了打破名教禮教世俗的束縛以恢復仁。〔註56〕是以一種粗疏狂放的方式鼓吹陸王之學，缺少了陸王反本心的精微窮理工夫。近代以來，中西遭遇，中方一再受辱，加之政治腐敗等等，最後將一切歸咎於歷史，認為掃除一切陳舊故事，將來勢必能打造一個新的大同世界。對於舊世界的一切，談不上什麼敬意，既然是網羅，就當沖決之。這就意味著和傳統的徹底決裂。

　　這種激進的思潮與西方的衝擊密切相關。近代以來，西方的堅船利炮撬開了古老大國的大門，也擊碎了古老的秩序原則和思想體系，學習西方逐漸成為首要的原則，從技藝的學習、制度的學習到思想的牴觸和接受並崇拜，逐漸改變了人們對於傳統的看法，寄望於根本性的改革。「但是從根本上改革，這句話談何容易？在高位的人，何能望其有此思想？在下位的人而有此思想，談何容易能為人所認識？中日之戰，以偌大的中國，敗於向所輕視的日本，這實在是一個大打擊。經這一個打擊，中國人的迷夢，該要醒了，於

俗學若考據、若詞章之網羅，次沖決全球群學之網羅，次沖決君主之網羅，次沖決倫常之網羅，次沖決天之網羅，次沖決全球群教之網羅，終將沖決佛法之網羅。然真能沖決，亦自無網羅；真無網羅，乃可言沖決。故沖決網羅者，即是未嘗沖決網羅。循環無端，道通為一。凡誦吾書，皆可語斯二語領之矣。」（唐仁澤，《中國近代思想家文庫‧譚嗣同卷》〔M〕，北京：中國人民大學出版社，2014年，第4頁）總之，原有社會的一切均是網羅，學術、倫常、思想、制度，一概需要沖決之。然而沖決之後是循環無端？不過譚嗣同又說：「仁學者，於佛書當通《華嚴》及心宗、相宗之書：於西書當通《新約》及算學、格致、社會學之書：於中國書當通《易》《春秋公羊傳》《論語》《禮記》《孟子》《莊子》《墨子》《史記》及陶淵明、周茂叔、張橫渠、陸子靜、王陽明、王船山、黃梨洲之書。」則他一方面希望用西方的思想來充實和改造社會，同時也並未完全放棄傳統。只不過，激進的思想在此後很快就將傳統學術一概加以拋棄了。

〔註55〕唐仁澤，《中國近代思想家文庫‧譚嗣同卷》〔M〕，北京：中國人民大學出版社，2014年，第38頁。

〔註56〕賀麟，《五十年來的中國哲學》〔M〕，北京：商務印書館，2002年，第3頁。

是維新運動以起。」〔註 57〕學習西方，學習日本似乎成爲唯一的出路，傳統成爲包袱，被人放棄了。在隨後的幾十年中，反傳統日漸成爲社會潮流，任何支持傳統的都被視爲舊派的和反動的。而向外的學習，是否最後解決了所有的問題？是否確認了一種全新的道德秩序？是否完全造就了一個割斷歷史的和西方一樣共享著所謂的世界的知識和道德財富的族群呢？當吾人回顧歷史時，不免會感慨，夾雜著自豪感、屈辱感和責任感的人們在反抗與蔑視當道的精神鼓蕩中離開傳統，擁抱世界，打造歷史，然而他們所期許的黃金時代從未降臨，而其所激起的熱情幾乎已遭到遺忘。〔註 58〕敬意的消逝，不僅指向這樣的革命者，也包括他們親手埋葬的歷史。秩序的追求和人的生命價值的「意義－感通」成爲一種遙不可及的念想。

技術性的學習西方，重構傳統，解釋經典，很長一段時間裏成爲學術主流。王陽明的教化思想，也不例外。但「西方」，本身非常複雜。所謂學習其實往往只是皮毛性的學習，或者知識性的學習。如強行將理學分爲客觀唯心主義和主觀唯心主義；將理學的發展視爲黑格爾的正反合的邏各斯（Logos）；或將陽明哲學視爲黑格爾的精神哲學；或將其視爲伯克萊（Berkeley）的「存在即被感知」；或將其視爲存在主義（存有論）或者現象學；或將其激進主義或者保守主義或者道德主義，等等。總之，王陽明的哲學在西方現代思潮的視野中，成爲一種面目模糊的學說，甚至的相互對立的學術，王陽明的教化哲學也因此日漸成爲一種遠離了當下的歷史故物。考察陽明學就成了發現哲學史的邏輯環節的解剖學，或者考古學。

百年來，儒學精神坎陷於社會變革、思想攪擾之中。然而無論如何，舊邦新命、其命維新。有品格之學者多自覺以溫情與敬意重返古典學術，試圖對傳統學術加以現代式改造，其創獲亦頗夥。在反對傳統權威的時代，提出自我意識，內心自覺，於反抗權威，解脫束縛，陽明學也就成爲一種可行的現實選擇。〔註 59〕僅就陽明學而言，百年來，各類著述叢出，舉凡考據、義理、詞章均有所涉，東洋西洋均有所論，百家之說出而宗旨紛紜，實乃黃宗羲《明儒學案序》所謂「學術之不同，正以見道體之無盡也。」〔註60〕當然，

〔註57〕 呂思勉，《中國通史》〔M〕，北京：中華書局，2015 年，第 412 頁。
〔註58〕 （美）裴士鋒，《湖南人與現代中國》〔M〕，北京：社會科學文獻出版社，2015 年，第 232 頁。
〔註59〕 賀麟，《五十年來的中國哲學》〔M〕，北京：商務印書館，2002 年，第 18 頁。
〔註60〕 （清）黃宗羲，《明儒學案（修訂本）·明儒學案序》〔M〕，沈芝盈點校，北

黃氏之說，難免顯得過於樂觀而獨斷。

在很長一段時間裏，處於現實的利益和改造世界的需要等原因，「敬」學術思考很少進入研究者的視野，甚至被視為一種沒落的思想受到批判，無所畏懼才是時代的需要。〔註 61〕說陽明的學說是一種破壞性的學說，並非沒有根據。王陽明的一生，用他自己的話說，在於一方面「破山中賊」與另一方面「破心中賊」，前者是為了維護封建專制主義而鎮壓革命；後者是一種僧侶主義的說教。〔註 62〕他的唯心主義也必然走向唯我主義。〔註 63〕這樣，「求理於吾心」和「致良知」就走上了反對向自然和社會進行鬥爭，反對個性解放，主張克己式的內心和諧，「須從自己心上體認」也就成為一種直覺主義和蒙昧主義。〔註 64〕在學者看來，王陽明的歧途在於，他試圖以道德重建來實現政治重建，未能擺脫傳統教育價值觀的束縛；其教育實踐旨在重建的是儒家道德價值體系，具有理論上的局限性。〔註 65〕

當然，王陽明的教化哲學也曾被視為革命的學說，解放的學說，沖決網羅的學說，甚至是一種反對一切的學說。這樣的學說，契合了革命的時代精神，也使王陽明的教化智慧日漸成為一種思想解放的武器，陽明學也就成為一種進步的追求和激進的嚮往，成了「讓大多數人在日復一日、蠅營狗苟、缺少明確人生意義的生活當中保持一種高度的主動性」〔註 66〕的學說，即用生命的激情肯定平凡樸素的生命，在日常生活中關注自己道德的激情。〔註 67〕由此，王陽明的道德極端主義雖然激動人心，但其實並不可行，因為道德的標杆太高，絕大多數都達不到，即絕大多數人都不是君子，人與人之間也

京：中華書局，2013（2008），第 7 頁。

〔註 61〕蒙培元，《序》〔A〕，郭淑新，《敬畏倫理研究》〔M〕，合肥：安徽人民出版社，2007 年，第 3 頁。

〔註 62〕侯外廬，《侯外廬著作與思想研究第 15 卷·中國思想通史第四卷（下一）》〔M〕，張豈之主編，長春：長春出版社，2016 年，第 854 頁。

〔註 63〕侯外廬，《侯外廬著作與思想研究第 15 卷·中國思想通史第四卷（下一）》〔M〕，張豈之主編，長春：長春出版社，2016 年，第 866 頁。

〔註 64〕侯外廬，《侯外廬著作與思想研究第 15 卷·中國思想通史第四卷（下一）》〔M〕，張豈之主編，長春：長春出版社，2016 年，第 873 頁。

〔註 65〕畢誠，《儒學的轉折：陽明學派教育思想研究》〔M〕，北京：中國發展出版社，2010 年，第 55 頁。

〔註 66〕楊立華，《宋明理學十五講》〔M〕，北京：北京大學出版社，2015 年，第 267 頁。

〔註 67〕楊立華，《宋明理學十五講》〔M〕，北京：北京大學出版社，2015 年，第 267～268 頁。

就沒有差別。〔註68〕這樣，陽明學實際上在哲學意義上終結了宋明理學。一切均以自我的良知作最終判斷，一方面使人有了良知覺醒的力量，一方面也造成了無所畏懼的堅定信念，也就成了打碎舊世界的有力武器。然而，秩序不能依靠永不停息地破壞，它需要人類以智慧的方式妥善的建立。一方面，如果我們將良知視爲洛克所排斥的遵守傳統觀念，服從外界權威，使人作習俗之奴隸的天賦觀念，是厚誣古人〔註69〕；另一方面，如果我們將良知置於當下精神的反思和現實的社會理念之外，是厚誣今人。

時至今日，在人生價值的實現和社會秩序的和諧追求中，以人性爲基礎的「敬」的理念和精神，在學術研究中，已經提上了議事日程〔註70〕，珍視古典智慧，檢點自我的行爲，挺立精神價值，是吾人學術生活的基礎，當然也是王陽明教化哲學的基礎。

今天，重回王陽明的教化哲學，不是爲了解剖古代思想，不是爲了考察歷史遺跡，而是爲了現實生活中如何成爲一個人，如何實現人生的意義和價值。這就是要回歸王陽明的教化哲學所指向的成人之道和成德之教。

更爲重要的是，在教育哲學中，彰顯「敬」的價值，不僅可以拓展我們對於王陽明哲學智慧的理解向度，也更爲現實的教育價值的意義缺失提供了一個值得珍視的選擇，即，用心學的智慧重塑教育的價值理性和哲學的理想信念，同時也爲當下教育改革發展提供某種歷史的鏡鑒。

第三節 「敬」的教化哲學

「儒家哲學是教育家的哲學」〔註71〕（張岱年教授語），這是中國哲學史家在反思我國傳統學術時得出的精闢洞見。儒家哲學之所以是教育家的哲學，是因爲：儒家是教育家，他們以教育實踐爲基礎，總結出了仁義禮智的

〔註68〕 楊立華，《宋明理學十五講》〔M〕，北京：北京大學出版社，2015年，第266頁。

〔註69〕 賀麟，《近代唯心論簡釋》〔M〕，上海：上海人民出版社，2009年，第82頁。

〔註70〕 關於「敬」的最新研究有：劉夢溪，〈敬義論〉〔J〕，《北京大學學報（哲學社會科學版）》，2016年第53卷第3期，第5～24頁；瞿奎鳳，〈程朱論「敬以直內，義以方外」——兼談理學對經學的選擇性凸顯及其自我建構〉〔J〕，《中國哲學史》，2013年第3期，第59～64頁；吳震，〈略論朱熹「敬論」〉〔J〕，《湖南大學學報（社會科學版）》，2011年第25卷第1期，第11～17頁。

〔註71〕 張岱年，〈儒家哲學是教育家的哲學〉〔J〕，《華東師範大學學報（教育科學版）》，1989年第1期，第13頁。

價值觀和一套哲學理論；他們以教育爲業，在教育中總結經驗形成了各自的學術主張；他們爲人師表，以身作則，正己而後正人；他們非常重視人格培養，既堅持自己的人格尊嚴，又敬重別人的人格。〔註72〕我們可以說，儒家的教化哲學，歸根結底就是「修己以敬」。王陽明的教化哲學亦圍繞著「敬」展開。

所謂教化，如陽明所說，根本在於以人倫秩序的重建爲現實目標，以人心道心合一爲理論依據，以「敬」爲中心，化天道爲人道，「教以人倫，教之以此達道也。……蓋教者惟以是教，而學者惟以是爲學也。」〔註73〕所謂教化論，是將陽明學置於教化的語境中，將陽明學的宗旨和意義歸結爲生活的完善、人性的復歸和秩序的重建。

教化哲學的任務在於給人以通向至善之道的具體方法，而史學的任務則在於將歷史的眞實加以反思，正如余英時《朱熹的歷史世界》所揭示的，專業史學的本格任務不是從直覺或者整體印象出發獲得一種抽象的推斷，而是要在客觀的可驗證的歷史事實基礎上得出一種較爲準確地歷史性推斷。〔註74〕余氏根據朱子「二程未出時便有胡安定、孫泰山、石徂徠，他們說經雖是甚有疏略處，觀其推明治道，直是凜凜然可畏。」（《朱子語類卷八三·春秋·經》）一語判斷儒學復興開始時具有兩層特色，一是說經，一是說經的重點在推明治道，而且事實上宋初儒學不但始於對六經進行詮釋，而且其理論的取向即在於治道的獲致，這種治道就蘊藏在六經之中，可以說在他們的內心信仰中，六經不僅僅是一種文本，更是一種永恆的智慧表達，通過對六經的認知和解讀可以獲得或者至少可以引領人們走向合理的社會政治秩序的建立。〔註75〕余氏之說，可謂別具慧眼。就作爲新儒學的性理學而言，經說與治世是合二爲一的內在追求，治道的追求是儒者當然的立場。我們也可以說，對於儒者來說，追求好的生活和好的社會，是他們的學術追求和生活目標。好的生活，首先指向的是一種立足於自身生活境遇的超越；好的社會，

〔註72〕張岱年，〈儒家哲學是教育家的哲學〉〔J〕，《華東師範大學學報（教育科學版）》，1989年第1期，第13～14頁。

〔註73〕（明）王陽明，《王陽明全集（新編本）卷七》〔M〕，吳光等編校，杭州：浙江古籍出版社，2010年，第273頁。

〔註74〕余英時，《朱熹的歷史世界》〔M〕，北京：生活·讀書·新知三聯書店，2011年，第2頁。

〔註75〕余英時，《朱熹的歷史世界》〔M〕，北京：生活·讀書·新知三聯書店，2011年，第291頁。

則是根據儒學經典和聖王理想與現實社會的距離感中間追求一種更合理的平衡。因此，我們反思王陽明的教化哲學，當此作爲立論的基礎，加以作者的感受和體驗，注入儒者的情懷，歷史地看待其學說的發展歷程。

教化論是儒家的基本特徵之一，陽明的思想體系中，教化思想最爲關鍵。陽明的致良知論是多面體的，他說過「見成」，說過「不學不慮」，說過「須在事上磨煉」，也說過「默坐澄心涵養本源」，他們（陽明後學）所說的，他都說過，他先後見得學者有了各種的病，他才拿出各種應病的藥，而學者們服了這藥的效驗，於是各以其性之所近，而成功王門各派不同的學風。〔註76〕所謂多面體的致良知論，歸根結底，即在於人倫教化。

教化的儒學無非是確立人對於生命的價值和意義，恢復人作爲人的價值。而正常體認自我的生命意義，正常發展人的生活力，有賴於恢復人的本心（良知），在此良知即是心之本體、仁體，仁體即是人性，因此熊十力主張分殊本心與習心，習心令人生陷入罪惡，本心則維持良善，「若識得本心，縱操存力弱，而隱微間一隙之明，猶自有所不忍與不敢，已是振拔之幾，未有亡失主公而可冀望凶迷能悟也。余平生之學，實乏涵養，惟賴天之予我者良厚，昭然不昧本來（本來謂心體），而察識工夫卻未敢疏忽，未忍自欺，差幸有此耳。」〔註77〕「陽明《大學問》始就吾心與天地萬物痛癢相關處指示仁體，庶幾孔顏遺意。」〔註78〕「東方學術歸本躬得，孟子踐行盡性之言，斯爲極則，故知行合一之論，雖張於陽明，乃若其義，則千聖相傳，皆此旨也。」〔註79〕

教化哲學是一種救世淑民的學說。「聖賢立教，雖偶有不同，要歸於救世而已矣，歸於救人心而已矣。」〔註80〕故唐文治贊同黃宗羲「推重文成，至比於伊尹，可爲知言矣。而所謂變學爲覺。天下實則救之以虛，與時消息，尤爲教育家之名論。《禮記・樂記》篇曰『教也者，民之寒暑也。教不時則傷

〔註76〕繆天綬選注，《明儒學案・新序》〔M〕，上海：商務印書館，1931 年，第 26 頁。

〔註77〕熊十力，《新唯識論（壬辰刪定本）》〔M〕，北京：中國人民大學出版社，2009 年，第 165 頁。

〔註78〕熊十力，《新唯識論（壬辰刪定本）》〔M〕，北京：中國人民大學出版社，2009 年，第 181 頁。

〔註79〕熊十力，《十力語要・答張季同》〔M〕，上海：上海書店，2007 年，第 3 頁。

〔註80〕唐文治，《陽明學術發微》〔M〕，林慶彰，《民國時期哲學思想叢書（第一編第 91 冊）》〔M〕，臺中：文聽閣圖書有限公司，2010 年，第 14 頁。

世。』今日之人心，其必救之以良知乎？」〔註81〕他認爲，陽明以致知爲致良知，深得儒家經典以誠意爲本的宗旨，且與漢代大儒鄭玄的注疏意旨隱相符合。朱子《大學章句》的補傳所謂：「人心之靈，莫不有知，而天下之物莫不有理。惟於理未有窮，故其知有不盡」〔註82〕的說法並沒有將心與理完全割裂爲二。朱子說「至於用力之久，而一旦豁然貫通焉，則眾物表裏精粗無不到，而吾心之全體大用無不明。」更顯示了朱子將心與理合一的理論。「鄭君、朱子、陽明同是羽翼聖經，意同一覺世苦心，何以紛紛然起門戶之爭乎？」〔註83〕因此，在世道人心疲敝不堪的時代，陽明的良知之學乃是救中國人心之途轍。

　　教化哲學是一種人文主義的思想〔註84〕。人的精神生活的各種形式即人文，以人爲本位，即肯定天生之人的優異價值，強調人的人格尊嚴，注重人的社會責任。儒家的政治思想是仁義，教育思想是人文主義。這種人文主義將人視爲群體的組成分子，把仁愛、正義、寬容、和諧、義務和貢獻納入到人的群體生存需要之中，賦予人以倫理道德的自覺。〔註85〕儒家思想既是封建社會中的經典，則中國數千年封建社會中的教育思想當亦不能出人文主義之外，這是必然的。試問春秋戰國以後，哪一時代的教育思想不是以人格的修養、德行的陶冶爲主？不特中國如此，即古代西方，蘇格拉底、柏拉圖、亞里斯多德諸學者的人文主義，又何嘗不是支配了歐洲上古、中古、近古的教育思想？論者或以儒家的人文主義思想忽視現實相責議，其實在同一時間中，忽視現實的豈是孔孟？古代以人文主義爲主自有其時代的因緣，而當下教育的建設則應注意人文主義與自然主義的並行。〔註86〕任時先《中國教育思想史》認爲，王陽明的教育哲學出發於唯心論，即以「心即理」詮釋《中庸》：「天命之謂性，命即是性；率性之謂道，性即是道；修道之謂教，道即

〔註81〕唐文治，《陽明學術發微》〔M〕，林慶彰，《民國時期哲學思想叢書（第一編第 91 冊）》〔M〕，臺中：文聽閣圖書有限公司，2010 年，第 12 頁。

〔註82〕（宋）朱熹，《四書章句集注·大學章句》〔M〕，北京：中華書局，2014（2011），第 8 頁。

〔註83〕唐文治，《陽明學術發微》〔M〕，林慶彰，《民國時期哲學思想叢書（第一編第 91 冊）》〔M〕，臺中：文聽閣圖書有限公司，2010 年，第 36 頁。

〔註84〕張岱年等，《中國知識分子的人文精神》〔M〕，鄭州：河南人民出版社，1994 年。

〔註85〕張岱年等，《中國知識分子的人文精神》〔M〕，鄭州：河南人民出版社，1994 年，第 10 頁。

〔註86〕任時先，《中國教育思想史》〔M〕，臺北：臺灣商務印書館，1987（1937），第 16 頁。

是教。」簡而言之，則是：命＝性、性＝道、道＝教，若再加以演化即成：命＝性＝教，這樣豈不成爲一個很完整的公式？「道即是良知。道爲什麼就是良知呢？因爲良知是人類行爲的標準，又是人們是非的一個明師，道亦是判別是非善惡的，所以道即是良知，那麼良知即是他的教育原理。」〔註87〕所以，陽明論教育的目的在養成一種安分守己、勤業務正的善人，善人能修養到盡處，即可成爲聖人。可見他論教育最終目的，還是在成聖人。〔註88〕

教化哲學的重點在於人的生活世界，或者說就在於人的日用常行。儒家聖賢的表述，不在於文本本身，而在於我們將這種人生的智慧熔化於日用常行，因此，在某種意義上說，它是一種啓信的理想。換句話說，征諸歷史事實，施教者以其人格感召受教者，而受教者則需要善疑會問。在這種問答往復之中，信仰成爲在代際間傳承的文化基因，並且成爲燎原的星火。所以，儒學在二十一世紀的重生將寄望於人師的言傳身教，也寄望於其成爲一種社會的共識且不斷延續之。〔註89〕李景林認爲，關注生活的世界是儒學傳統的基本特徵，這就意味著孔孟之道並非一種抽象的認知性理論體系，而是與時俱新的詮釋。毫無疑問，在生活樣式與儒學闡釋之間存在充滿活力的互動張力，正是這種張力推進了儒學的歷史發展。〔註90〕在此，儒學精神所預設的本體之證成不是以理論認知的方式展開，而是有工夫、涵養和體悟所促成。所謂「心外無物」的命題正是針對那種離開本心以求得外在之理的混淆知識與本體的理論認知，後者所呈現的是一種將本體理式化的邏輯，而「心外無物」的命題則從心體論上澄清了儒學的眞精神，即作爲一種價值命題排除虛妄的價值論在無我之間所造成的人爲的區隔和障礙。陽明以自然爲原則的客觀精神，所以說「心無體，以天地萬物感應之是非爲體」；陽明以價值態度和人格完成論心物關係，所以說「無所住而生心」。〔註91〕

〔註87〕任時先，《中國教育思想史》〔M〕，臺北：臺灣商務印書館，1987（1937），第221～222頁。

〔註88〕任時先，《中國教育思想史》〔M〕，臺北：臺灣商務印書館，1987（1937），第222頁。

〔註89〕余英時，〈現代儒學的回顧與展望——從明清思想基調的轉換看儒學的現代發展〉〔J〕，《中國文化》，1995年第1期，第1～25頁。

〔註90〕李景林，《教化的哲學：儒家思想的一種新詮釋》〔M〕，哈爾濱：黑龍江人民出版社，2005年，第3頁。

〔註91〕李景林，《教化的哲學：儒家思想的一種新詮釋》〔M〕，哈爾濱：黑龍江人民出版社，2005年，第448頁。

　　從王陽明的學術本身來看，教化的哲學乃是其理學思想的核心所在。侯外廬等主編《宋明理學史》〔註92〕（下冊）將「陽明學何以成爲陽明學」分解爲三個問題，其一是陽明心學如何崛起，其一是爲何理學在明清之際趨於衰頹，其三是理學發展的內在邏輯與當時社會發展有何種關係。〔註93〕著者雖以宋明理學是中國思想史上的濁流爲立論基礎，但卻極具有洞見地指出，陽明：「以弘揚聖學爲己任，一生講學不輟，所到之處，或立鄉約，或興社學，或創書院。由於懷抱著輔君淑民的政治目的，其所講授，自然是以存天理、去人欲爲基本內容，而教育的根本問題，則是內心修養。」〔註94〕對此，李國鈞、金林祥《中國教育思想通史（第四卷）》表示認同，並認爲這是陽明心學的教育觀，即「聖人的經學教育是教人存天理去人欲的，在教與學方面要以求盡其心爲目的，在方法上要以治心爲本，落實在致良知的工夫上。」〔註95〕

　　王陽明哲學的致良知論，本身就是教化哲學的主張。張學智認爲，陽明致良知論關鍵點和精義在於道德理性與知識理性的融合，在於推致和實行，是動機與效果的統一，合目的與合律則的統一〔註96〕，其中，良知吸附了遠比它的本義多

〔註92〕《宋明理學史》（下）分三編：第一編、明初的理學（1～5章，朱學統治地位的確立、宋濂、劉基、方孝孺、曹端、薛瑄、吳與弼等）；第二編、明中期心學的崛起及王守仁心學的傳播（6～25章，陳獻章、湛若水、王守仁、錢德洪、王畿、鄒守益、聶豹、羅洪先、劉邦采、王時槐、胡直、薛應旂、唐鶴徵、黃綰、張元忭、王艮、何心隱、羅汝芳、李贄、羅欽順、王廷相、呂坤、陳建、顧憲成、高攀龍、劉宗周、黃道周、方以智等）；第三編、明末清初對理學的總結及理學的衰頹（26～36章，孫奇逢、黃宗羲、李顒、陳確、顧炎武、傅山、王夫之、顏元、李塨、陸世儀、陸隴其、李光地等）。該書以朱王學說對峙（程朱理學和陸王心學的對峙）爲基本分析邏輯，網羅了有明一代（至清初）主要思想家並對其思想以新中國馬克思主義加以批判，侯外廬認爲作爲統治思想的和主流思想的宋明理學，以儒學的性與天道作爲討論研究的中心內容，吸收了佛學和道教思想，涉及哲學、政治、道德、教育、宗教諸領域，「從政治作用來看，理學是思想史上的濁流。」（侯外廬，《宋明理學史序》〔M〕，侯外廬、邱漢生、張豈之，《宋明理學史（上）》〔M〕，北京：人民出版社，2005（1984／1997），第21頁）
〔註93〕侯外廬，《宋明理學史序》〔M〕，侯外廬、邱漢生、張豈之，《宋明理學史（上）》〔M〕，北京：人民出版社，2005（1984／1997），第2頁。
〔註94〕侯外廬、邱漢生、張豈之，《宋明理學史（下）》〔M〕，北京：人民出版社，2005（1984／1997），第237～238頁。
〔註95〕李國鈞、金林祥，《中國教育思想史第四卷（明清）》〔M〕，長沙：湖南教育出版社，1994年，第66頁。
〔註96〕張學智，《明代哲學史》〔M〕，北京：中國人民大學出版社，2012年，第113頁。

得多的內容，由人的精神活動的一個方面，變成了與物無對的絕對。陽明對於良知的神化，就是對於人的精神力量的神化，特別是道德力量的神化。對於人的道德力量的神化，就是要以道德統率所有的精神活動，造就高品質的人格。陽明以其一生的實踐爲良知的這種由體認到深化再到神化的過程過了注腳。〔註97〕

教化哲學最後歸結點在於生活秩序和心靈秩序的重建。空談心性的學術不是眞正的儒學，如果儒學僅僅是精神的存在，那就是遊魂，無軀體可以附麗。陽明學人講論興學、教化宗族、鄉約共善，這幾套社會實踐措施，不僅言明殷殷致意，張載、司馬光、二程、張栻、朱子、呂祖謙以來就一直致力於此。實際上，朱子陽明均是實踐的、做事的性理學，是將道德實踐及於生活實踐、社會實踐，將德性之美、生活之美、人文風俗之美合一。〔註98〕在具體實踐中則建立一種神聖性，因爲神聖性所蘊涵的是一種價值觀念，有價值和意義，值得或應該敬謹從事之，才能形成神聖感。〔註99〕

王陽明的教化哲學在陽明後學中也得到了一定程度的貫徹。吳雁南認爲，陽明學中頗有宗教中度己度人之意，而且他要人人都做聖人，不僅賦予自然人以平等的地位，而且賦予人在社會上以至尊的地位，其稱頌人的尊嚴和偉大，對於具有近代意義的人的覺醒來說，在歷史上有著深遠影響和重要意義〔註100〕。李贄、黃宗羲、陳確、何心隱、唐甄、魏源、王韜、左宗棠、康有爲、梁啓超、宋教仁、陳天華、劉師培、章太炎、汪精衛等近代以來諸人思想中均有陽明學的成分。陽明學的近代影響是人的發現，即人皆可以爲聖人的民主、平等思想；反潮流的社會批評思想；以經世相標尙、追求大同理想社會的獻身精神等等〔註101〕。崇實經世思想是陽明學的重要面向，陽明實地用功的踐履，超出了自我道德修養的範圍，同日用常行事結合起來，同從政和其實事結合起來〔註102〕，而陽明學人亦多務實躬行，知行合

〔註97〕張學智，《明代哲學史》〔M〕，北京：中國人民大學出版社，2012 年，第 112 頁。

〔註98〕龔鵬程，《生活的儒學》〔M〕，杭州：浙江大學出版社，2009 年。

〔註99〕龔鵬程，《生活的儒學》〔M〕，杭州：浙江大學出版社，2009 年，第 74～75 頁。

〔註100〕吳雁南，《陽明學與近世中國》〔M〕，貴陽：貴州教育出版社，1996 年，第 29 頁。

〔註101〕吳雁南，《陽明學與近世中國》〔M〕，貴陽：貴州教育出版社，1996 年，第 8 ～15 頁。

〔註102〕吳雁南，《陽明學與近世中國》〔M〕，貴陽：貴州教育出版社，1996 年，第 119 頁。

一，把修養工夫同在事上磨練、經邦治國結合起來，成就了崇實致用的實學思潮〔註103〕。

　　總之，從歷史發展過程和研究現狀來看，陽明學事實上已呈現出一種極為複雜的景象。陽明學的產生、形成和發展並非僅憑著一己美好的理想和邏輯的推演，更不是憑空高唱的任意建構，其中薈萃了個人生命的體驗和智慧的砥礪，蘊含了學行的機遇、師友的往來、地域的風尚、時代的背景，凝聚了問題的意識、實踐的路徑和詮釋的力度，古往今來交融混雜，形成雲興霞蔚的壯美圖景。任何一種研究，都不可能窮盡所有的問題，也不可能拘守在某一個具體的理論方法上就能得出永恆的歷史真理。只能是隨著問題的提出、解答的深入，智慧的生命繼續前行而已。

　　在性理學的內在理路中，「敬」和教化問題始終是至為關鍵的課題。宋明以來，性理學家們一再探求的亦是內嵌於人倫日用的道（或者道德），希望以此「窮理以明道，立誠以達本，修之於身，行之於家，用之於國而達之天下，使國不異政，家不殊俗。」〔註104〕「夫誠者，无妄之謂。誠身之誠，則欲其无妄之謂。誠之之功，則明善是也。故博學者，學此也；審問者，問此也；慎思者，思此也；明辯者，辯此也；篤行者，行此也。皆所以明善而為誠之之功也。」〔註105〕學問思辨行，皆是儒者之實行實學，即所謂人的教育，其根本基點則立於誠敬之心，由此發而為善，是為明善，是為明明德；由此修己以敬、修己以安人，是為道德教化。外此，則妄也。「學也者，冥其妄以歸於无妄者也，无妄而性斯復矣。」〔註106〕所謂无妄，即是敬，儒學的方法論即在於此一「敬」字上，由「敬」而復性，這才是教化的根本目的。人通過「敬」，一方面肯定自我，一方面秉承天命，或者說天命、天道正是通過「敬」而步步下貫，貫注到人身，作為本體的人由此實現其真實的主體性。〔註107〕

〔註103〕吳雁南，《陽明學與近世中國》〔M〕，貴陽：貴州教育出版社，1996年，第144頁。

〔註104〕（明）胡廣等，《性理大全》〔M〕，濟南：山東友誼出版社，1989年，第13～14頁。

〔註105〕（明）王陽明，《王陽明全集（新編本）卷四》〔M〕，吳光等編校，杭州：浙江古籍出版社，2010年，第169頁。

〔註106〕焦竑，《澹園集卷四·原學》〔M〕，李劍雄整理，北京：中華書局，1999年，第18頁。

〔註107〕徐復觀，《中國人性論史·先秦篇》〔M〕，北京：九州出版社，2013年：張

第四節　「敬」的問題意識

「欲明道而論教，惟以敬者爲忠必服之。」〔註108〕成人之道和成德之教是儒學教育哲學的核心問題，也是王陽明的教育哲學的關鍵性課題。儒家的內聖外王之道，實際上就是成德之教，成德的最高目標就是仁，即在個人有限的生命中取得一個無限而圓滿的價值，成人之教即是自覺地作道德實踐，本於本心本性以徹底清澈自己的生命，即由踐仁知天、修己以敬而至修身以俟，宋明儒者所弘揚的，便是這個成人之教、成德之教。〔註109〕陽明的教化哲學，也正是在此意義上將性理學的「敬」的意涵提升到方法論的理論高度。

陽明學何以成爲陽明學？這是我們閱讀、思考、體悟並踐行陽明學時不可避免地理論自覺。

理論自覺需要問題意識。問題意識分爲本具的問題和呈現的問題，在性理學中本具的問題是在其自身的歷史發展過程中所本來具有的課題，而呈現的問題則有賴於作者的不斷追問，以一種「洞若觀火」式地思考深入到歷史文本之中，以今人之眼光、時間之緯度，所作之理論洞察。兩者之間的歷史與現實的張力在問題意識中得到視域融合〔註110〕。經典之所以爲經典，乃因其爲道之詮釋者，然經義有隱微、顯明之分殊。吾人於經義之詮釋非經一番考索則不可得其眞義，且經義若與吾人生活毫無關涉，則束書不觀可矣。陽明說：「聖人述《六經》，只是要正人心，只是要存天理、去人欲，於存天理、去人欲之事，則嘗言之。或因人請問，各隨分量而說，亦不肯多道，恐人專求之言語，故曰『予欲無言』。」〔註111〕陽明著述相較其他大儒而言，其數量匪巨，或與此有關。然時至今日，陽明學若干著述和理念已成爲經典之範式，紓解其義的著述更是汗牛充棟〔註112〕，陽明學研究蔚爲大國，學人各

岱年等，《中國知識分子的人文精神》〔M〕，鄭州：河南人民出版社，1994年，第15頁。

〔註108〕（漢）賈誼，《新書校注卷第九·修政語上》〔M〕，閻振益等點校，北京：中華書局，2000年，第360～361頁。

〔註109〕蔡仁厚，《王陽明哲學》〔M〕，北京：九州出版社，2013年，第48～49頁。

〔註110〕蒙培元，《序言》〔A〕，任文利，《心學的形上學問題探本》〔M〕，鄭州：中州古籍出版社，2005年。

〔註111〕（明）王陽明，《王陽明全集（新編本）》〔M〕，吳光等編校，杭州：浙江古籍出版社，2010年，第9～10頁。

〔註112〕百年來，陽明學研究著述頗夥，相關論著目錄詳見：張新民，《陽明精粹·名

抒己見，成一家之說。然誠如劉宗周所說：「總之，諸儒之學，行到水窮山盡，同歸一路，自有不言而契之妙，但恐《中庸》之教不明。……紛紛決裂，幾於無所適從，而聖學遂爲絕德。故雖以朱子之精微，而層摺且費辛勤；以文成之易簡，而辯難不遺餘力，況後之學聖人者乎？」〔註113〕今日重讀陽明之學，則應以問題脈絡爲線索，以身心體悟爲根本，細緻辨析，心存崇敬之溫情，或有心得焉。

以「敬」爲中心展開的王陽明教化哲學研究有如下之理論的考量：

第一，它指的是王陽明哲學特徵和學理與教育詮釋方式，這裡需要提請注意的一點是，它不是陽明學的發展歷史詮釋史，也不是「明代教育思想史」全景式的「思想－制度」分析，更不是王陽明哲學思想體系的完整表達，它無意詮釋本研究所涉及到的明代中晚期即早期現代以來中國儒學的全部觀念的具體表述。

其次，王陽明的教化哲學以「敬」爲起點和終點，指向儒者之道和心。本論所述之「道」「心」，有其選擇性和具體的限定，即有所詮衡。早期現代中國的身心意識中的獨特的詮釋模式，導致了陽明學的出現和士民社會對於該學派的參與，並構成了近五百年中國思想史的核心問題之一，可以此作爲瞭悟王陽明及其同志、後學及與之交鋒者的思想武庫〔註114〕。這一身心問題在王陽明時代成爲至關緊要的問題，並且此後五百年裏仍然是一無法避免的教化問題。王陽明對該問題的洞見在某種意義上已經成爲我們今天理解歷史

家今論》〔M〕，貴陽：貴陽孔學堂書局，2014 年；俞樟華，《王學編年》〔M〕，長春：吉林大學出版社，2012 年。

〔註113〕（明）劉宗周，《聖學綜要》〔M〕，吳光主編，《劉宗周全集第 3 冊》〔M〕，杭州：浙江古籍出版社，2012 年，第 230～231 頁。

〔註114〕蕭公權認爲陽明之政治哲學亦以仁心爲本，而參以《大學》之明德親民，其說似出心裁，實亦有所承襲；陽明之論治術，蓋遠襲前人遺意，近依洪武故事，變通改進而成者；陽明論政，大略以《孟子》《禮運》爲藍本，雖足針砭專制，究非其眞出新創；至其論學，則一掃鄉愿之習，直欲與西漢以來之儒家正統思想挑戰（蕭公權，《中國政治思想史》〔M〕，北京：新星出版社，2010 年，第 372 頁）。勞思光先生認爲論陽明之學，首先須掌握「心性論」與「天道觀」及「本性論」之殊異，此種殊異，就儒學史內部言，代表三派儒學思想，就哲學問題本身而論，亦屬三種不同之理論形態，學者對此種分割若無明確嚴格之瞭解，則對陽明學之特色及其在儒學史中之地位必不能確知，已往中外學人對陽明學之種種誤解，皆由於對此種源流問題及理論形態問題把握不定而起（勞思光，《中國哲學史（三上）》〔M〕，北京：生活・讀書・新知三聯書店，2015 年，第 302 頁）。

的關鍵，因此具有歷史的眞實和現實的眞實二重眞實性，雖然這一問題頗爲簡化或者僅僅是從儒學諸範疇中檢出的一個側面，但毫無疑問的是，王陽明關於「道」「心」問題的充盈敬意的詮釋性洞見，是值得我們一再重返且反思的教育理論課題。

第三，「敬」表示問題本身，即它是人因應社會（萬物）時所作出的一種帶有強烈個人化的精神訴求與行動指南，從這裡可以看到思想家是如何將安身立命、萬物一體、知行合一等等命題轉化爲致良知的心學之旅。面對歷史和現實的多種張力，如何自處、自理、自立，如何達成自我的完善（「使天下之人皆知自致其良知，以相安相養」）〔註115〕，如何達成社會的和諧（「天下可得而治，以濟於大同」）〔註116〕，以及明確如何將儒者聖賢之道以符合時代語境的用力得力之基點或方法自我實現並得以闡發。作爲性理學大師，王陽明所思考的問題以及其思考問題的模式，一再激勵後人與之辯難，或受其啓示，聖賢之所以鼓舞人心，並非其所使用的語言與我們一致，而是因爲其所精通的語言乃是我們熟知的卻未曾把握的精蘊，他們給予我們的震驚就在於某種令人愉悅的細微之處，這裡正式我們所忽略的或者是不經意的；這種震驚讓我們得以重新思考，並重新認知到一種對於語言完美之處的把握，由此聖賢令我們所敬畏、所敬仰。〔註117〕當徐愛與陽明接觸，聆聽其論道時，首先感到的就是這種訝異與衝擊，「予始學於先生，數年惟循跡而行，久而大疑且駭，然不敢遽非，必反而思之。思之稍通，復驗之身心，既乃恍若有見，已而大悟，不知手之舞、足之蹈，曰：此道體也，此心也，此學也。」

第四，以「敬」爲中心意味著回歸性理學的整體性，即不再以宋明理學中的派系劃分爲論說依據，而是以性理學中的敬意爲核心探究性理之道。所謂性理學的系譜意味著對傳統的宋代以來的理學家進行整體性瞭解。朱子和陽明作爲性理學的雙子星，各具風景，耀眼奪目，但是我們需要注意到在教化這一根本問題上，二者的一致性和延續性。正如蒙培元《理學範疇系統》

〔註115〕（明）王陽明，《王陽明全集（新編本）卷二》〔M〕，吳光等編校，杭州：浙江古籍出版社，2010年，第88頁。

〔註116〕（明）王陽明，《王陽明全集（新編本）卷二》〔M〕，吳光等編校，杭州：浙江古籍出版社，2010年，第87頁。

〔註117〕杜維明，《道‧學‧政：儒家公共知識分子的三個面向》〔M〕，錢文忠等譯，生活‧讀書‧新知三聯書店，2013年，第9頁。

所說：「王陽明和朱熹，作爲心學派和理學派的代表人物，在敬與靜的問題上，並無重要分歧，他們都很強調居敬工夫。所謂理學派主敬，心學派主靜的說法，並無充分的事實根據。因爲他們都講道德自律，都很重視自我修養。王陽明提倡本體工夫合一之學，朱熹則強調本體工夫同時用功。但一切工夫都是爲了實現自我體證、自我超越。其具體運用又有兩方面，一是直接體驗，即所謂自做主宰；一是在事上省察、磨煉，達到本體的體證。」〔註118〕教化人倫是性理學的第一要務，因此，我們判斷是否爲眞的性理學者，端看其學說是否在此著力，空談心性、性理之學者可毋論也。從道德與修養的角度來看，性理學家所追求的仍是孔夫子「修己以敬」的理想，並力圖將這一理想落實在自己的生活之中，唯有從此生活出發，方能實現道德重建和人倫秩序的重建。雖然所處時代有著較大差異性，人作爲人的基本屬性卻有著較強烈的穩定性，正是有了這種穩定性，性理學家所探究的義理學術和實踐路徑才具有時代意義，這也是吾人今日研究性理學的意義所在。

最後，以「敬」爲中心意味著，學者對王陽明哲學的理解和詮釋即便出現各種紛繁複雜的論說，甚至是對立的或者是互爲矛盾的詮解，其根源處仍不離陽明學之範式，即問題的答案並不能推翻問題本身。作爲身心（肉體與精神）的存在，人將不得不一再重返自身，不得不一再重返經典，並在此過程中提升自我精神之高度與深度。作爲回應王陽明教化哲學所提出問題的各種後學學說並不能替代或者掩蓋王陽明教化哲學的智慧之光，反倒是在不斷累積其智識的多元詮釋的可能性。在此意義上，陽明以其優入聖域之心，對經典儒學之道、人生意義之道乃至成人教化之道均作出了極爲經典性的詮釋，而陽明後學則使之成爲思想史上無法超越的高峰。吾人心懷敬畏，遊於此境，放眼四海，身體力行，朝夕思之，寤寐求之，或得一孔之見，亦可矣。

第五節　研究框架、文獻綜述與研究方法

拙文追隨先哲智慧，認爲在性理學的範疇之中，從朱子到陽明的教化哲學體系是一種演化的發展，而非對立之緊張。〔註119〕吾人認爲賀麟曾經提及

〔註118〕蒙培元，《理學範疇系統》〔M〕，北京：人民出版社，1997（1989），第413頁。

〔註119〕朱陸、朱王異同論在現代學術史中是一個極具話題意義的課題，本書認爲糾結於朱子學與陽明學的異同當然有益於吾人深入認識朱子學和陽明學的某些

的治哲學史的論述至今仍具啓發性意義：「治宋儒從周子到朱子一段思想，一如治西洋哲學史研究從蘇格拉底到亞里士多德，從康德到黑格爾的思想，貴能看出一脈相承的發展過程，不然便是整個的失敗。徒從平面或字面指出他們的對立實無濟於事。」〔註120〕要眞正詮解王陽明的教化哲學，就必須瞭解和評估王陽明的教化哲學對朱子學範式的詮釋和發展；需要回歸到孔門宗旨，即《論語》「修己以敬」。

以「敬」爲中心考察王陽明的教化思想，即解答王陽明的教化哲學所關切的「如何實現成人之教」這一問題。成人之教即成人之道，它立足於對德性自我的不懈追求，始於對經典的敬意和詮釋，將經典視爲一種有生命的活態典範，而不是將其視爲死的教條。在對典範人物的欽敬中，找尋到心心相映處，以心詮心，以之爲人生的垂範而躬行實踐。成人之教即生活之道，它面向生生不息的生命價值，在自我生命的德性力量彰顯中，省思洞察，成己成物，以眞誠坦惻的仁心看待生活，眞實地感通生活之道，將誠敬本體貫徹於一切人生所遇的事與物之中，同時也眞誠地認爲一切事與物都是敬所貫穿而成始成終。成人之教即教化的哲學，它是一種審愼和敬畏〔註121〕的古典智

側面，但對於作爲整體的儒學的體悟並無實質性的意義。在這一點上，即便對其異同關係分殊得再仔細亦與吾人在知識與德性上親近、感悟並踐履儒學無關。從作爲生活方式的儒學來看，若不以身心體驗的方式，進入現場，感通先賢，往往會隔靴搔癢，隔岸觀花，海市蜃樓雖爲美景，然與生活世界和意義世界的建構和完善總有其疏離。這一點極爲類似早期英國人對紅茶和綠茶的認識。19世紀的英國人以飮茶爲時尚，但對於紅茶、綠茶，即便最爲專家的植物學家都認爲是源自兩種不同的植物，如當時英國的植物學家們認爲紅茶和綠茶的血緣關係很近，類似於親兄弟或堂兄弟，但無論如何不可能是雙胞胎。在17世紀，植物學鼻祖林奈認爲綠茶爲陝西清茶，有棕色枝條和互生葉，淺綠色，葉柄短，有花冠；紅茶爲武夷山茶，外形與綠茶相近，葉片規格較小，顏色更深。他們的研究都根據喝到的茶葉成品來判定的。這種說法影響了一個多世紀英國人對於茶葉的認識。顯然，這種研究極爲科學，事實上，直到英國人福鈞於1843年、1848年兩次進入中國茶葉產區，特別是後一次深入大陸腹地，到達茶葉核心產地並進入茶葉加工廠之後，他才發現，原來紅茶和綠茶都來自一種植物，其差異僅僅是加工工藝所導致的，茶葉原葉並無不同。（詳見：（美）羅斯，《茶葉大盜：改變世界史的中國茶》〔M〕，孟馳譯，北京：社會科學文獻出版社，2015年，第121～123頁）

〔註120〕賀麟，《近代唯心論簡釋》〔M〕，上海：上海人民出版社，2009年，第243頁。

〔註121〕關於「敬畏」作爲一種倫理的要求和規範，詳見：郭淑新，《敬畏倫理研究》〔M〕，合肥：安徽人民出版社，2007年。

慧，即「敬」。

從王陽明的教化哲學出發，發掘「敬」的學理內涵、精神旨歸，不僅可以有助於我們更好的理解陽明學，也更有助於我們挺立人的人格精神，明確如何成爲一個人的教化意義所在。從學理來看，「敬」爲人事之本、「敬」即人的不可予奪之志、「敬」是禮的精神內核、愛敬爲人道之極，即是一種價值理念，亦是一種文化信仰。〔註122〕它內嵌於儒學傳統之中，同時也是儒學對於人性價值的準確揭示。「居處恭，執事敬，與人忠」〔註123〕就不僅僅是古老的智慧，也是教化哲學的最終目標。

1、研究框架

本書堅守「敬」的學術立場，從若干面向梳理王陽明的教化哲學。

首先，從「知其義而敬守之」的意義上，重新考察《朱子晚年定論》，細緻考察其在歷史上曾經發生過的影響，透過前人的身體力行觀察此書的意義。我們亦深入分析陽明學編纂該書的歷史，通過對陽明相關話語的梳理，考察其眞實的用意。隨後，我們將對後世學者對此的爭議做一概要式研究，透過諸多賢哲的不同理解以增加吾人對詮釋的理解，並由此確認陽明學、朱子學均是在性理學的一脈相承的話語體系中的聖賢。

其次，從「敬以直內」的意義上，重新考察王陽明關於日常生活的教化主張，通過陽明本人的話語、行動、他與同時代人的交往活動等等，梳理出他對於世俗學術的異見，以及他所堅守的正見。由此進一步揭示，王陽明如何將敬貫徹在自我的生活、學術主張之中，以及他所代表的儒學精神是如何次第展開並成爲一種內在超越性的學說的。

最後，我們從「敬德修業」的意義上，重新考察王陽明關於教育的主張和哲學，這是一種有具體路徑的教育智慧。

綜而言之，本書之旨趣在於從「敬」的視野出發，考察王陽明教化哲學如何回應成人之教的問題，即如何使人成爲眞正的人，如何使儒家的生活方式貫徹到人的生命之中，如何使人挺立其精神價值、呈現生命意義，如何以

〔註122〕劉夢溪，〈敬義論〉〔J〕，《北京大學學報（哲學社會科學版）》，2016 年第 53 卷第 3 期，第 5～24 頁。

〔註123〕（宋）朱熹，《四書章句集注・論語集注卷七》〔M〕，北京：中華書局，2014（2011），第 137 頁。朱子引程子語云：此是徹上徹下語。聖人初無二語也。充之，則睟面盎背；推而達之，則篤恭而天下平矣。

具體可行的方法教導學生走向成人之道。在此意義上，吾人展開了對王陽明的教化哲學的教育史分析，即在「敬」道的意義下，梳理關於王陽明的教化哲學，使其陽明學中被忽視和掩蓋的面向更加豐富。王陽明的教化哲學浸潤在性理學的儒學傳統之中，它也是儒學的重要組成部分，是其中富有光輝且最具現代意義的組成部分之一。但是，從另一方面來說，陽明學卻因爲其所謂的簡易性、直接性，造成了解說的多元性和複雜性，二者之間存在著無窮張力，如何調解這種張力，則仍有待於「敬」道的心銓。也就是說，吾人主張對儒者之道的「敬」的堅守，對精神的崇高的追求，對知識眞理的追求，對生命意義的探尋，將不懈怠地永續。

2、文獻綜述

學者根據不同的立場，進入陽明學，體認陽明學，豐富陽明學。通過歷代學者兢兢業業地精察考索和充滿敬意的學術探究，陽明學呈現出紛繁複雜的樣貌（詳見附錄一），深化了「敬」的盡性成德的意義及其精神性、實踐性和個人性。借助於歷代學者的努力，吾人之研究將集中在傳統文化的核心命題與王陽明教化哲學的相互關係及其現實詮釋價值之上。

熊十力說：「惟敬可以定命，可以發智，此人生之最高蘄尚，聖學之骨髓，萬世無可廢也。」〔註124〕所謂聖學即是傳統文化之根本。張君勱指出，相較於西方，吾國傳統文化的特徵有四，即：其一敬天尊祖，重在讀書明理與道之並行不悖；其二重社會秩序，以盡孝盡忠爲事；其三學術思想敬守先聖遺訓；其四重人民生計。〔註125〕作爲一種思想運動、社會運動和教育學術運動，宋明性理之學，在學術上，以三代爲師法，勇往直前，建立了一條上繼孔孟下開後世的思想系統，包括哲學本體論、道德哲學、教育哲學、政治制度與政治哲學等各個層面，其中「涵養須用敬，進學在致知，是理學之方法論」。〔註126〕張氏更以歷史史實說明，歷代治亂興亡可徵「有義理學者興，無義理學者衰」，〔註127〕王陽明思想在傳統文化中所佔據的獨特地位即在於其對義理學的探究和對性理

〔註124〕熊十力，《原儒》〔M〕，上海：上海書店出版社，2009 年，第 242 頁。

〔註125〕張君勱，《義理學十講綱要》〔M〕，北京：中國人民大學出版社，2006 年，第 1 頁。

〔註126〕張君勱，《義理學十講綱要》〔M〕，北京：中國人民大學出版社，2006 年，第 20〜25 頁。

〔註127〕張君勱，《義理學十講綱要》〔M〕，北京：中國人民大學出版社，2006 年，第 46 頁。

學的闡發。在陽明，哲學並不是外在於人的信息，而是一種信念；不外在於人的實際生活，不僅可以之修己，亦可以之立人，因此有其光輝和生命力。

　　近代以來，思想家、哲學家、政治家和教育家，從各自不同的立場上闡發了王陽明的智慧之學，而王陽明作爲一個教育家，其有關教化的觀念最爲後世學者所關切。吾國當代學者中錢穆、賀麟、唐君毅、牟宗三、侯外廬、邱椿、張瑞璠、王炳照、黃濟、李澤厚、陳來、張立文等學者從各自不同的側面對陽明的教化哲學思想進行了深入發掘，對吾人進一步研究王陽明思想頗有啓發之功。

　　錢穆認爲，從個人性格和氣質而言，陽明有磅礴之才氣與卓越之理想，他執著而跳動，沉溺而徹悟，斂藏閉蓄，返歸自心，在現實的催抑中，伸展自己無限的意志，發揚自己無限的感情，運用自己無限的智慧，立志誠意，事上磨練，故而可以說陽明是傳統中克家的孝子，沒有變換祖宗的家風，具體而言就是承襲了北宋以來變化氣質的眞工夫，〔註128〕可以說，陽明所謂知行合一即是北宋理學所傳承和討論的「敬」字；〔註129〕賀麟認爲，從知行合一的理論來看，朱子和陽明都是價值的知行合一論，只不過前者重理想的價值，後者重直覺的價值，而且前者所論「涵養須用敬」已爲後者的直覺的知行合一觀，預備了步驟；〔註130〕唐君毅認爲，「陽明之學之同有本於朱陸所言之義」，〔註131〕朱子所謂主敬或涵養，即此心之自持，是此心自己保任其自己，自凝聚其心，此種保任凝聚，只是一虛靈明覺之當下凝聚在此、保任在此〔註132〕，朱陸陽明所重皆在人人皆有德性工夫，以同學聖賢之道，故以德性自勉，而學爲聖賢，則人可以異學而同道；〔註133〕牟宗三認爲，「一說敬字，便歸到心上來，敬是天理人欲之關鍵」，而陽明的致良知之教將敬的心上

〔註128〕錢穆，《陽明學述要》〔M〕，北京：九州出版社，2010年，第49～53頁。

〔註129〕錢穆，《陽明學述要》〔M〕，北京：九州出版社，2010年，第64頁。

〔註130〕賀麟，《近代唯心論簡釋》〔M〕，上海：上海人民出版社，2009年，第67頁。

〔註131〕唐君毅，《中國哲學原論·原教篇》〔M〕，北京：中國社會科學出版社，2006年，第137頁。

〔註132〕唐君毅，《中國哲學原論·原教篇》〔M〕，北京：中國社會科學出版社，2006年，第203頁。

〔註133〕唐君毅，《中國哲學原論·原教篇》〔M〕，北京：中國社會科學出版社，2006年，第224頁。

提而充其極，使之全部透露出，〔註134〕自學理而言，陽明所重在於內斂的敬懼工夫，此爲涵養個未發之中，中指天理而言，養是養此，敬是敬此，此非時間歷程的潛能現實之往來詮表，而是當下在喜怒哀樂以外，直至本心，見體取證；〔註135〕心學所謂警覺實際上是一種順其呈露、當下警覺而肯認之的自己警覺，不是本心以外的異質物事，而是本心提起來而覺己，即所謂肯認其自己、操存其自己、自覺其自己，即是求放心；〔註136〕侯外廬認爲，王陽明的教化哲學是一種以「弘揚聖學爲己任」的「輔君淑民」政治哲學，以「存天理去人欲」爲基本內容，而以「內心修養」爲教育的根本問題；〔註137〕邱椿認爲，王陽明的教化哲學說到底就是心學的教育，即是盡心之學，換句話說，一切學問都是維持社會的倫常道德之學和明人倫之學，〔註138〕良知之學與教即是維持此社會的倫常關係的學與教；〔註139〕黃濟認爲，王陽明的教化哲學中，其教育目標是在致良知或者發展以天地萬物爲一體的精神，即在個人方面爲明明德，在社會方面爲親民；〔註140〕王炳照等認爲，儒家教育思想以「述而不作，信而好古」爲宗，「寓作於述」式的融合和凝聚文化傳統和先聖前賢的智慧，深邃廣博，而又淺近平實，〔註141〕在教育思想史上則是以「獻身教席爲己任」，造就學術傳人，重視學術傳統，進而保持其學術的凝聚力和生命力，在此，王陽明的教化哲學的特徵則是強調人的道德自律的主體性和發明本心的個性自由發展；〔註142〕張瑞璠等認爲，傳統教化哲學的核心

〔註134〕牟宗三，《牟宗三先生全集（第 8 冊）·王陽明致良知教》〔M〕，臺北：聯經出版事業股份有限公司，2003 年，第 14 頁。

〔註135〕牟宗三，《牟宗三先生全集（第 8 冊）·王陽明致良知教》〔M〕，臺北：聯經出版事業股份有限公司，2003 年，第 44 頁。

〔註136〕牟宗三，《從陸象山到劉蕺山》〔M〕，長春：吉林出版集團有限責任公司，2016 年，第 105 頁。

〔註137〕侯外廬、邱漢生、張豈之，《宋明理學史（下）》〔M〕，北京：人民出版社，2005（1987／1997），第 237 頁。

〔註138〕邱椿，《古代教育思想論叢（中冊）》〔M〕，北京：北京師範大學出版社，1985 年，第 10 頁。

〔註139〕邱椿，《古代教育思想論叢（中冊）》〔M〕，北京：北京師範大學出版社，1985 年，第 12 頁。

〔註140〕黃濟，《教育哲學通論》〔M〕，太原：山西教育出版社，2014 年，第 670 頁。

〔註141〕王炳照、閻國華主編，《中國教育思想通史（第一卷）·前言》〔M〕，長沙：湖南教育出版社，1994 年，第 6～7 頁。

〔註142〕王炳照、閻國華主編，《中國教育思想通史（第四卷）·導言》〔M〕，長沙：

問題是人性論、義利觀和理想人格，以朱熹、王陽明爲代表的宋明理學（新儒學）建立了邃密和深沉的教育哲學體系，是我國傳統教育哲學的第二個高峰，其主要特徵是將傳統儒學人倫上升到本體論高度，將本體論與心性教育論予以內在的關聯；〔註143〕李澤厚認爲，許多哲學史論著喜歡把宋明理學公式化地分割爲宇宙觀、認識論、社會政治思想，掩蓋了其「將倫理提高爲本體，以重建人的哲學」的特點，〔註144〕陽明強調工夫，認爲工夫即本體，一方面保持了講求修養持敬的理學本色，同時也論證了知行合一的哲學理論，知成爲一種道德意識的純粹自覺。〔註145〕在此，所謂自然、所謂樂（當然也包括敬），就不再是一種官能享受、感性快樂或自然欲求，而毋寧說是一種精神之滿足和道德之境界，〔註146〕是一種個體的歷史責任感、道德的自我意識；〔註147〕陳來認爲，王陽明的教化哲學雖然存在著所謂是學三變，教亦三變的解釋，也確實存在著闡發誠意格物之教、教學者致存天理去人欲實功等不同學說主張，但終未嘗離克治省察大旨，「其出語不能無小偏出，然心體性體、本體工夫，有無動靜、本末內外，打併合一，其爲聖學，豈可疑乎。」〔註148〕張立文認爲，王陽明指出了人人作聖之路，使古來學脈不斷絕，〔註149〕他的爲聖之方是「存天理去人欲」，其教化哲學的終極目標是做「聖」，而「居敬存養」「省察克治」「事上磨練」等均爲做聖的「爲善去惡」的格物工夫。〔註150〕

湖南教育出版社，1994年，第4頁。

〔註143〕張瑞璠，《中國教育哲學史（第一卷）‧前言》〔M〕，濟南：山東教育出版社，1999年，第4頁。

〔註144〕李澤厚，《中國古代思想史論》〔M〕，北京：生活‧讀書‧新知三聯書店，2008年，第231頁。

〔註145〕李澤厚，《中國古代思想史論》〔M〕，北京：生活‧讀書‧新知三聯書店，2008年，第256頁。

〔註146〕李澤厚，《中國古代思想史論》〔M〕，北京：生活‧讀書‧新知三聯書店，2008年，第260頁。

〔註147〕李澤厚，《中國古代思想史論》〔M〕，北京：生活‧讀書‧新知三聯書店，2008年，第263頁。

〔註148〕陳來，《有無之境：王陽明哲學的精神》〔M〕，北京：北京大學出版社，2013（2006），第305頁。

〔註149〕張立文，《宋明理學研究》〔M〕，北京：中國人民大學出版社，2016年，第397頁。

〔註150〕張立文，《宋明理學研究》〔M〕，北京：中國人民大學出版社，2016年，第468頁。

總之，學者無不注意到在王陽明的哲學思想和教化哲學中，「敬」有著至關重要的地位。當然，學者對於「敬」的理解各不相同，對於王陽明哲學體系的建構更加豐富多彩，這都爲吾人的研究提供了有益的鏡鑒。

3、研究方法

本書研究方法首先爲文獻研究法，次爲性理學切己體驗法。

所謂文獻研究法乃是教育學之文獻學方法。中國古代教育史的文獻具有跨學科的特徵〔註 151〕，王陽明研究更是如此。因此教育史學的研究要針對教育文獻原著（一手資料）和教育文獻研究（二手文獻），注重教育發展的基本線索與內容，縱向考察其發展源流，橫向以類相從，凸顯學術文獻特點。準此，陽明學研究亦應注重在原始資料的擇取，同時亦重視當代陽明學研究之成果。關注陽明學研究的大家著述，同時亦特重陽明學博士論文所涉及的各種課題。然，於諸家之說均儘量作出合理取捨，不附和潮流，不剿襲舊說。

所謂性理學方法乃是教化體驗之學。中國傳統哲學以儒釋道爲核心，它爲普通的中國人提供了安身立命的精神營養，也爲之提供生生不息的精神力量，〔註 152〕因此經典的研究就是要以之爲自我當下的智慧和精神的生命探尋，自求心得並體驗踐行之。正如朱子《近思錄》（2.3）所述：「學之道，必先明諸心，知所往，然後力行以求其至，所謂自明而誠也。誠之之道，在乎信道篤，信道篤則行之果，行之果則守之固。仁義忠信不離乎心，造次必於是，顛沛必於是，出處語默必於是。」〔註 153〕聖人之學爲心學即在以此心體驗的意義上展開，造次顛沛即是一種以修身爲本的智慧，「如果不將中國哲學當作修身原則來學，只是當作外在的知識體系，其結果或爲供人參觀之物，或供人口耳之悅，與自身思想境界和道德水平無涉」，在充分研究並領會儒家精神實質的情況下，以現實社會爲依據，理性地吸收其內在價值，提升自我的思想境界和道德水平。〔註 154〕性理學「實則欲自覺地作道德實踐，念茲在

〔註 151〕馬鏞，《中國古代教育文獻概要》〔M〕，上海：上海古籍出版社，2003 年，第 2 頁。

〔註 152〕劉笑敢，《詮釋與定向：中國哲學研究方法之探究》〔M〕，北京：商務印書館，2009 年，第 4 頁。

〔註 153〕（宋）朱熹，《朱子近思錄》〔M〕，上海：上海古籍出版社，2012（2000），第 36～37 頁。

〔註 154〕周桂鈿，《中國哲學研究方法論》〔M〕，太原：山西教育出版社，2006 年，

茲而講習之，不能說是空談。空談者自是空談，不能因此而影響此學之本質。」〔註155〕吾人立論始於敬道之心，求得性理之道。由此敬仰之情，撞入性理學；由此求道之心，研讀陽明學。廣博見聞而細讀精思，勤學不輟而聚焦陽明。知所向往，求得於心，立本修行。在研究中堅定「敬」的信仰，在「敬」的信仰下奮力研究，在生活中一以貫之。

4、創新點

由此，本論之創新點亦一目了然。首先，本研究在對諸有關陽明學的研究中梳理出至為關鍵的問題，即成人之教的問題。成人之教是現代教育哲學的關鍵性問題。如何將古典的或者說經典儒家學說和現實的生活緊密結合，使之成為一種現實生活的意義之學，是大思想家和所有教育思想家的核心課題。在此，「陽明學何以成為陽明學」就關涉到教化之道的核心，王陽明教化哲學的建立也就意味著陽明學的展開。本書認為從成人之教的視野出發考察陽明學就要以王陽明的教化哲學為中心，細緻考察陽明學的生發過程及其變遷和詮釋學史，從而對陽明學有更為深入的把握。

其次，本研究提出王陽明的教化哲學內涵著豐富的「敬」的思想。作為性理學的陽明學其關切基點是良知和教化，而之所以如此，乃是陽明學從一開始就在對經典的敬意之上展開的苦苦探求和銓衡，正是以其誠敬之心為基礎，以生活為中心，以聖賢為垂範，以儒者之道為旨歸，陽明學才能創立、發展和延續。

再次，本研究考察了有關陽明學的教育史研究，認為在當代陽明學研究大大深入的今日，其教育思想的研究尚待進一步開發，以豐富陽明學，知其義而敬守之，則心學之旨不墜矣。

最後，本研究細緻梳理了當代陽明學研究的豐碩成果（特別聚焦於相關博士論文），通過對陽明學的對象、現狀和問題意識的考察，將有關陽明學的研究分殊出二元論的「理學心學」論（或曰程朱陸王論）、作為一種哲學演化的新儒學論（或曰內聖外王的心性之學），並進行了相關的總結。

因此，我們可以說：詮釋王陽明的教化哲學，就是要探尋明代中晚期以後以王陽明為中堅的儒學家如何領會、建構和塑造人的意義世界，從而激活

第 198 頁。

〔註155〕牟宗三，《心體與性體（上）》〔M〕，長春：吉林出版集團有限責任公司，2013年，第 7 頁。

和汲取傳統智慧，爲理解和重塑當下中國人的精神世界提供歷史參照和文化養分。

以下首章，從王陽明教化哲學的經典文本《朱子晚年定論》開始。

第一章　知義敬守〔註1〕：教化之經典

　　讀朱子書，玩其生活，覺得他時時在在，如對神明。此種獨與天地精神往來的生活，直令我有雖欲從之莫由也已之感。〔註2〕

　　　　　　　　　　　　　　　——熊十力《十力語要·答鄧君》

　　昔伊川先生每告學者：「汝信取理，莫取我語。」見人記其言語，則曰：「某在，焉用此。」蓋理是人人所同具，信理則無待於言，凡言皆爲剩也；言爲未信者説，徒取言而不會理，是執指爲月，不唯失月，抑且失指。〔註3〕

　　　　　　　　　　　　　——馬一浮《泰和宜山會語卷端題識》

　　學者的生命中，經典是無法跨越的永恆話題。如何閱讀經典，並激活經典，是學者首要的課題。在《象山語錄》（下卷，第 80 條）中記載了一段陸九淵與其學生關於經典的對話，時至今日仍有啓發意義：陸九淵曾對學生提出這樣的問題：「學問應以什麼作爲依據？」學生用「篤信聖人的話語」來回應。陸九淵接著提出了一個更具體的問題：「《禮記》一書沒有注釋的文本九萬九千零二十字，其中有『子曰』的部分都是聖人話語，請問是該全部篤信？還是有選擇的篤信？」學生無法回答。之所以無法回答是因爲，《禮記》中「孔

〔註1〕　「知其義而敬守之。」（《禮記·郊特牲》11.24/72/4）。
〔註2〕　熊十力，《十力語要·答張季同》〔M〕，上海：上海書店，2007 年，第 20 頁。
〔註3〕　吳光，《中國近代思想家文庫·馬一浮卷》〔M〕，北京：中國人民大學出版社，2015 年，第 2 頁。

子曰」116 次，「夫子曰」20 次，〔註4〕如何篤信這些子？陸九淵說：如果全部都篤信的話，怎麼信？如果選擇的話，卻又不是篤信。這就與所謂的篤信聖人話語相矛盾。〔註5〕陸九淵所提出的問題，是一個困惑所有學者的問題，每個人在面對經典時，必須回答這樣的問題，才能使經典成爲自我生活的一部分，才是儒者所謂的爲己之學。朱子《近思錄》卷二（第 15 條）說：「聖人之道，坦如大路，學者病不得其門耳，得其門，無遠之不到也。」〔註6〕由前賢的經典入門，尋求聖人之道，則需要「知其義而敬守之」，陽明爲吾人作出了示範。

第一節　聖學之門

　　生活於官宦之家，陽明並不缺少世俗的利祿。他未曾設想將其一生迷失於利祿中，而是希冀找尋到即凡即聖的儒者之道。關於陽明的早期生活，記載不充分，後世神話之，模糊且神奇。吾人無法知曉，陽明究竟從何時開始試圖在世俗的利祿之外找到人生的精神家園。其求學的大致情形自有公論：他的童年時代，在家鄉餘姚度過，後因其父王華任職京城而隨往，見識了世俗的繁華和學術的爭鳴；十七八歲時，他回鄉迎娶諸氏，在這期間見到了一個改變了他人生的導師：婁諒。陽明在京城時已就學國子監，也許經歷了一段較爲嚴苛的學生生活，雖然已經比較鬆散但仍有章可循的監生生活〔註7〕，

〔註4〕 使用「中國哲學書電子化計劃」檢索：http://ctext.org/liji/zhs 跡 searchu=%E5%A D%94%E5%AD%90%E6%9B%B0.[DB/OL].20170304 ； http://ctext.org/liji/zhs 跡 searchu=%E5%A4%AB%E5%AD%90%E6%9B%B0.[DB/OL].20170304.

〔註5〕 （宋）陸九淵，《象山語錄下》〔M〕，上海：上海古籍出版社，2013（2000），第 73 頁。原文爲：伯敏嘗有詩云：「紛紛枝葉謾推尋，到底根株只此心。莫笑無弦陶靖節，個中三歎有遺音。」先生首肯之。呈所編《語錄》，先生云：「」編得也是，但言語微有病，不可以示人，自存之可也。兼一時說話有不必錄者，蓋急於曉人，或未能一一無病。時朱季繹、楊子直、程敦蒙先在坐。先生問子直：「學問何所據？」云：「信聖人之言。」先生云：「且如一部《禮記》，凡子曰皆聖人言也，子直將盡信乎？抑其間有揀擇？」子直無語。先生云：「若使其都信，如何都信得？若使其揀擇，卻非信聖人之言也。人謂某不教人讀書，如敏求前日來問某下手處，某教他讀《旅獒》《太甲》、《告子》『牛山之木』以下，何嘗不讀書來？只是比他人讀得別些子。」

〔註6〕 （宋）朱熹、呂祖謙，《朱子近思錄卷二》〔M〕，上海：上海古籍出版社，2012（2000），第 40 頁。

〔註7〕 國子監對師生均有詳細的規定，特別注重道德教化和是非規矩。有學規五十六條，禁令十二條等等。比如規定監生「務要禮貌端嚴，躬勤誦讀，隆師親

當時國子監的學者也並非不知學問爲何物的官僚。或許，陽明並沒有從他們的講學中看到成爲聖人的希望。他拜訪婁諒，並誠心求教，對於陽明一生學術的影響至爲關鍵。吾人的論述從此開始。

婁氏是一位較爲著名的學者，他的學術傳承可以追溯到明初大儒吳與弼康齋。黃宗羲《明儒學案》即以吳與弼開篇。在黃氏，康齋開啓了明代爲聖之學的醇儒典範。他的成聖的方法論是：「敬義夾持，誠明兩進」；〔註8〕學道的方法是：「謝去舉事，獨處小樓，盡讀四書五經、洛閩諸錄，沉潛義理，足不下樓者二年」；教學方法則別具一格：陳獻章曾從學於吳氏，「白沙來學，公絕無講說，使白沙斸地、植蔬、編籬。公作字，使白沙研磨。或客至，則令接茶。如是者，數月而歸。」〔註9〕後世學者對於前輩儒者的這種描述，可見學者將他們視爲師範。吳氏用其求道經驗，告之後來者，讀書是求道的一種方法，而日常生活同樣是一種方法。

婁諒作爲吳與弼的學生，對於這一學說應有所見，所以當陽明與他見面論及聖人之學時，婁諒告訴陽明，聖人之學是可以通過學習而達致的，「聖人必可學而至」，這也被陽明的傳記作者記錄在案。隨後不久，陽明參加科舉考

友，講明道義，互相勸勉爲善」（《皇明太學志卷三・學規》，《太學文獻集成》第 5 冊，第 25 頁）、「三日一次背書，每次須讀大誥一百字，本經一百字，四書一百字，不但熟記文詞，務要通曉義理」（同上，第 26 頁）等等。明代國子監的原始資料主要見於郭鎜《皇明太學志》（《太學文獻大成》第 5～8 冊，學苑出版社，1996 年），清人文慶等編纂的《欽定國子監志》（北京古籍出版，2000 年）對前代國子監有較爲粗略的記錄。有關明代國子監的研究詳見：馬炎心，〈明代國子監述論〉〔J〕，《許昌學院學報》，1988 年第 04 期，第 88～91＋102 頁；王凌皓，〈簡論明代國子監教學管理的幾個特點〉〔J〕，《吉林教育科學》，1994 年第 12 期，第 51～54 頁；王凌皓，〈簡述明代國子監教育行政管理的幾個特點〉〔J〕，《行政與法（吉林省行政學院學報）》，1994 年第 04 期，第 53～54 頁；榮寧，〈試論明代國子監監規制度〉〔J〕，《廊坊師範學院學報》，2001 年第 01 期，第 64～70 頁；楊現昌，《明代國子監若干問題研究》〔D〕，安徽大學，2006 年；張光莉，《明代國子監研究》〔D〕，河南大學，2006年；張建仁，《試探明代國子監的管理體制》〔A〕，中國地方教育史志研究會、《教育史研究》編輯部，《紀念《教育史研究》創刊二十週年論文集（3）——中國教育制度史研究》〔C〕，中國地方教育史志研究會、《教育史研究》編輯部：2009 年，第 5 頁。

〔註8〕　（清）黃宗羲，《明儒學案（修訂本）卷一》〔M〕，沈芝盈點校，北京：中華書局，2013（2008），第 16 頁。

〔註9〕　（清）孫奇逢，《理學宗傳卷二十》〔M〕，萬紅點校，南京：鳳凰出版社，2015年，第 339～340 頁。

試，中舉後連續兩次會試名落孫山，第三次方僥倖過關。和他父親王華的狀元成績比較起來，實在不太理想。比較模糊的是，陽明從婁諒那裡得到的可學而至的具體方法是什麼？

陽明對聖人可學而至的學說的篤信，並不意味著他就已經找到了學的方法（得其門）。儒者之學是一種教化的學說，是一種立足於人的生命的學說，是既超越又內在的學說，陽明對聖人之學的認同，需要在自己生活中找出一具體而微的方法論。沒有落實到人生的學說，不是生活的智慧而是技術的信息。在陽明的傳記作者看來，他早期並未找到，一直要等到龍場悟道時才真正找到這一方法。從陽明的早期生活來看，他並非沒有找到方法，而是沒有形成一種方法論。這種方法，我們可以認爲即是吳與弼的「敬義夾持，誠明兩進」方法。這種方法，在儒學中即是來自於孔子的「修己以敬」和宋儒程頤的「涵養須用敬，進學則在致知」。也就是說，聖人的學問可以通過「敬」和致知的方法來達成。

所謂「敬」，在後世學者的解說中被視爲「主一」，主一的含義並不十分確定；致知的方法則很明確，博學審問慎思明辨，即是致知的具體方向。關於主一的問題，陽明和他的學生後來也進行過討論〔註10〕，這就表明，陽明曾經出現過的問題，在他的學生那裡同樣也存在問題。陽明明確的告之他的學生，主一不是專一，專一的意思是專注於某一項具體的工作，陽明曾經真誠地專注過各種學問，比如書法、詩歌、文章、佛教、道教、騎射、兵法等等，應該說在他的飽滿的精力和專一的追求中，在這些項目上都取得了比較好的成績。就書法而言，後世無不認爲他的書法獨具特色；論詩歌，他的詩作當世就已被視爲可以和宋代詩人相較高下；論文章，他不僅和當時的文章著稱的前七子相互唱和，他所作的文章也被多種書籍收錄成爲寫作的範本；論兵法，他不僅精研而親自實踐，取得了赫赫戰功；論佛道二教，他與當世高僧交談中所透露出的高深造詣無不令人歎服。這樣看來，將主一理解爲專一似並無大問題。但陽明說，「好色則一心在好色上，好貨則一心在好貨上，可以爲主一乎？是所謂逐物，非主一也。主一是專主一個天理。」〔註11〕這

〔註10〕 陸澄問：「主一之功，如讀書則一心在讀書上，接客則一心在接客上，可以爲主一乎？」（明）王陽明，《王陽明全集（新編本）卷一》〔M〕，吳光等編校，杭州：浙江古籍出版社，2010年，第12頁。

〔註11〕 （明）王陽明，《王陽明全集（新編本）卷一》〔M〕，吳光等編校，杭州：浙江古籍出版社，2010年，第12頁。

樣，陽明講主一與宋代以來儒者關於聖人之學的詮釋統一起來。這是陽明自
己在探求聖人之學過程中的所得。

　　從教化歷史的過程來看，《朱子晚年定論》〔註12〕是王陽明教化哲學的一
部標誌性著述，吾人以敬爲中心的王陽明研究即從此書始。陽明《朱子晚年
定論》的編纂出版造成了思想史上的一個景觀，「引起強烈反動，弄成一巨大
風波，鼓動一百五十年，爲我國思想史上一大公案。」〔註13〕「蓋自陽明致
良知之說一出，近世但是談學者都知駁剌朱子即物窮理之說爲支。」〔註14〕
引起朱子學者反動，先後有羅欽順〔註15〕、陳建〔註16〕、馮柯〔註17〕、孫承

〔註12〕　目前學界對於《朱子晚年定論》最爲完備的研究當屬臺灣大學文學院哲學系
　　　　　蔡龍九的博士論文《朱子晚年定論之相關探究》（2009 年，該文已收入林慶彰
　　　　　編《中國學術思想研究輯刊十一編》，臺灣花木蘭文化出版社，2011 年）。全
　　　　　文六章：1 緒論、2《朱子晚年定論》及其相關內涵、3《朱子晚年定論》所造
　　　　　成的現象與延伸問題、4 陸王與朱子中晚年思想之衡定、5 朱陸王異同的判斷
　　　　　模式與「工夫心」、6 結論等六章。蔡氏認爲《定論》或是「朱陸異同爭論史」
　　　　　中的諸多著作，不外乎「考據」、「詮釋」、「門戶之見」等方面。調和者與反
　　　　　調和者者雙方並非全無調和或是批判效力，只因其中細節問題並未解決而
　　　　　已。蔡氏指出陽明與朱子之間有異同，其同爲儒家學者的共識，陽明所欲談
　　　　　論的重點是「思想上的同」而非「晚年」。蔡氏所謂延伸談論問題包括：一朱
　　　　　子、陸九淵和王陽明之間異同的具體內容：參與討論異同的學者所持的觀點
　　　　　及論證的方式；三如何釐清調和和反調和論之間的問題；四如何以一種更加
　　　　　清晰的方式呈現所謂的異同論。蔡氏提出可以用「工夫心」，即回歸孔子的立
　　　　　論核心，將範圍設定在「實踐層面」上，排除過多的形上旨趣，以「作工夫」
　　　　　時的談論範圍內來求「同」。但蔡氏也認爲「工夫心」的談論僅能「弱化」朱、
　　　　　陸、王對「天理」或「性善」產生的本源立論（心即理、性即理）在「實踐
　　　　　中」的差異性，至於「天理」或「性善」之相關論述且偏向「形上旨趣」的
　　　　　談論內容，無法一併處理。蔡氏博士論文考據的方式採取的立場是從儒學發
　　　　　展史的視野重新詮釋儒學核心問題。（蔡龍九，《朱子晚年定論之相關探究》
　　　　　〔D〕，臺灣大學文學院哲學系博士論文，2009 年）
〔註13〕　陳榮捷，《王陽明傳習錄詳注集評》〔M〕，上海：華東師範大學出版社，2009
　　　　　年，第 262 頁；重慶：重慶出版社，2017 年。
〔註14〕　（明）耿定向，《耿定向集卷六》〔M〕，傅秋濤點校，上海：華東師範大學出
　　　　　版社，2015 年，第 243 頁。
〔註15〕　羅欽順（成化元年至嘉靖二十六年，1465～1547）字允升、號整庵、諡文莊，
　　　　　江西泰和人；著《困知記》。
〔註16〕　陳建（弘治十年至隆慶元年，1497～1567）字廷肇、號清瀾，廣東東莞人；
　　　　　著《學蔀通辨》。
〔註17〕　馮柯（嘉靖二年至萬曆二十九年，1523～1601）字子新、號貞白；著《求是
　　　　　編》。

澤〔註18〕、陸隴其〔註19〕、阮元〔註20〕等先後著書立說，可謂「巨瀾激蕩」。〔註21〕

在性理學脈絡中，讀書與著述並行不悖，均指向人生之完善和秩序之重整，即歸於道，或者說止於至善。在性理學家的論述中，具體性的歷史事實（聖賢典範人物的言行）之銓衡與揭示，與普遍性的原則（如道或理）的最終成立，兩者之間須有敬道之心的縮合，所謂敬貫動靜、徹上徹下是也。故性理學的著述越出了集部的範圍，不再以詩文爲主而是涵括了學者所有著述，不僅包括了精心雕琢的詩文，也包括師友間的書信、讀書心得、講學語錄，也包括對前賢言行的整理選擇後的著述。之所以如此，與性理學強調「道在六經」的主張，即尊重聖賢人物及其言行示範，有著密切關係。既然六經是聖賢之道的垂範，則後世從祀孔廟諸先賢先儒的言行在某種意義上都是道的見證和道在人身的證成，同樣也是後世學者修行之資。顯然，沒有任何一個性理學家會認爲道自我證成的，它不是外在於人的絕對的超越的道德倫理（以理殺人的指責是後世的口號，與眞正的性理學家本人無涉），而是內在於人的體驗、體證、實踐的心性性理。

因此，一方面性理學家強調讀書的重要性，一方面又反對功利的讀書法，認爲後者不如不讀書；一方面以著書立說爲外在之事而不特重之，一方面又隨著出版業的繁榮大力參與各種書籍的編纂和傳播。在諸多性理學的著述中，語錄成爲重要的人生修行教科書，其中以朱子、呂祖謙所編《近思錄》最爲典範〔註22〕，而陽明《朱子晚年定論》最爲焦點。將後者視爲失敗型的

〔註18〕 孫承澤（萬曆二十年至康熙十五年，1592～1676）字耳北又字思仁、號北海又號退谷；著《考證晚年定論》。

〔註19〕 陸隴其（崇禎三年至康熙三十一年十二月，1630～1693）字稼書、諡清獻；浙江平湖人；著《問學錄》。

〔註20〕 阮元（乾隆二十九年至道光二十九年，1764～1849）字伯元、號雲臺，江蘇揚州人；著《揅經室集》。

〔註21〕 陳榮捷，《王陽明傳習錄詳注集評》〔M〕，上海：華東師範大學出版社，2009年，第264頁。陳氏主要關注了反對者，實際上另有若干支持者或調和者，如季本（1485～1563，字明德，號彭山，著《說理會編》）、來知德（1525～1604，字矣鮮，號瞿塘，著《心學晦明解》）、孫奇逢（1584～1675，字啓泰，號鍾元）、湯斌（1627～1687，字孔白，號荊峴，又號潛庵）、李紱（1675～1750，字巨來，號穆堂，著《朱子晚年全論》）等等。詳：蔡龍九，《朱子晚年定論之相關探究》〔D〕，臺灣大學文學院哲學系博士論文，2009年。

〔註22〕 關於《近思錄》的研究，詳見：陳榮捷，《近思錄詳注集評》〔M〕，臺北：學

典範，似亦不爲過。〔註 23〕然而，我們需要的不是這種簡單的價值判定，而是要探討何以陽明要編纂刊行這麼一部書？它在陽明學中起到了什麼樣的作用？我們如何閱讀這部書並對之加以評價？

第二節　聚訟不息

　　學術與政治之間存在著複雜的關係，陽明學亦不例外。陽明歿後，桂萼等人就曾專門就此上書，對陽明學術事功加以全面矮化：

> 守仁既卒，桂萼奏其擅離職守。帝大怒，下廷臣議。萼等言：「守仁事不師古，言不稱師。欲立異以爲高，則非朱熹格物致知之論；知眾論之不予，則爲《朱熹晚年定論》之書，號召門徒，互相倡和。才美者樂其任意，庸鄙者借其虛聲。傳習轉訛，背謬彌甚。」〔註24〕

桂萼並非詆毀陽明的最後一人。其後萬曆元年三月，兵科給事中趙思誠則更加以渲染之：

> 守仁黨眾立異，非聖毀朱。有權謀之智功，備奸貪之醜狀。使不焚其書，禁其徒，又從祀之，恐聖學主一奸實，其爲世道人心之害不小。因列守仁異言叛道者八款。又言其宣淫無度，侍女數十，其妻每對眾發其穢行。守仁死後，其徒籍有餘黨，說事關通，無所不至。擒定寧賊，可謂有功，然欺取所收金寶，半輸其家，貪計莫測，實非純臣。章下該部。〔註25〕

生書局，1992 年；上海：華東師範大學出版社，2007 年；程水龍，《理學在浙江的傳播：以近思錄爲中心的考察》〔M〕，上海：上海古籍出版社，2010 年；朱高正，《近思錄通解》〔M〕，上海：上海古籍出版社，2010 年；程水龍，《近思錄集校集注集評》〔M〕，上海：上海古籍出版社，2012 年。《近思錄》的多種不同版本的影印彙刊可見：翟奎鳳、向輝，《近思錄版本叢刊》〔M〕，南京：鳳凰出版社，2016 年。

〔註23〕如林月惠認爲：雖然《朱子晚年定論》學術上的價值不高，但卻是探討陽明與朱子關係的重要線索。因此，從陽明論及朱陸之學，至其《朱子晚年定論》之作，皆顯示出：就主觀心態而言，基於闡明聖學之共同理想，陽明迴護朱子之情甚殷。足見朱子之於陽明實是一條不可割斷的臍帶，而陽明許多思考問題之論點，亦因而不自覺的受朱子的影響。（林月惠，《陽明內聖之學研究》〔M〕，臺北：花木蘭文化出版社，2009 年，第 25 頁）

〔註24〕（清）張廷玉等，《明史卷一百九十五》〔M〕，北京：中華書局，2011（1974），第 5186 頁。

〔註25〕（明）顧秉謙等，《明神宗實錄卷十一》〔M〕，臺北：中研院歷史語言研究所

從桂萼等人之論至趙思誠之說，陽明之學不僅不是聖學之傳，是危害極大的僞學邪說，且其人私生活不檢點，又號召門徒，是爲不安定之因素。其書又反朱子學，故焚其書禁其說可也。這種過激之論，後世學者不取。但其中關於《朱子晚年定論》的「知眾論之不予，則爲《朱熹晚年定論》之書」的揣測式評價卻被後世學者繼承之而無有更改，如秦家懿認爲「陽明在 1518 年曾刊刻《朱子晚年定論》，並在序中述說自己的求學過程與發現朱熹晚年對於早年論說之誤，有所後悔。王陽明若是公開反對朱熹的學說，也是不得已的。他明知自己與朱熹都是聖門之徒。他也不完全否定朱熹所說的一切。他認爲朱熹是賢人，生平勃勃好學，並以重興儒家爲己任，可惜著述過多，犯支離之病。」〔註 26〕吳長庚說：「王陽明乃作《朱子晚年定論》，援朱入陸，彌合朱陸，爲王學的發展爭取空間。」〔註 27〕勞思光也認爲「今考王氏所取代表朱氏晚年定論之資料，多出中年，故王氏此書未可憑信。」〔註 28〕總之，誠如孫鏗所言，很多學者將《朱子晚年定論》視爲陽明的鄉愿心態之作品〔註 29〕，因此在論述陽明學時，此書並無重要地位。

這些說法無甚意義，既未考察陽明良苦用心，更未瞭解當時士人心態。唯有梁啓超的說法頗有見地，他從學術習氣的角度解釋了何以陽明有此《朱子晚年定論》之作，並進而論及其後果：

> 唐代佛學極昌之後，宋儒採之，以建設一種「儒表佛裏」的新哲學，至明而全盛。此派新哲學，在歷史上有極大之價值，自無待言。顧吾輩所最不慊者，其一，既採取佛說而損益之，何可諱其所自出，而反加以醜詆；其二，所創新派既並非孔孟本來面目，何必附其名而淆其實。吾於宋明之學，認其獨到且有益之處確不少，但

校勘本，據國立北平圖書館藏紅格鈔本微卷影印，1966 年，第 366～367 頁。

〔註 26〕秦家懿，《王陽明》〔M〕，北京：生活・讀書・新知三聯書店，2015（2011），第 84 頁。

〔註 27〕吳長庚，《鵝湖之會與朱陸異同早晚論的歷史演變》〔A〕，《朱陸學術考辨五種》〔Z〕，南昌：江西高校出版社，2000 年，第 1 頁。

〔註 28〕勞思光，《新編中國哲學史（三上）》〔M〕，北京：生活・讀書・新知三聯書店，2015 年，第 300 頁。

〔註 29〕「王學本獨有千古，可俟百世。何必借朱子爲定論？況明言其不必盡出於晚年哉？觀『委曲調停』四字，先生蓋猶有鄉愿之見。而王學所以予人口實者，正在此也。今世學者既鮮專尊朱學以攻王學者。故本書之末，武昌本、江西本均附刻《定論》，今刪之。」（陳榮捷，《王陽明傳習錄詳註集評》〔M〕，上海：華東師範大學出版社，2009 年，第 151 頁）

對於其建設表示之形式，不能曲恕，謂其既誣孔，且誣佛，而並以
自誣也。明王守仁爲茲派晚出之傑，而其中此習氣也亦更甚，即如
彼所作《朱子晚年定論》，強指不同之朱陸爲同，實則自附於朱，且
誣朱從我。此種習氣，爲思想界之障礙者有二：一曰過抑創造，一
學派既爲我所自創，何必依附古人以爲重？必依附古人，豈非謂生
古人後者，便不應有所創造耶？二曰獎勵虛僞，古人之說誠如是，
則宗述之可也；並非如是，而以我之所指者實之，此無異指鹿爲馬，
淆亂眞相，於學問爲不忠實，宋明學之根本缺點在於是。〔註30〕

梁啓超先生在近代高倡陽明學〔註31〕，寫過《王陽明知行合一之教》，但他似
乎並不認可陽明《朱子晚年定論》的編撰方式。不過很有意思的是，他自己
又明明採用了這種做法，著名的例子就是其三十三歲時選編《節本明儒學案》
（光緒三十一年，1905）〔註32〕。梁氏的「過抑創造」和「獎勵虛僞」這兩
大論斷，基本上判了陽明《朱子晚年定論》的死刑。即，此書僅僅是陽明以
一種不怎麼高明的方法來論證自己的學術主張，論者首先關心的是所謂「晚
年定論」是否眞的是晚年定論，一旦文本中發現了非晚年之論就將其全盤否
定；其次關注的是陽明所摘編之論是否眞的爲朱子學的核心問題，一旦發現
文本中有非朱子學認可之朱子面目就可全盤否定之；再次關注的問題是此書
乃朱陸爭議之文本，陽明名義上支持朱子，實際上是以朱子反朱子，更重要

〔註30〕梁啓超，《清代學術概論》〔M〕，朱維錚導讀，上海：上海古籍出版社，1998
　　　（2000），第 8 頁。梁氏這一說法在近代頗有影響，如繆天綬選注《明儒學案》
　　　之新序云：畢竟朱學是「官學」「紳士學」，是最普遍的，陽明這般和朱牴牾，
　　　因而「攻之者環四面」（《與安之書》），在先程篁墩（敏政）作《道一編》，主
　　　張朱陸是始異晚同的。陽明至此亦節取朱子的書說三十餘條，名《朱子晚年
　　　定論》，專向裏一路，以示自己未嘗與朱子離異，以爲護身符。這是中國學者
　　　最大的弱點——託古，即以力量最大的陽明亦不能免。（繆天綬選注，《明儒
　　　學案》〔M〕，上海：商務印書館，1931 年，第 20 頁）
〔註31〕竹內弘行，〈梁啓超與「陽明學」〉〔J〕，《傳統文化與現代化》，1994 年第 01
　　　期，第 92～95 頁；吳義雄，〈王學與梁啓超新民學說的演變〉〔J〕，《中山大
　　　學學報（社會科學版）》，2004 年第 01 期，第 62～69＋125 頁。
〔註32〕朱鴻林，《明儒學案研究及論學雜著·梁啓超與〈節本明儒學案〉》〔M〕，北
　　　京：生活·讀書·新知三聯書店，2016 年，第 287～327 頁。朱鴻林認爲梁啓
　　　超服膺王學並終身貫之，《節本明儒學案》的編纂一方面表明梁啓超對宋明理
　　　學論說的德育哲理和方法的自我受用，同時也希望以此向同志之士廣爲推
　　　介，助其精進。一言以蔽之，梁啓超之精研《明儒學案》，始終是與他的政治
　　　和教育事業的發展分不開的。

的是他根本無力支持陸學。陳榮捷《從朱子晚年定論看陽明之於朱子》一文以為諸家批評陽明之處，不外四點：

> 一為其誤以中年之書為晚年所繕；二為其以《集注》《或問》為中年來定之說；三為其斷章取義，只取其厭煩就約之語與己見符合者；四為其誤解「定本」，且改為「舊本」。〔註33〕

論者攻擊陽明在於維護朱子學說之純潔性，然而並未論及此書究竟是陽明學說還是朱子學說？如果是陽明學說，只是他採用了述而不作的方式，那麼我們考察的應是文本中所涉及到的各類問題。如果不是陽明學說而是關涉到朱子學說的根本問題，那麼我們就需要像李紱〔註34〕《朱子晚年全論》〔註35〕和王懋竑〔註36〕《朱子年譜》那樣，對朱子學進行細緻分析，進而論證《朱子晚年定論》所論在多大程度上屬於朱子學的核心範疇。不過這種考據的工夫並不能從根本上對我們瞭解陽明學和朱子學之間的差異性及其融合性。

在陽明學的發展過程中，此書的意義非同一般，因為大人物表現其思想的創造性，並不能直接出自表面上看起來清晰的或者符合邏輯的形式，相反，它往往蘊藏在那些表面上看起來毫無關係的側面。〔註37〕如果我們承認，蒙培元先生所論證的，陽明所發展的心學體系，一方面是對朱子心學思想的繼承，同時也是對其學說本身所具有的矛盾的克服，因此可以說，陽明的哲學是朱子哲學的完成；同時，它又是對陸九淵的簡易工夫和朱子精密論證的融合。這樣，陽明的心學同時展現出簡易的特徵，又不乏精密的論證。〔註38〕「事實上，陽明是在朱學的薰陶下翻出來的一條思路，所以提出問題的方式像朱子，而在精神上則接上象山。既要跳出朱子的窠臼，自不能不與朱子的思想反對，但又不可以完全抹殺這一背景；雖說是接上象山的精神，但象山的思想完全缺少分解的展示，故以之為粗些而極少加以徵引。王學乃

〔註33〕 陳榮捷，《王陽明傳習錄詳注集評》〔M〕，上海：華東師範大學出版社，2009年，第265頁；重慶：重慶出版社，2017年，第356頁。

〔註34〕 李紱（康熙十四年至乾隆十五年，1675～1750）字巨來、號穆堂，江西臨川人。

〔註35〕 （清）李紱，《朱子晚年全論》〔M〕，段景蓮點校，北京：中華書局，2000年。

〔註36〕 王懋竑（康熙七年至乾隆六年，1668～1741）字予中、號白田，江蘇寶應人。

〔註37〕 （意）葛蘭西，《獄中箚記》〔M〕，曹雷雨等譯，鄭州：河南大學出版社，2014年，第495頁。

〔註38〕 蒙培元，《理學的演變：從朱熹到王夫之》〔M〕，福州：福建人民出版社，1984年，第307～308頁。

是在這樣的情形之下產生出來的新思想。」〔註39〕正如徐復觀所說，中國古代思想家表達其思想有兩種不同的路徑：其一是《論語》《老子》模式，即用自己的語言和風格；其二是《春秋》模式，即用古人的言行來證成自己的思想。〔註40〕這兩種不同的思想表達方式一直延續到近代，陽明的《朱子晚年定論》就是第二種方式。

抛開寫作方式不談，在實質問題上，前述梁啓超的看法明顯與薛應旂的觀點相左，梁氏認為宋明儒學者之學術建設所取路徑是「儒表佛裏」的範式，雖然有其歷史意義，但有極大的思想障礙，特別是依附古人的態度，極不可取。不過細考之則可發現，薛氏所論針對的是尊重傳統的世道人心之教化，而梁氏則側重在進化史學的學術思想發展，面對同一文本，基本上是得出了完全相反的結論。梁氏這一論述若在反對陽明學和明學的立場上來看毫無問題，但梁氏既然是服膺陽明「知行合一之教」者，他這樣論述自有其思想史的意義。不過這樣的立場往往容易導向毫無根據的反對，進而無法瞭解學術發展歷程中的複雜性，特別極有可能導致一種激進的批判運動。如果我們以一種更為溫和的態度來反思此一問題，則可能會得出完全不同的答案，這也是教育的題中之義。

《朱子晚年定論》一書在後世學者中造成的兩極分化的詮釋，這可能即是思想家的宿命，也是文字本身的宿命，一旦文本形成之後，其詮釋就必然脫離作者的理路而成為一種思想的質料。但無論如何，此書在陽明學和「反陽明學」中，都必然是一個無法逃離的文本。不過，若是我們僅僅將其作為一個文本來閱讀，那就遠離了陽明學，亦無法從中瞭解陽明與朱子之間的文化傳承關係，因為文化不僅僅是一種文字的傳承，它更是一種崇敬和教養，是人類精神和知識的構成方式。〔註41〕如果我們從此種崇敬和教養的文化觀之，則可以避免前述各種不必要的非議。這也是傳統文化教育的精義所在。從維護並弘揚傳統文化的立場出發，唐文治於1933年編纂並出版《紫陽學術發微》一書，在該書自序中，唐先生說：「朱子之於象山也，高明沉潛，虛實相濟，舊學新知，相觀而

〔註39〕 劉述先，《朱子哲學思想的發展與完成》〔M〕，長春：吉林出版集團有限公司，2014年，第464頁。

〔註40〕 徐復觀，《兩漢思想史（第3冊）》〔M〕，北京：九州出版社，2013年，第1頁。

〔註41〕 （日）鏡味治也，《文化關鍵詞》〔M〕，張泓明譯，北京：商務印書館，2015年。

善琢磨，同在一室，巧力各有千秋，所謂並行而不悖，連而不相及。而彼入主出奴者，呶呶於黨同伐異之私，顧不陋哉。明王氏陽明編《朱子晚年定論》，其年歲大都在己丑悟道以後，故多涵養精微之論，而說者以爲顚倒早晚，並宇宙間虛實之理不能辨，顧不誣哉！」〔註42〕此論乃深得陽明之心者。其後唐氏又纂輯《陽明學術發微》七卷專門闡發陽明學義理。

學是習得智慧。唐氏《讀朱子晚年定論》說：「夫學者，必有平心養氣之功而後可以論古人，亦必明實事求是之旨而後可以論古人之學。王陽明先生輯《朱子晚年定論》，攻之者固多，而信之者亦復不少。然彼信之、攻之者，亦嘗考朱子平生學問之經歷，深造自得之徑途，而切實加以體驗之功乎？……然則爲朱學者，固當以息爭爲宗旨，而息爭之道又非獨爲朱學者當然，爲陸王之學者當然也。爰揭明斯義，俾天下後世知講學，先務息爭，而息爭則必自講學者始。」〔註43〕如今，朱學、陸學、王學，均非必講之學，其爭論反覆卻有甚過於前人。唐氏此說，更見其慧矣。其實陽明對此亦非無深刻認識，他說：「學絕道喪，俗之陷溺，如人在大海波濤中，且須援之登岸，然後可授之衣而與之食；若以衣食投之波濤中，是適重其溺，彼將不以爲德而反以爲尤矣。故凡居今之時，且須隨機導引，因事啓沃，寬心平氣以薰陶之，俟其感發興起，而後開之以其說，是故爲力易而收效溥。不然，將有捍格不勝之患，而且爲君子愛人之累。」〔註44〕如果說陽明致良知說是予隨波逐流的學者以衣食，則《朱子晚年定論》是援之登岸者，由此書進入陽明學則「爲力易而收效溥」。

第三節　提問方式

眾所周知，儒學實際上是一種教育機制，〔註45〕儒學思想就是教育思

〔註42〕唐文治，《唐文治文選》〔M〕，王桐蓀等選注，上海：上海交通大學出版社，2005 年，第 358 頁；唐文治，《紫陽學術發微》〔M〕，樂愛國點校，上海：華東師範大學出版社，2015 年，第 3 頁。

〔註43〕唐文治，《紫陽學術發微》〔M〕，樂愛國點校，上海：華東師範大學出版社，2015 年，第 279～282 頁。

〔註44〕（明）王陽明，《王陽明全集（新編本）卷四》〔M〕，吳光等編校，杭州：浙江古籍出版社，2010 年，第 178～179 頁。

〔註45〕甘陽，《文明・國家・大學》〔M〕，北京：生活・讀書・新知三聯書店，2012 年，第 50 頁。

想，它首先是一種社會的德教，即致力於爲社會各個領域提供基本的道德規劃和生活準則，這種德教指向社會秩序的和諧與個人生活的完善，即朝向善的、有序的文明。〔註 46〕因此，研究儒學教育史就是要彰顯這種人文精神和教化之道，這在一定程度上當然也是「以古鑒今」「以今論古」的方式，更爲重要的是在於如何更好的理解過去，因爲不理解過去就無法理解當下。然而，過去的歷史與現實的人生一樣充滿著謎一樣的故事，教育更是絢麗奪目，我們也就必須借助於提問進入歷史，也必須使用概念來梳理歷史，這樣就使珍珠成串，光線成彩虹，進而重建秩序。人類社會需要秩序，知識同樣需要秩序。無序的歷史不成其爲歷史，無序的知識不成其爲知識。因此，我們對於傳統教育的研究就需要通過提問和概念工具的創造來更好的理解這一歷史。

學術研究中，問題的提出不僅是拓展研究視野的基礎，也是促進人類知識豐富的路徑。但問題的提出並不意味著問題的解決，問題的解決需要使用概念工具。概念一方面是在問題的意識中產生的，即它在一定程度上是對問題的具體化和深化；一方面又是對問題的常識性回應，即它在一定程度上是對問題意識所指向的學術課題的處理和解決的技藝。現代學術的建立離不開問題意識，同樣也離不開各種概念工具。對此，教育史學研究也有其基本的問題，即如何理解並詮釋古代教育的豐富思想。在《中國教育制度通史》中，李國鈞、王炳照先生認爲，教育制度史的研究必須爲當代改革發展提供歷史依據，因此它的任務就不僅僅是對既有研究成果的總結歸納，不僅僅是對歷代教育制度進行史料的描述，毋寧說，它的主要任務是重新審視歷史的變遷，考察歷史的發展，洞悉歷史與現實的關聯，總之是要將作爲歷史存在物的教育制度的特性與作爲現實存在的教育改革的需要相關聯，古爲今用、以史爲鑒。〔註 47〕

這裡，教育史家明確提出了教育史的問題意識：即在現實的教育思想和

〔註 46〕 牟鍾鑒，《中國文化的當下精神》〔M〕，北京：中華書局，2016 年，第 3 頁。
〔註 47〕 李國鈞、王炳照，《中國教育制度通史・總序》〔M〕，濟南：山東教育出版社，1999 年。在王炳照、《中國教育思想通史・緒論》中也有同樣的表示：探尋教育思想產生、發展及其演進的歷程，挖掘歷史教育思想的豐富內涵，總結前人認識教育現象、指導教育實踐的成功經驗和失敗教訓，揭示教育思想發展的客觀規律，具有有重要的理論價值和現實意義。（王炳照、閻國華，《中國教育思想通史》〔M〕，長沙：湖南教育出版社，1994 年）所謂的探尋、挖掘、總結、揭示指向的問題均是歷史的現實可能性的問題，即要明確的是教育史並不以史實爲最終目的，而是以理論創造和現實。

制度的視野下，作爲歷史存在物的教育（思想和制度）何以可能？換句話說，教育史要回應的問題是教育史的歷史可能和現實可能問題。從歷史的可能來說，它過去存在的理據何在？它的內在邏輯何在？它的發展演變情形如何？吾人今日要如何評價？歸結到一點即是：歷史是否具有現實的可能性？若沒有，爲什麼？若有，在何種意義之上？這個強烈的現實感的教育史學的方法（概念工具）是什麼呢？

簡而言之，教育史的提問是「何謂傳統教育思想」，其方法則有史論和分類，所謂史論有由論入史和由史進論兩種路徑；所謂分類是將歷史上的教育史學以人物、思想爲中心加以派別化（學派）區分。史論和分類上又強調統一性，即歷史與邏輯的統一。〔註48〕這種教育史學的問題模式及其概念工具爲我們理解我國教育的歷史和現實提供了很好的理路思路和概念工具。它是針對整個教育史研究的提問方式，並提供了具體的概念工具。同時，針對的具體的歷史研究，我們還需要對這種提問加以細緻化，否則就是籠統而不成其爲問題。應用這樣的提問方式和概念工具成功的案例是吳宣德《江右王學與明中後期江西教育發展》〔註49〕和畢誠《儒學的轉折：陽明學派教育思想研究》〔註50〕，二書在分類和史論概念工具的使用上都具有典型的教育史特徵，也從教育史的路徑上回應了「何謂陽明學」這一問題。簡而言之即是，陽明學是一種心學的、存在內在缺陷的、派系複雜的、由「心即理」「知行合一」「致良知」構成體系的道德教育學說。

「何謂」的問題是「何以」的問題的一個側面，但並不是全部。在此，歷史學家的理解對我們有很大的啓發意義。與教育史學者不同，歷史學家的著述中反覆回應的就是「何以」的問題。如在余英時看來，道統大敘事和現代哲學史，無一例外地將理學家從歷史中抽離出來，要麼成爲孔孟的注腳，要麼成爲西方哲學系統的注腳，失去了對於理學家的同情考量。宋明儒者一開始就是爲了重建秩序而努力的，即是要實現內聖外王之道，無論是道統的建構還是形而上體系的建構都是爲了重建秩序服務的。余英時提出了「何爲

〔註48〕于述勝，《中國現代教育學術史論》〔M〕，北京：中國社會科學出版社，2012年，第235～248頁。

〔註49〕吳宣德，《江右王學與明中後期江西教育發展》〔M〕，南昌：江西教育出版社，1996年。

〔註50〕畢誠，《儒學的轉折：陽明學派教育思想研究》〔M〕，北京：教育科學出版社，1992年；中國發展出版社，2010年。

儒家的整體規劃」的問題〔註51〕。爲此，余氏先後提出了兩個概念工具來理解之，即得君行道和覺民行道。他認爲宋代的政治文化是一種君臣共治的模式，儒者所追求得君行道的上行路線；明代的政治文化是威權的獨裁，學者只能走覺民行道的下行路線。得君行道和覺民行道爲我們理解朱子學和陽明學提供了新的概念工具。有學者使用了「覺民行道」的概念來細緻分析陽明學何以成爲陽明學，如張藝曦《陽明學的鄉里實踐：以明中晚期江西吉水、安福兩縣爲例》〔註52〕、楊正顯《覺世之道：王陽明良知說的形成》〔註53〕。前者通過史料的細緻梳理爲讀者展示了陽明學人通過家族式的努力，參與到地方社會秩序的重建之中，同時也爲陽明學提供了廣闊的空間。王汎森《明末清初的人譜與省過會》〔註54〕一文則通過對修身日記的大量出現和省過會流行的考察，說明了陽明學在世俗社會中所起到的道德修養作用，實際地說明了陽明學是如何覺民行道的。余氏的這種提問方式和概念工具的使用爲我們進一步研究陽明學提供了極佳的範例。

「覺民行道」的概念在政治文化上有力地解決了「陽明學何以成爲陽明學」的問題。第一，它簡要地勾勒了從朱子學到陽明學的歷史演變過程；第二，它說明了朱子學和陽明學均在道的探尋上做出了貢獻；第三，它十分鮮明地將陽明學置於社會運動的大背景中，啓示我們注意到士商互動的歷史背景下陽明學的學術風氣的變遷；第四，它直接明瞭地揭示了陽明學的貢獻就在於其成功地通過覺民的方式實現了治道的追求。

但是，從前述教育史學的問題來看，覺民行道尙無法回應「歷史是否具有現實的可能性？」這一問題。無論是得君行道還是覺民行道的概念（方法），都爲儒者的整體規劃服務，也就是說爲了恢復三代治道服務的，只不過因應不同的政治文化採取了不同的路徑而已。然而，當我們回到陽明學的歷史過程，我們發現有諸多問題無法解決，《朱子晚年定論》《居夷集》等書的出版、流傳，與「覺民行道」論述存在張力。而且至關重要的是，就思想的傳承而言，在得

〔註51〕 余英時，《朱熹的歷史世界》〔M〕，北京：生活・讀書・新知三聯書店，2011年。

〔註52〕 張藝曦，《陽明學鄉里實踐：以明中晚期江西吉水、安福兩縣爲例》〔M〕，北京：北京師範大學出版社，2013年。

〔註53〕 楊正顯，《覺世之道：王陽明良知說的形成》〔M〕，北京：北京師範大學出版社，2015年。

〔註54〕 王汎森，《權力的毛細管作用》〔M〕，北京：北京大學出版社，2016年。

君和覺民的二分法中，朱子學和陽明學是一種斷裂式的重建，而不是承繼式的發展。這與吾人的觀察存在距離，與歷史的陽明學也有一定的區隔。

因此，我們認爲，除了「覺民行道」之外，還需要另外的概念工具來回應「陽明學何以成爲陽明學」這一課題。「敬」這一概念工具是筆者的選擇。

第四節　「敬」爲方法

「敬」在性理學中是一種經驗，還是一種方法？

經典的學習，實際上是希望以之爲生活的典範。宋儒張栻〔註55〕說：「學者潛心孔孟，必求其門而入。」「學者當立志以爲先，持敬以爲本，而精察於動靜之間。」〔註56〕「敬」在性理學家看來是「本」。這裡所謂本，不是本質而是基礎、基點或者起點、立足點，離開敬，儒學精義無從談起，而人生意義亦無從挺立。

套用溝口雄三〔註57〕的話說，作爲方法的「敬」，實際上是性理學的主旨。「敬」，一方面是一種生活的經驗，所謂愛親敬長是也，在此它是一種生活的態度、精神的境界和行爲的準則；一方面是一種生活方法，所謂對越上帝是也，在此它是一種幫助我們認識眞理，把握實在的功能或者技藝。

就經驗而言，作爲一種事實，人們有選擇做與不做的自由，也即可有可無，時有時無；就方法而言，作爲一種工夫，人們有選擇信與不信，可用不可用，時可用時不可用。作爲一種方法，它也是不斷完善的技藝，即在修養的純熟過程中，成就人的善性。「敬」既可以向內省察，又可以向外探求。所謂向內省察即是體認、體悟的方法，是使此心純乎天理之極的過程；所謂向外的探究即是格物致知的方法，是用力既久則豁然貫通的方法。

〔註55〕 張栻（紹興三年至淳熙八年，1133～1180）字敬夫，號南軒，謚宣，後世稱張宣公。

〔註56〕 （宋）張栻，《張栻集・孟子說》〔M〕，鄧洪波點校，長沙：嶽麓書社，2010年，第174頁。

〔註57〕 （日）溝口雄三，《作爲方法的中國》〔M〕，北京：生活・讀書・新知三聯書店，2011年。溝口爲了批評日本學界沒有中國的中國學而提出了作爲方法的中國這一概念，他認爲以中國爲方法就是要通過中國來進一步增進充實對世界的多元化的認識，從而創造出更高層次的世界圖景。溝口評論道，日本的陽明學研究，只抽取了心學、心的哲學、內面主義之學、實踐之學等等和社會性存在的中國陽明學完全無關的、也就是和本體割裂開來的現象的一部分，在現象的範圍內進行量的比較。（第160頁）

作爲方法的「敬」，既以理（天理、良知）爲根據，又與己身密不可分而內涵著感性之維。以理爲依據，是指心和性的貫通處；己身感性，是指心性在現實中受到了氣質偏私的影響，即七情時刻影響著人的行爲。前者決定了心的先驗性，後者則使人認識到「敬」無法超越於現實的經驗。

這樣，「敬」在理論上即表現出一種先天形式和經驗內容的統一，同時又是理性與非理性的交融。因此，它必然是一種心性論，這種心性論並不意味著不重視物質的世界，而是要通過己身的努力來重塑這個世界，也就需要特別注意歷史的經驗和聖賢的言語，因爲聖賢的言行本身就是一種歷史的教誨：在道德方面，唯心論所堅持的是盡心主義或者說是自我實現主義；在政治方面，它所注重的是民族性的研究和認知。所謂民族性是指決定者整個民族命運的精神要素。只有瞭解了民族性並對其進行充分的認知，才能找尋到民族發展的指針。民族性既有生命又有理性，生命是整個生物發展的歷程，而理性則源自整個人類文化活動。所以民族性的研究要考察和研究整個民族的文化生活及其歷史。在此，所謂的本性（essence）就是一種共相或者精蘊的表達，它意味著一種普遍的具體，即一種原理或者「理」。因此，唯心論就是唯性論，而性即理，心學既理學，亦即性理之學。〔註58〕賀麟（1902～1992）正確地指明了性理學的內在特徵，將性理學歸之於盡性主義和自我實現主義均是明見。從這裡亦可見到傳統文化的生命力即在於其延續性和生活性。離開了詮釋，性理學將無法成爲現實生活的根據；離開了性理，現實生活將無所歸依。之所以漂泊無歸，人心的淪落解構在其中起到了推手的作用。

性理學的內在性不僅與個人的努力分不開，也與經典的傳承密不可分。在深層的意義上，它指向的正是人的責任感和作爲人的自覺，這種責任感和自覺可以用敬字來表達。內聖外王並非是空幻的烏托邦，而是現實世界的意義和價值所在；不是外在的矯飾，而是一種有諸己的眞誠實行。如果道理成爲一種外在的想像，它將無法成爲扣人心弦的教義，也無法起到喚醒人性的作用；若是當作一種外在的規範，則人生即是一場遊戲而已：「若無眞切之心，雖日日定省問安，也只是扮戲相似，卻不是孝。此便見心之眞切，才是天理。」〔註59〕成聖的追求不是在給人表演而已。即便是演員也有表演之道，若是不

〔註58〕賀麟，《近代唯心論簡釋》〔M〕，北京：商務印書館，2013年，第4頁。
〔註59〕（明）王陽明，《王陽明全集（新編本）卷三十九》〔M〕，吳光等編校，杭州：浙江古籍出版社，2010年，第1553頁。

能惟妙惟肖何能征服觀眾獲得口杯、贏得票房呢？況且，性理學已將所有人全部涵括，只要行此道，不論其職業，都將有所成。所謂成，並不能保證人活得名利上的成功，而是讓人得到一種精神上的自足，並激勵人去自我實現。這種自足讓人在不斷努力的過程中完善了自我，也純淨了氣質，也即變化氣質。這裡的關鍵就在於使道的普遍性原則（並非是一種決定性的規律，至少不是一種可以用公式表達的客觀律則）和規範成爲一種內在的德性，從而使人的知行達到合一的狀態，或者說是一種道德本體的自覺。

所謂經典的傳承，包括三個方面的內容：第一，將經典內化爲自我行爲的指針，這是一種讀書窮理；第二，將經典進行合理化的因應現實的詮釋，這是一種解經詮釋；第三，將經典中言辭重新加以整合排比，這是一種典範的傳播。

這三個方面都意味著將經典視爲對道的詮釋。道具有永恆性，詮釋則是因時致治的，所以朱子說：「讀書之法無他，唯是篤志虛心，反覆詳玩爲有功耳。近見學者多是卒然穿鑿，便爲定論。或即信所傳聞，不復稽考，所以日誦聖賢之書而不識聖賢之意。其所誦說，只是據自家見識杜撰成耳。如此，豈復能有長進？前輩蓋有親見有道而其所論終不免背馳處者，想亦正坐此耳。」〔註60〕朱子所說前輩有背馳者，實際上就是認爲前賢的話語也需要考辨，要體會聖賢之意，而不能僅僅以爲讀聖賢書即了事。

陽明則進一步申說：「就如朱子，亦尊信程子，至其不得於心處，亦何嘗苟從？」〔註61〕不苟且的精神正是所謂的批判精神，但並非胡亂質疑式的爲了批評而批評，此非儒者治學之道。以聖賢爲體會道理的階梯，以之爲師，以之爲範：「夫所謂正諸先覺者，即以其人爲先覺而師之矣，則當專心致志，惟先覺之爲聽。言有不合，不得棄置，必從而思之；思之不得，又從而辨之，務求了釋，不敢輒生疑惑。故《記》曰：師嚴然後道尊，道尊然後民知敬學。」〔註62〕以先覺爲師，即是一種理性的自覺。

人生第一等事，是性理學的首要課題。它一方面意味著讀書學做聖賢，

〔註60〕（明）胡廣等，《性理大全卷五十三》〔M〕，濟南：山東友誼出版社，1989年，第3267頁。

〔註61〕（明）王陽明，《王陽明全集（新編本）卷三十九》〔M〕，吳光等編校，杭州：浙江古籍出版社，2010年，第5頁。

〔註62〕（明）王陽明，《王陽明全集（新編本）卷七》〔M〕，吳光等編校，杭州：浙江古籍出版社，2010年，第276頁。

一方面意味著自我的超越，即在生活中的永恆追求。這樣的人生價值和意義方才能凸顯而出。在此意義上，本體即是工夫，或者說由此才能真正理解何以「心無本體，工夫所至，即是本體」（《明儒學案‧序》）。如何成聖並不意味著在生活之外建構一個理想之境界，而是在現實的切己的生命中有所主宰，這一主宰即是敬道的挺立。成聖的目標也就轉化為敬的堅守和道的堅持。在邏輯學（Logic）意義上，「敬」並不構成人的本質屬性。勞動是人的本質，社會經濟關係的總和是人的本質，或者道德倫理是人的本質，或者理性是人的本質等等，都是邏輯的必然結果。然而這樣的邏輯結果並不能保證人成就仁德，不能保證善的追求和秩序的建立。相反，性理學所詮釋的人生本義因為立足於人倫秩序，其內在的追求自然使人朝向善性，即人生意義的明覺。性理學之所以將聖人之學視為心學的原因就在於，秩序的重建和生活的重建都依賴於心體的重建，所謂重建並不是要打破舊世界建設新世界，而是通過為善去惡的格物致知使聖賢的治道變成現實的生活。

成就第一等事，須切於日用以「求端用力，處己治人」，須讀書以「辨異端，觀聖賢」（朱熹《近思錄序》）。此為性理學家著書立說的根本性原則，朱子如此，陽明如此。朱子說「以窮鄉晚進有志於學，而無明師良友以先後者，誠得此而玩心焉，亦足以得其門而入矣。如此，然後求諸四君子之全書，沉潛反覆，優柔厭飫，以致其博而反諸約焉，則其宗廟之美，百官之富，庶乎其有盡而得之。」〔註63〕陽明說：「程子曰：有求為聖人之志，然後可與共學。人苟誠有求為聖人之志，則必思聖人之所以為聖人者安在。非以其心純乎天理而無人欲之私與？……求所以去人欲而存天理之方，則必正諸先覺，考諸古訓，而凡所謂學問之功者，然後可得而講，而亦有所不容已矣。」〔註64〕實際上，性理學所構想的人的完善即是秩序的完善，因為只有實現了人的正義才有可能實現社會的正義。而正義的理想則在聖賢之道。

毋庸置疑的是，性理學（宋明理學、新儒學）所建構本位的文化，時至今日仍有其生命力；性理學之取徑仍具有現實之意義。陳寅恪說：「夫聖人之言，必有為而發，若不取事實以證之，則成無的之矢矣；聖言簡奧，若不採意旨相同之語以參之，則為不解之謎矣；既廣搜群籍，以參證聖言，其言

〔註63〕　（宋）朱熹、呂祖謙，《朱子近思錄》〔M〕，嚴佐之導讀，上海：上海古籍出版社，2012（2000），第26頁。

〔註64〕　（明）王陽明，《王陽明全集（新編本）卷七》〔M〕，吳光等編校，杭州：浙江古籍出版社，2010年，第276頁。

之矛盾疑滯者，若不考訂解釋，折衷一是，則聖人之言行，終不可明矣。」
〔註 65〕我們今日重返陽明學非爲爭議而爭議，非爲良知正名，非爲理學心學
爭統，毋寧是自我之反思，故爲蘊蓄、爲實學，得諸心、述諸實。準此，考
察陽明的教化哲學，即是在「敬」的立場上回應「陽明學何以成爲陽明學」
這一課題，切記地體察「如何成爲一個人」問題，通過對陽明之書、之說、
之心的考察，梳理王陽明教化哲學的智慧圖景，從而增進吾人對「知義敬守」
「修己以敬」「敬以直內」等《禮記》《論語》《易經》的儒學傳統的認知。

第五節　爲學之方

　　層層累積的歷史，迷霧重重。作爲現實生活中的人，如何看待過去就成
了爲當下找尋意義的一個重要資源，甚至有時是唯一的資源，以至於成爲一
種負擔。亨利・福特不客氣地說，歷史就是一件接著意見該死的事；麥克白
則絕望地說，歷史是充滿無意義的喧囂和憤怒的故事，是對言辭鬥毆的記錄，
使人讀後毫無收益。〔註 66〕或者用陽明師弟子的對話來說：經典著述是不可
或缺的，比如《春秋》一書，如果沒有三《傳》（《公羊》《穀梁》《左氏》），
則恐怕難以理解。而陽明的答案是：如果這樣說，豈不經典成爲歇後謎語？
何以聖賢要故作此種艱深隱晦之詞？實際上，所謂《左傳》乃是魯國的歷史
記錄，否則孔夫子何必大費周章去刪削？〔註 67〕正是在對生命智慧的追求
中，人才能成其爲人。若是該死的事或者無意義的喧囂，當然毫無意趣可言；
若是艱深隱晦且須傳記以補足，聖人豈非故意作弄後人？顯然，從讀書的角
度來看，歷史的記錄需要啓迪人的智慧才有其意義，因此著述以明道才成爲
最終的追求和衡量的準則。所以，中國傳統學術史哲結合，「以舒解人間苦難，
提升人類生命爲其目的，所以既求眞更求善，使中國史學成爲個案建構的哲
學；而中國哲學則因其強烈的時空性而有其歷史的厚度與視野。」〔註 68〕眞
正有品格的著述不是爲了現實的名利，不是爲了與人做無謂的爭辯，更不是

〔註 65〕陳寅恪，《陳寅恪集・金明館叢稿二編》〔M〕，北京：生活・讀書・新知三聯
　　　　書店，2009 年，第 262 頁。
〔註 66〕（美）瑞安，《論政治（上卷）》〔M〕，北京：中信出版社，2016 年，第 2 頁。
〔註 67〕（明）王陽明，《王陽明全集（新編本）卷一》〔M〕，吳光等編校，杭州：浙
　　　　江古籍出版社，2010 年，第 9 頁。
〔註 68〕黃俊傑，《儒家思想與中國歷史思維》〔M〕，上海：華東師範大學出版社，2016
　　　　年，第 59 頁。

為了樹立自我的聲望而抹黑前賢，其最終的追求是為了智慧的人生。這種智慧的人生，首先是對歷史的溫情和敬意，是對聖經賢傳的體悟。由此，我們進入和理解陽明學就不再是一種信息的提取，不再是一種為反對而反對的囈語，而是一種生命的體驗和智慧的充實。

朱子學何以成為朱子學？這是陽明學面對的一個大課題。

如果我們放寬歷史的視野，從長時段的大歷史觀來看，考察陽明學發展史，必然要追溯明代朱子學的發展。性理學經過宋元儒者的幾代人努力，已經形成了豐碩的體系，道學的範式已經確立，朱子學最後在諸家競爭中脫穎而出，在學術與政治的交互作用下，朱子學成為性理學的標準。對於如何理解和詮釋朱子學卻並沒有統一的準則，以至於呈現出致知和躬行的不同派系，前者堅持「涵養須用敬」的宗旨，以居敬存誠、涵養心性為重；後者堅持「進學在致知」，以格物致知、博學多識為工夫。〔註69〕學者都以有朱子學的認同，不簡單是因為他的著述豐碩，而是他作為一個學者體現了傳統學術的精髓。

如何將其所揭示的知識轉變成自我生命的智慧則離不開學者自我的修養，曹端「立基於敬，體驗於無欲」，主張「事事都於心上作工夫，是孔門之大路」；薛瑄以敬為德性修養唯一之德目，主張「千古為學要法，無過於敬。敬則心有主而諸事可為。」「常主敬則心便存」「心才敬則人欲消而天理明」；吳與弼涵養性情，克己安貧，主張「大抵聖賢授受緊要，惟在一敬字」，「人須整理心下，使教瑩淨，常惺惺地方好，此敬以直內工夫也」；胡居仁之學旨在心，以敬為修養，主張「聖人教人，只教以忠信篤敬，使學者便立得各根基本領，學問可次序進」，「敬則心專一，專一則精明」，「心精明是敬之效」等等，無不顯示出明儒注重存養與義理之性之實踐〔註70〕，無不顯示出學者對於生命智慧的不懈探求。

生活在此人文精神傳統之下的陽明，其對諸儒的思想應有其親切感受，特別是陽明曾經為國子監生，不可能不參與到國子學的各種禮儀程序之中，

〔註69〕 張學智，《明代哲學史》〔M〕，北京：中國人民大學出版社，2012年，第1頁。
〔註70〕 陳榮捷，《朱學論集》〔M〕，臺北：臺灣學生書局，1982年，第331～344頁。不過陳榮捷認為，早期明儒最重要思想成份如敬，即在陳獻章及王陽明學說中未獲重視，又認為，陳獻章之靜養與陽明之必有事焉，即為兩儒自家之居敬工夫耶？（陳榮捷，《朱學論集》〔M〕，臺北：臺灣學生書局，1982年，第331～343頁）

在性理學的文化氛圍中，他也不可能不以聖賢之學爲立足點和出發點。同時，明代的精神世界也日漸豐富多彩，特別是當時的復古風潮和創新思潮鼓蕩爭豔，佛道思想也在整個社會中有著較大的影響，而陽明的個性屬於較爲寬容的類型，所以也比較容易接受多元的傳統，但這種多元的傳統造成了內在的緊張。一方面是他對於性理學所設定的聖人理想的堅守，一方面是他對於各種思想的接受，一方面是政治文化的動盪，均影響著個人思想體系的建立。他反覆閱讀朱子之書，希望從中發現聖賢之學的秘訣，在諸多朱子學的著述中並沒有現成的答案；他求助於朱子學之前的經典，在四子五經中尋找答案，似乎找到了一條出路，於是寫出了《五經臆說》；寬容的他，並不敢百分百的確信，於是回到朱子學，在朱子之書中確證了這種生命的智慧，這就是《朱子晚年定論》。

性理學譜系中，陽明之前，朱子最爲聖賢。錢穆推重孔子與朱熹，認爲此二人在中國歷史上具有舉足輕重的地位，在學術史、思想史和文化史上具有無可替代性，特別是朱子，一方面對北宋以來的性理學加以整理、闡發，一方面對孔子以後之學說加以發揮，故可稱之爲集大成者。「自有朱子，而後孔子以下之儒學，乃重獲新生機，發揮新精神，直迄於今。」〔註71〕錢穆以講學、著述爲其一生的事業，他也是陽明學的重要闡發人，他寫出這樣的話並不奇怪，因爲陽明亦以爲「文公精神氣魄大」「力量大」，〔註72〕然「程氏四傳而至朱，文義之精密，又孟氏以來所未有者。其學徒往往滯於此而溺其心。」〔註73〕那麼，朱子學何以成爲朱子學？並沒有現成的答案。陽明不得不沉潛反覆，窮究於心，其留下的可徵之文本即《朱子晚年定論》一書。

正是在此書的序言中，陽明將朱子學謹愼地區分爲朱子之說、朱子之書和朱子之心，進而云「自幸其說之不繆於朱子，又喜朱子之先得我心之同」。〔註74〕

作爲朱子之說的朱子學是世儒詮釋之學。它是經官方認可且加以表彰的

〔註71〕 錢穆，《朱子學提綱（3版）》〔M〕，北京：生活・讀書・新知三聯書店，2014（2002／2005），第1頁。

〔註72〕 （明）王陽明，《王陽明全集（新編本）》〔M〕，吳光等編校，杭州：浙江古籍出版社，2010年，第31頁。

〔註73〕 （明）王陽明，《王陽明全集（新編本）卷三》〔M〕，吳光等編校，杭州：浙江古籍出版社，2010年，第153頁。

〔註74〕 （明）王陽明，《王陽明全集（新編本）》〔M〕，吳光等編校，杭州：浙江古籍出版社，2010年，第140頁。

朱子學，從最一般意義上來說，我們所接受的朱子學必然是朱子之說式的朱子學，經眾多朱子學者的反覆闡釋加上官方意理的權力運作，朱子之說變成了一種基本的學術常識，舉凡生活在儒家文化圈內的所有人，不可避免地或多或少地成為朱子之說的接受者、轉述者和踐行者。可以說，此一類型的朱子學於中國傳統文化和士人生活影響最巨，同時可能造成的各種值得反思的後果亦最強烈。

作為朱子之書的朱子學是朱子本人著述和朱子弟子記述的綜合。由於朱子以講學著述為生活核心，其生活世界主要集中在論說之中，形成了極為豐富著述資源。而朱子門下弟子極多，細緻記錄了朱子的各種話語，甚至是瑣細的呢喃。更為關鍵的是，朱子門人對於朱子學的理解與朱子本人就存在著一定的區隔，後世的整理者們則不加區分的一概以為凡是朱子本人著述及其門人記述都毫無例外地屬於朱子學，那麼這一數以千萬字計（當前最新的整理本《朱子全集》按四部分類法，以經、史、子、集排次，編為 27 巨冊，約 1436 萬字〔註 75〕）。在書籍印刷遠遜於今日的傳統社會裏，其著述超過六百卷，非一般家庭所能承受，也非一般士人所能全部蒐集並閱讀。這也造成了前述朱子之說的流行，而朱子之書式的朱子學逐漸淪為考據家、收藏家和皇家的藏品，甚至一些基層的學校都無法購置朱子之書，僅僅留下諸如「《朱子語錄》四本、《近思錄》二本、《小學》二本」〔註 76〕的記錄。對於學者來說，朱子之書式的朱子學雖然其書俱在，但要逐一考索，並非易事，反不如朱子之學式的朱子學來的簡易。即便遍讀考亭之書，如果沒有一定的判斷能力，將朱子著述與朱子門人記述混同，將朱子在不同場景下的話語作為一種統一的且具有內在邏輯的思想來詮解，也未必就是真正意義上的朱子學。

作為朱子之心的朱子學，即是「敬」之道。從表面上看來，世儒所詮釋的朱子學與書籍所記載的朱子學就足以令人服膺或者敬仰，為何陽明非要在前述二種朱子學之外加上朱子之心？朱子學之所以能夠成為朱子學，首先在於朱子本人而非朱子學者，探究朱子本人的思想和情感也就具有了邏輯和情理上的基礎，進而，我們亦可認為從心理、情感和人的本性來說，朱子本人與後來者應具有互通互感的可能性，只有我們能夠以一種同理或者感通的心

〔註 75〕　《朱子全集》出版〔DB／OL〕，《光明日報》2003 年 8 月 14 日，http://www.china.com.cn/chinese/RS/384894.htm。

〔註 76〕　（明）朱麟，〔嘉靖〕廣德州志卷之五〔DB／OL〕，明嘉靖十五年刊本，頁120。復初書院藏書目錄記載，這些書籍為時任判官鄒守益所購置。

態來理解朱子時，吾人才能理解朱子學。朱子之心式的朱子學就順理成章地成爲最重要的朱子學範式。由此，我們或許可以理解何以陽明要將敬視爲聖學之要，因爲如果沒有對聖賢之學的崇敬、感通、體悟、省察，則朱子之心式的朱子學亦無法自足，其後果將會是災難性的。當然，朱子之心式的朱子學未必就能得到人們的認同，至少在前兩種朱子學來看，這一學說嚴重威脅了自身，需要進行有力的回擊。這種回擊，一直延續至今而未曾停息。

在某種意義上說，《朱子晚年定論》一書確立了陽明學的範式。所謂範式有兩個基本特徵：第一是它的成就如此之大，使得一批學者堅定地支持它，並同時脫了舊有的教科書模式（或者與之競爭的其他學說），從而繼續產生類似的成就；第二是這些成就可以讓後來者以之爲範本去實踐，同時也留下了很多有待後來者解決的課題〔註 77〕。儒者論及前賢之學問必將其所述歸於孔孟之學，先儒各述宗旨，雖有異同，均離不開孔孟之旨，因爲孔夫子自述其道時說「吾道一以貫之」。然而學者對於何謂一貫的認知卻存在較大爭議。對此，陽明後學耿定向〔註 78〕準確地指出，良知實際上是一種生活的智慧，是使人成爲人的智慧。

從歷史的眼光來看儒學發展，三代以前學術一統於聖王之學，其後則異說風起競爭，要麼走向玄想思辨，要麼朝向繁文詞章。有鑑於此，孔子提出仁學主張，即以人爲中心，講述人之所以成爲人的學說。孔子之後，列強爭競，權力與欲望糾葛，權術與智術相親，人所以爲人之學成爲迂闊之談耳。當此之時，孟子提出義學主張，即義即仁，仁以義爲輔弼，義以仁爲鵠的。魏晉六朝時，孔孟之學亦成故物，當時名節者或屠或戮，或隱或狂，唯有道家空虛玄妙成爲一時風尚，德性之仁義在現實面前只能無力而已，此即爲道德無力感。至宋，儒者重提主敬主張，號召以禮制恢復人心的德性，即所謂集義存仁，試圖以此回歸孔孟之學，進而恢復社會秩序，安頓人之心靈。不過禮制很快淪爲權勢者的工具和功利者的門徑，科舉格式和章句訓詁成爲掌握真理的唯一準則，聖人

〔註 77〕（美）庫恩，《科學革命的結構（第四版）》〔M〕，金吾倫等譯，北京：北京大學出版社，2015（2003／2012）。

〔註 78〕耿定向（嘉靖三年至萬曆二十四年，1524～1596）字在倫、號楚侗、諡恭簡、世稱天台先生；胡廣黃安人（今屬湖北紅安）；嘉靖三十五年（1556）進士，官至戶部尚書。耿氏政治生涯長久且相對順利，在學術思想上屬於陽明學的泰州學派，亦受佛教禪宗影響。他認爲終極真理（道）會在心中發現，道可以通過事來培植，故良知是現成的，只需在行動中實踐。（富路特，《明代名人傳》〔M〕，北京：北京時代華文書局，2015 年，第 979～981 頁）

的成爲人的教誨再次蒙塵。至明，王陽明提出致良知之學，所謂良知即是智慧，此智慧能識別人的眞心，由此眞心人方能成爲人。因此，可以說良知之學繼承了孔孟和宋儒的主張，最終均指向人如何成爲人。雖然儒學主張看似紛繁複雜，但其核心則始終如一，「舉一即該其全」。〔註79〕舉一該全的就是「修己以敬」，即是誠敬：「以古所稱百辟之刑，不顯惟德，百姓之安，修己以敬，聖聖相傳正脈，若是其易簡也。而不善學者，顧以繁難雜之，汩沒於傳注，支離於度數，模擬於事功，精力愈竭，歲月愈邁，而漠然於性命無關，故眞偽錯雜，學術遂爲天下裂。非濂洛之眞，力排異說，揭聖學之要，辨定性之功，則綿綿一線，幾於所矜式。先師（陽明）之學，其繼濂洛而興乎？跡其力諫以祛奸，愷悌以宜民，運籌以翦寇，誅亂賊以安宗社，誘掖善類以繼往開來，雖顚沛逆旅中，澹然不以約樂滑和，皆修道以仁之實功也。」〔註80〕

　　人所以成爲人，首先需要一種精神的支撐和引導，後世學者將其解釋爲道德理性或知識理性，亦未嘗不可。正是有了對於心靈智慧的自覺，儒學方才在諸多賢儒地反覆探尋中不斷前行，並日漸滲入常人的日常生活世界，使之成爲公共的知識資源和信仰源泉。而傳統教育正是一種人格的教育，即使人成爲人，在教養過程中接受典範人格的薰陶，正如《荀子・勸學》所說：「學莫便近乎其人，學之經，莫速乎好其人。」以親師好友、尊師重道的方式，承先啓後，爲往聖繼絕學。〔註81〕陽明良知之學，是對孔孟之學的闡釋，也是對宋儒，特別是朱子的主敬學說的一種傳承，是「舉一該全」的身心之

〔註79〕惟三代以降，學術分裂，異學喧豗，高者騖入虛無，卑者溺於繁縟，乃夫子出而單提爲仁之宗。夫仁者，人也。欲人反求而得其所以爲人者，學無餘蘊矣。逮至戰國，功利之習，薰煽寰宇；權謀術數，以智舛馳，益未知所以求仁矣。孟子出而又單提一義字。要之，義即仁，特自仁之毅然裁制者言也。下逮魏晉六朝，時懲東漢之以名節受禍，或清虛放任，或靡麗蔑質，德益下衰矣。宋儒出，而提掇主敬之旨。主敬，禮也，即所以集義而存仁也。後承傳者又失其宗，日束於格式行跡，析文辨句於訓詁之餘，而眞機梏矣。乃文成出，而提掇良知之旨。良知者，智也，欲人識其眞心耳。人識其眞心，則即此爲仁爲義爲禮矣。夫由仁而義而禮而智，聖人提掇宗旨若時循環，各舉其重，然實是體之，舉一即該其全。此本命造化使然，立教者亦未知其所以然而然也。（明）耿定向，《耿定向集卷五》〔M〕，傅秋濤點校，上海：華東師範大學出版社，2015年，第193～194頁。

〔註80〕（明）鄒守益，《鄒守益集卷七》〔M〕，董平編校整理，南京：鳳凰出版社，2007年，第398頁。

〔註81〕韋政通，《中國的智慧》〔M〕，長春：吉林出版集團有限責任公司，2009年，第90頁。

學。之所以如此，並非要故意立其新說，而是有感於後學對於先儒學問的過於執著，失去了其根本的宗旨。或者可以說，後來者的學術創見必然是對前儒學術的繼承和發揚。故此可知，陽明《朱子晚年定論》一書非泛泛而論，實際上是事關孔門學旨的重要著述，也是陽明學繼承朱子學的一重要典範性文本。

這部書曾經給予學者的智慧衝擊，今人已無法細緻考察，歷史已被湮沒在無盡的時間洪流之中。不過，當我們考察各種藏書目錄時，發現諸藏書家目錄中多有記錄該書者，如明黃虞稷《千頃堂書目》、晁瑮《晁氏寶文堂書目》、陳第《世善堂藏書目錄》、朱睦㮮《萬卷堂書目》、清錢謙益《絳雲樓書目》、曹寅《楝亭書目》等。從上述明清諸家書目所載來看，無論是讀者還是藏家，都對這部書有著各自的興趣，由此亦可證明此書有不同版本行世。明人薛應旂〔註82〕《方山先生文錄》就曾覆刻孔氏刻本。薛氏以爲之所以要重刻該書是因爲它在教育上具有重要意義，即在教學中能夠起到「撤蒙障」的功能：

> 曩歲乙巳冬，余以謫官赴旴江道，出武林。值文谷孔君董浙學政，送余浙江驛下，攜所刻《朱子晚年定論》見示，蓋陽明先生所輯，謂將以撤蒙障也。越七年，余亦以視學至浙，進諸生而問焉，乃蒙障猶若未盡撤者。而文谷所刻，則既散逸矣。余爲之慨悼者久之。檢諸故篋，向所示原本則固宛然在也。因命工翻刻之。夫朱子豪傑之才，聖賢之學，其論何至晚年而定哉？特以晚歲亟於進人，不容忘言，解經釋傳，遂涉訓詁，而以言求者，於是多蹊徑矣。唯是晚年深自懊悔，屢形翰牘，亦冀學者之反求自得耳。觀其嘗自詠曰：「獨抱瑤琴過玉溪，琅然清夜月明時。只今已是無心久，怕山前荷蕢知。」又曰：「琴到無弦聽者希，古今唯有一鍾期。幾回擬鼓陽春曲月，滿盧堂下指遲。」噫，朱子之心胸，可想矣。學者三復而質諸定論，當自有得矣。不然則陽明之輯是，而吾黨之刻之也，不

〔註82〕 薛應旂（弘治十三年至萬曆三年，1500～1575）字仲常、號方山，武進（今屬江蘇）人。嘉靖十四年（1535）進士，官至南京考工郎中。著有《宋元資治通鑑》《考亭淵源錄》《四書人物考》《方山先生文錄》《甲子會記》《憲章錄》《高士傳》《薛方山紀述》等。詳：（清）黃宗羲，《明儒學案（修訂本）卷二十五》〔M〕，沈芝盈點校，北京：中華書局，2013（2008），第592頁。

將爲贅疣也乎。〔註83〕

薛氏所說之蒙障，是指當時學者不求自得而求於詞章文字之間的學風。陽明選擇朱子的語錄，雖然不及其總量之萬一，但這正是陽明閱讀朱子書的自得，也是與朱子之心相映的地方。讀書如此方是眞讀書。知識人閱讀前賢著述，體驗其用心，加諸自我身心體驗，基本上是傳統社會中學者的必由之路，故孫奇峰說：「讀前賢之書，總藉以觸發我之性靈。不能觸發性靈，不能強爲之喜也；能觸發性靈，不能強爲之不喜也。」〔註84〕那麼究竟在士人的世界中，陽明編纂的這部《朱子晚年定論》是否起到「撤蒙障」「觸發性靈」之效呢？答案是肯定的。

爲瞭解歷史的細節，需要作細緻地考察。除了那些高倡陽明學的陽明學者之外，在底層的士人中，《朱子晚年定論》曾經發揮過它的積極意義，如清人李士棻《〔同治〕東鄉縣志》卷十三記載了一位清初的士子故事就頗有意趣：「國朝夏雲字逸飛，普涵塘人。風格絕俗，讀書務求心得，所爲古今文，皆根柢性情，中靈外樸，達其衷之，所欲言而止。年五十，猶困童子試。雍正甲辰，侍郎吳士玉典江西試，雲贄以文，亟加延賞，由是知名。周龍官太史稱其『時文高格大模，雅調細律，如熟飯香茗，養人而不傷人』，遂專用以課其孫，務令熟復三思，不以他文雜進。然雲卒無所遇，以諸生終。著有《秋遠堂文集》。」〔註85〕雍正二年甲辰（1724），吳士玉〔註86〕任江西會試考官時，夏雲獻以著述，以求功名，知名卻不得志，以諸生終老而已。夏雲曾爲富家子弟塾師，以普通書生，終其一生，未有世俗所謂的大建樹。歷史雖然離不開那些各色大人物至少也應是吳士玉輩，史學研究亦往往只關注他們的思想交鋒，對於夏氏之類小人物基本上可以忽略不計。可正是這位生卒年不詳、生平事蹟不詳的夏雲，寫下一篇讀書筆記，並被地方志作者記錄下來，爲吾人考察《朱子晚年定論》一書有了更爲細節的資料，因爲它展示了陽明

〔註83〕　（明）薛應旂，方山先生文錄卷九・重刻朱子晚年定論序〔DB／OL〕，明嘉靖東吳書林刻本。

〔註84〕　孫奇逢，《理學宗傳》〔M〕，張顯清主編，《孫奇逢集（上）》〔M〕，鄭州：中州古籍出版社，2003年，第847頁。

〔註85〕　（清）李士棻，〔同治〕東鄉縣志卷十三之二〔DB／OL〕，清同治八年（1869）刻本，1869年，第636頁。

〔註86〕　吳士玉（康熙四年至雍正十一年，1665～1733）字荊山、號颺庵。康熙四十五年（1706）進士，入史館二十餘年，累官禮部尚書，諡文敏。士玉曾與修《四庫全書》，著有《吹劍集》，編有《駢字類編》《子史精華》等。

之書在一般士人的生活和思想中的影響力：

> 其《讀朱子晚年定論》云：「陽明文章勳業節，概為前明第一人。顧其為學，常倚附象山，而與朱子多所牴牾。世儒緣此，遂黜之為異端，痛加掊擊。嗚呼，甚矣！夫象山與朱子，淵源本一，殊途同歸，固不可為異，而又烏必以此異陽明哉。讀所定《朱子晚年定論》一書，細觀朱子所以自悔，益知逐物喪己，貪外忘內之病，朱子已自懲之，而陽明之學果不與朱子異也。子夏曰：『小人之過也，必文』；子貢曰：『君子之過也，如日月之食焉。日月有食，原無傷於日月，君子有過，必不儕於小人。』大聖賢語言行事，固已如是。即其著書立說，以垂教萬世，亦莫不如是。非若後之文俗士得一知半解，便自炫長護短，伐異黨同，以封固其壘培也。此正是聖狂之界，賢愚之分，有志學道者不宜以此自限。朱子性質不異曾子，孔子嘗謂『參也日益』，而世之學朱子者，反取其中年未定之書，歡歡然堅守莊誦，而以詆斥陽明，其亦不達之甚矣。朱子易簀前三日，猶改定《四書集注》。然則朱子之書，朱子實有不自安者。聖賢苦志虛心，諒非文俗士所略窺也。陽明之徒，不能得其傳，每好挾其師說以輕議程朱，其中誠不為無罪。若陽明之所論著，其為朱子功臣，無疑也。世儒不察，望見『良知』『良能』『明心見性』『精微最上』之語，即指為陽明之學，聚而攻之，不遺餘力，俾孔孟真種，竟與楊墨、釋老同科。嗚呼，此皆以誓讀書而不以人讀書也。尚何說哉。」彭端淑觀察稱：「雲古文無意於樸，而手起筆落，皆誠意所發，自有一種蒼淵之氣。」讀此篇足覘其心得與文格矣。〔註87〕

從夏雲《讀朱子晚年定論》一文可見，至清初之時，陽明學不受主流學術或者說世儒的歡迎。在一般學人看來，卻給他們一絲希望、一線生機和無盡的力量，即世儒亦無力把持學術的評價，對於學術的判定只能徵諸五經四子以及學者之本心。小人物說出了大道理。夏雲此文提出世之學者於聖賢所取的態度，或「以誓讀書」抑或「以人讀書」？值得教育學者深思。吾人似宜從其生平事業、為人處世之風采來獲得對於道的瞭解，亦可通過著述文字來分享聖賢的思想世界，如果先保持一種不寬容不敬畏的心態，那就很難達到學

〔註87〕 （清）李士棻，（同治）東鄉縣志卷十三之二〔DB／OL〕，清同治八年（1869）刻本，1869年，第637～640頁。

習的目的。與其爭道統辨異同，不如苦志虛心、本諸己得，此亦爲儒者讀書之傳統。

　　況且，陽明《朱子晚年定論》一書並不能簡單理解成是爲朱陸爭異同爭道統者，而應從陽明的事功和學術整體觀之，前賢已有此論〔註 88〕。陽明被視爲三不朽之完人並非近世方有之論，陽明之所以從祀孔廟〔註 89〕，其中一重要原因就在於其學說得到了當時士林的基本認可，認爲其學術足以與孔孟道統相續，故萬曆十二年（1584）甲申耿定向《議從祀疏》稱「守仁之學，措之行履，信在鄉邦；發之事業，功在宗社。」「若王守仁、陳獻章二臣者，其議祀已久，輿論已孚，伏乞敕下該部先行從祀，庶令後學者知所向往，而道術由是以大明，我昭代之休美且將軼光於前代，垂鴻於奕世矣。」〔註 90〕幾番廟堂爭論之後，陽明學方才獲得了官方的認可，所謂「身瀕危而志愈壯，道處困而造彌深。紹堯孔之心傳，微言式闡；倡周程之道術，來學攸宗」〔註 91〕的《誥命》絕非虛辭浮語而已。

　　不過，陽明學說所面臨的爭議卻並未因爲從祀而休止，反而因爲後世政

〔註 88〕　陳榮捷，《王陽明傳習錄詳注集評・從朱子晚年定論看陽明之與朱子》〔M〕，上海：華東師範大學出版社，2009 年；成中英，《論王陽明朱子晚年定論》〔M〕，李翔海、鄧克武，《成中英文集（第 2 卷）》〔M〕，武漢：湖北人民出版社，2006 年。

〔註 89〕　關於陽明從祀孔廟相關歷史分析參見朱鴻林《孔廟從祀與鄉約》。朱鴻林認爲，陽明從祀孔廟議案經隆慶元年（1567）、隆慶六年至萬曆二年（1572～1574）、萬曆十二年（1584）三次反覆，最終於萬曆十二年在內閣大學士申時行的運作下，與陳獻章一道入祀。陽明一旦獲得從祀而被朝廷認定爲眞儒，他的學說和他對儒家經典的詮釋也變成了正統之學，並且可以用於各級科舉考試的答題上。對於讀儒書而求出仕的士人來說，這不僅豐富了他們的儒學詮釋內容，也影響了他們對於儒學實質的認知。（朱鴻林，《孔孟從祀與鄉約》〔M〕，北京：生活・讀書・新知三聯書店，2015 年，第 175 頁）黃進興認爲，「萬曆從祀，心學崛起，代表道學多元化。整體而言，明道之儒有代替傳經之儒之勢。」「歷代孔孟從祀制體現歷史上儒學的正統觀。由於儒生強調道統於一、祀典亦當定於一，使得歷代從祀制與道統思想彼此對應，而不同時代的從祀制恰好代表不同的聖門系譜，其中包含了豐富多變的學術訊息，值得我們細讀。」（黃進興，《優入聖域：權力、信仰與正當性（修訂版）》〔M〕，北京：中華書局，2010 年，第 238、250 頁）

〔註 90〕　（明）耿定向，《耿定向集卷二》〔M〕，傅秋濤點校，上海：華東師範大學出版社，2015 年，第 62、64 頁。

〔註 91〕　（明）王陽明，《王陽明全集（新編本）卷五十一》〔M〕，吳光等編校，杭州：浙江古籍出版社，2010 年，第 2027 頁。

治、學術等諸多緣由有加劇的趨勢。特別是明清易代時，陽明學成爲重要的替罪羊，對陽明學抱有同情之心的士人不得不一再辯論之。清乾隆時，徐垣《勸修王文成公祠序》云：

> 說者謂先生講學，與朱子相牴牾，往往爲學者之所詬病。不知此非善視先生者。……況先生刻《朱子晚年定論》書示人，則心源又本無不合。而章句迂儒，見與《集注》稍異，即斥爲非；又謂事功茂而學術未純。夫古今無學術外之事功，斷無有學術不正而事功卓卓如此者。綜觀先生行事，微之爲忠孝廉節，顯之爲經濟文章，講學論道而體無不明，遺大投艱而用無不達，洵可謂一代之完人矣。……《詩》曰：「民之秉彝，好是懿德。」余於虔民，益徵信之也。是爲序。時乾隆二十年歲次乙亥小陽月。〔註92〕

所謂章句迂儒，實際上就是大多數讀書人。這類人大多隨波逐流，少有主見，在社會學中，此類人被歸於狂熱分子〔註93〕。霍弗（1902～1983）認爲，我們習慣於用熟悉改造陌生，特別是當我們朝不保夕之時，愈發執著於熟悉的生活方式和固定的生活模式，唯有它才能使我們感覺到一點點對於生存環境的控制力，即人爲地製造出這樣的幻象：我們已經馴服了不可預測性的外在環境。〔註94〕人的思想在一定程度上是生活方式的關鍵要素，因此，群眾更希望固定化思考模式，反對那些與常識看起來不同的異見，一旦得到某些大人物的支持他們的意見，他們也就更加狂熱的成爲大人物的支持者。學界的諸多領袖也有意無意地利用之。不過，總有一些有獨立判斷並且用心去思考者。當然，我們並不能否認前者就全然無心，當新的生活秩序建立之時，他們也樂於接受新的觀念，並堅守之。

《朱子晚年定論》一書，實爲陽明學與朱子學相一致而非世儒所謂相反。王頌三《王文成學術論》云：

> 古無所謂道學也，至宋始名。故學道而求諸濂洛關閩之說，尚矣。雖然，求其說即足以入道乎？說，特濂洛關閩之跡耳。然則將

〔註92〕（清）黃德溥，（同治）贛縣志卷四十九之一〔DB／OL〕，清同治十一年刻本，1872年，第1928～1931頁。

〔註93〕（美）霍弗，《狂熱分子：碼頭工人哲學家的沉思錄》〔M〕，桂林：廣西師範大學出版社，2008年。

〔註94〕（美）霍弗，《狂熱分子：碼頭工人哲學家的沉思錄》〔M〕，桂林：廣西師範大學出版社，2008年，第22頁。

何以入道也？孔子曰：「神而明之，存乎其人」，又曰「精義入神，以致用道之人也」，亦視乎學者之心得耳。陽明先生生於明，遠接孔曾思孟之傳，近尋濂洛關閩之秘，特以致良知為聖學宗旨。「致知」二字本《大學》，「良知」二字本《孟子》，明白簡易，真與周子之言「誠」，程子之言「天理」相類。諄諄教誨，出其心得以教人，誠可謂一代之儒宗矣。且致良知者，非空任一心，而無與於一切事物之理也。「致」字內有窮理工夫，有擴充功用。如《答崇一》則謂：「集義即致良知。」《傳習錄》謂：「事物之來，惟盡吾心之良知以應之。所謂忠恕違道不遠也。」又謂：「所惡於上是良知，毋以使下是致良知。」蓋推其解則萬變不窮，極其功則四達不悖。《孟子》曰：「凡有四端，於我擴而充之」，其近之歟。〔註95〕

王氏此文，首先將陽明學與宋儒道學之統相接續，並認為陽明學主旨與孔曾思孟傳統一致，其所有主張均有其經典文本的依據，並非陽明獨創新說以惑世。最為關鍵的是，陽明學之所以受到攻擊是因為世儒的偏見：

雖當是時，懲末俗之卑污，招朋講學，接引後進，多就高明穎悟之流，漸有放言闊論之失，未免稍偏，而世人即緣此而排擊之。又徒見《大學古本》之復，「知行合一」之說，「格致誠正」之論，與朱子微有異同，而遂詆為「空虛寂滅」，近於禪悟，誤矣。且夫學術者，功業之所從出也。先生平湘寇，擒宸濠，以及平兩廣，諸武功儵俏權奇，以之追蹤武侯，無愧功業如此，豈空虛寂滅而能若是乎。此不待辨而知也。不特此也，先生之學，實心契於朱子，《晚年定論》一篇，與朱子同歸一致。而世每病其出於象山，更未有以窺先生心得之深也。吾嘗讀先生《再答徐成之》「論朱陸異同之書」曰：「晦庵之與象山，雖其所為學者，若有不同，而皆不失為聖人之徒。而世之儒者，附和雷同，不究其實，概目之以禪學，則誠可噦也已。故余嘗欲冒天下之譏，以為象山一暴其說，雖以此得罪無恨。」〔註96〕

〔註95〕　（清）魏瀛，（同治）贛州府志卷七十三〔DB／OL〕，清同治十二年（1873）刻本，1873年，第5317～5318頁。

〔註96〕　（清）魏瀛，（同治）贛州府志卷七十三〔DB／OL〕，清同治十二年（1873）刻本，1873年，第5318～5319頁。

近世以來，論及陽明學就似乎不得不論及朱子學與陽明學之間的異同問題。在王頌三看來，《朱子晚年定論》一書之旨乃是合於朱子者，而世人之所以指謫者，無非章句之儒罷了。如果從道學的發展和道學與孔孟之學的傳承來看，這種爭議的意義並不大。如今儒學研究者雖對朱子學和陽明學各有不同的理解，但一般都認爲：陽明學與朱子學均應視爲構成宋明理學傳統的重要部分且是孔孟所建構的儒學的延續和發展，而且很明顯的是，「將理學與心學視爲對峙之二系乃後世逐漸形成之說法。非程朱眞表明以理學之旗幟而否認有心學。陸王雖皆以心爲最高主宰，爲義理之根源，亦並非否定有理學。今觀宋明之新儒學，並無對峙確立之條件，在方向上，雙方皆欲復興先秦儒學，即所謂孔孟之教，則基本方向本無不同；在判斷標準上，雙方既有共同之目標，則達成此目標之程度高低即直接提供一判斷標準。」〔註97〕

因此，我們如果從教育思想（教育哲學）史的視野來重新考量陽明編纂《朱子晚年定論》一書，就不能再糾結於朱陸異同問題（雖然這一問題對於儒學之道統衡定有莫大關係），更不能糾纏於是否別有用心的問題，眞正關注的核心應該回到問題本身，即陽明學說的思維世界之中，讓歷史活在當下並使之成爲我們反思教育或現實的一個思想基點。由此出發，我們可以更加恰切的使儒者精神成爲一種繼續活在當下的指引而不僅僅是一種供人憑弔的歷史遺跡，這也許是夏雲輩諸多普通士人眞正的意義所在。陽明在回答朱子學何以成爲朱子學的問題時找到的敬道的答案，是王陽明的教化哲學成立的關鍵。那麼，何謂「敬」？

第六節　敬的詮釋

朱子學是當代儒學研究中的顯學，將陽明學視爲朱子學的論敵或者對手是一種簡易的處理方式。比如岡田武彥《王陽明與明末儒學》的立論基礎就是：朱子學所倡導的所謂理學（性學）是二元論的理氣論和性氣論；陽明學所提倡的所謂心學是一元論的心性論和理心論。〔註98〕這樣的理解，對於回答「陽明學何以成爲陽明學」來說，簡單有效。簡而言之，陽明學就是朱子

〔註97〕勞思光，《中國哲學史（三上）》〔M〕，北京：生活・讀書・新知三聯書店，2015年，第32頁。

〔註98〕（日）岡田武彥，《王陽明與明末儒學》〔M〕，重慶：重慶出版社，2016年。

學的對立的發展，朱子的破綻就是陽明的圓滿。不過，這種二元論的思路處理陽明的《朱子晚年定論》卻極爲麻煩，要不將此書剔除，不予討論；要麼將此書視爲一種反朱子的嘗試，但不得要領；要麼將此書視爲陽明學進展中不太成功的作品，將其重要性予以消弭。吾人認爲，這三種思路均無關宏旨，對於增進吾人的智慧意義不大，而且容易將陽明的良苦用心熟視無睹。毫無疑問，陽明學建立在對朱子學詮釋上，正是在朱子學的「敬」的詮釋中陽明學得以成立。陽明對朱子學的闡釋的最大貢獻就在於通過敬道的方式回答了朱子學何以成爲朱子學的問題，即以「敬」展開的朱子之心，成就了朱子學。

一、朱子學的詮釋

　　現代學者中，李相顯《朱子哲學》〔註99〕和錢穆《朱子新學案》〔註100〕在朱子學研究中是典範式巨著。李相顯《朱子哲學》一書以朱子解朱子，將朱子學的分解爲道、理氣、性理、倫理與政治、工夫等五個範疇。他認爲朱子學的工夫論就是敬和格物。「朱子在《程氏遺書後序》中，謂主敬與窮理爲學之大要，若能主敬以立其本，窮理以進其知，則本立而知益明，知精而本益固，故敬與格物相輔而行也。」〔註101〕「朱子在答程允夫書、已發未發說及與湖南諸公論中和第一書中，謂入道莫如敬，徹頭徹尾，只是個敬字而已，故敬爲第一工夫也。又謂未有致知而不在敬者，須是敬方能窮理，持敬以窮理，故格物必須敬也。又謂涵養需用敬，進學則在致知，捨持敬窮理則何以哉。故敬與格物相輔而行也。」〔註102〕「楊驤己酉甲寅所錄朱子之語及楊道夫己酉以後所錄朱子之語，謂入道莫如敬，要當皆以敬爲本，故敬爲第一工夫也。又謂未有致知而不在敬者，故格物必須敬也。格物所以必須敬者，蓋敬則心存，心存則理具於此而得失可驗，敬則此心惺惺，恁地則心便自明，然後可以窮理格物也。又謂涵養須用敬、進學則在致知，二者偏廢不得。致知需用涵養，涵養必用致知，故敬與格物相輔而行。朱子底敬與格物的理論，至此時已完成；朱子以後再言敬與格物，皆不能超過此理論，不過

〔註99〕李相顯，《朱子哲學》〔M〕，北平：世界科學社，1947 年。
〔註100〕錢穆，《朱子學提綱》〔M〕，北京：生活・讀書・新知三聯書店，2014（2002／2005），此書爲《朱子新學案》之大綱。
〔註101〕李相顯，《朱子哲學》〔M〕，北平：世界科學社，1947 年，第597 頁。
〔註102〕李相顯，《朱子哲學》〔M〕，北平：世界科學社，1947 年，第598 頁。

對此理論，再加發揮而已。」〔註103〕總之一句話，朱子的敬論是其論工夫的主要話語，朱子是將格物與敬合二為一而論的。

錢穆將朱子學分為五十八目，為五鉅帙，其中導論部分《朱子學提綱》後單行，是對全書的總結，按照錢穆的疏解，朱子論敬遵從了二程，特別是程伊川的敬義夾持，涵養致知和居敬窮理並進的論斷。自漢儒以來，為求社會秩序重建，學者更在於修齊治平的實際實物，對於心性本源問題較少注意。魏晉之後，道教佛教興起，在宇宙論和心性本源論上提出了新的見解。對此，宋儒措意宇宙論和心性論，特別是二程提出敬字，以為心地工夫的總頭腦，總歸聚處。但是二程所說難免有禪風的痕跡，比如其後學以常惺惺說敬即是證明。朱子對此有批評的繼承，特別強調不能捨外而求內，不是塊然兀坐的靜工夫，而是打通內外，本末交盡，因此朱子言敬，「不能單靠一邊，只恃一敬字。此是朱子言敬最要宗旨。」〔註104〕朱子既然以程子言敬有偏，指出不能單靠敬，則有似有立一新說，以取代程門言敬之地位者，此即克己說。如此則敬義夾持、涵養致知須分兩途並進，還是第二等工夫，須如朱子所發揮的顏子克己工夫才是聖門為學第一等工夫，「明道曰：質美者明得盡，渣滓便渾化，卻與天地同體。其次惟莊敬以持養。顏子則是明得盡者也。仲弓則是莊敬以持養之者也。及其成功一也。」〔註105〕總之一句話，朱子論「敬」是在二程的基礎上加以申論的，在二程「敬」是心性工夫唯一立足點，朱子則申論必須「敬」與致知並進，相較於克己而言，或可說克己是第一位的工夫。

對於錢穆關於朱子論敬源自他對二程的繼承一說，吳震《略論朱熹敬論》一文有進一步申說。從史實出發，朱子提出敬論的緣由，首先是在與道南學派和湖南諸公（湖湘學派）辯難，所謂敬只是此心自做主宰出「敬只是此心自作主宰處」「以敬為主而心自存」「將個敬字收斂身心」等主敬的思想並非道德本心的直接發動，而是對心的知覺意識的主動控制調整，或者如錢穆所說的克己，這並非單純地回歸程頤，而是通過對湖湘學派（道南學派）的先察識後涵養、以心求心等論點的批判中形成的，「主敬更為強調心在未發與已

〔註103〕李相顯，《朱子哲學》〔M〕，北平：世界科學社，1947年，第603頁。
〔註104〕錢穆，《朱子學提綱》〔M〕，北京：生活・讀書・新知三聯書店，2014（2002／2005），第110頁。
〔註105〕錢穆，《朱子學提綱》〔M〕，北京：生活・讀書・新知三聯書店，2014（2002／2005），第110頁。

發的過程中自做主宰，強調須由敬契入，以提撕喚醒心的自存自省，而這一點才是朱熹論敬的最大特色之所在。」〔註106〕

于師述勝《朱熹與南宋教育思潮》一書中對朱子學的「敬」論有另一種詮釋：由於朱子的教育方法論是以「覺」「效」統一爲邏輯基礎的展開，理具於心，教育即使覺和效的統一。在此，「敬」是朱子的自我修養論的超越工夫。它不是一種純粹的心理狀態，而是倫理化了的心理狀態，〔註107〕持敬是保持人的倫理生命的一貫性工夫，它使格物工夫不斷持續，並使格物致知的成果「覺」長久存在，其眞正意義恰恰存在於這個過程當中，而不只在於原初所經驗到的對象性知識當中。敬一方面使心之良知處於發露呈現狀態，一方面又使思維具有自覺地選擇對象的作用，從而擺脫物交物的感應而實現理與理的交融。因此，持敬的工夫就在兩方面進行，一是通過靜養保證道德行爲的內在必然性，一是洞察保證倫理行爲的外在妥當性。這樣，持敬工夫統合了程頤「主一無適」「整齊嚴肅」、尹和靖「其心收斂，不容一物」和謝良佐「常惺惺法」等各種修養原則，並使之貫徹與行之中。總之，敬構成了致知和力行的動力條件，使整個修養過程構成一個有機的整體，使所有修養原則得到貫徹，因此持敬是一種超越的工夫。〔註108〕或者說，作爲知行並進的修養方法，格物窮理爲知爲效，居敬涵養爲覺爲效；持敬是保持心之虛靈明覺的本然狀態的工夫，一方面使內在之理覺，一方面使人心感悟之行效，並使執行工夫持存和集聚，使覺和效在現實上統一，即以禮爲依據。〔註109〕

徐復觀《程朱異同：平鋪的人文世界與貫通的人文世界》〔註110〕爲其一生學術精神之最後總結。對於程朱關於「敬」的問題，他說：程朱陸王所繼

〔註106〕吳震，〈略論朱熹敬論〉〔J〕，《湖南大學學報（社會科學版）》，2011 年第 1 期，第 14 頁。

〔註107〕于述勝，《朱熹與南宋教育思潮》〔M〕，濟南：山東大學出版社，1996 年，第 118 頁。

〔註108〕于述勝，《朱熹與南宋教育思潮》〔M〕，濟南：山東大學出版社，1996 年，第 124 頁。

〔註109〕于述勝，《朱熹與南宋教育思潮》〔M〕，濟南：山東大學出版社，1996 年，第 159 頁。

〔註110〕徐復觀，《中國思想史論集續篇》〔M〕，北京：九州出版社，2014 年。其序曰：「《程朱異同論》一文，以爲己之學，貫通孔孟程朱陸王血脈，老莊對知識與人生態度與儒學異，但其學問方向亦與此相同，此乃余最後體悟所到，惜得之太遲，出之太驟，今病恐將不起，以未能繼續闡述爲恨。1980 年 2 月 14 日口述於臺灣大學附屬醫院 907 病室床上，煩曹君永洋記錄。」

承的孔子學說從根本上來說即是爲己之學，所謂爲己並不是私己，而是將追求知識的目標設定在自我的發現、開闢提升和自我完成。自我是一種仁的自我，是生命之內所呈現出的一種道德精神狀態，由此君子才能「無終食之間違仁，造次必於是，顛沛必於是」。(《論語・述而》)〔註111〕二程將爲己視爲有諸己、自得，而有諸己和自得必須通過涵養省察而來，因此工夫的觀念在程朱這裡極爲突出，〔註112〕二程早年提出的是「敬以直內，義以方外」的敬義夾持工夫有主靜重於主敬的意味在，其後伊川明確提出「涵養須用敬，經學則在致知」以敬概括靜，工夫才得到貫徹動靜內外的致力之方。程朱以平鋪的人文世界論敬，主要切合在事上說，朱子承之，以爲「敬之一字，聖學所以成始成終也。」(《大學或問》)〔註113〕程朱均強調以敬貫通於格物致知之中。黃榦在朱子《形狀》中說：「主敬以立其本，窮理以致其知，反躬以踐其實，所以成始成終也。」是對朱子學綱領的概括。〔註114〕朱子還受到周敦頤《太極圖》的影響，有二重世界（理的世界和事的世界之區別），用理的世界貫通事的世界，故用敬。但朱子晚年對此有轉變，回歸到平鋪的人文世界，即事的世界，因此他最終認爲：「若論工夫，則只擇善固執，中正仁義，便是理會此事處，非別有一段根源的工夫，又在講學應事之外也。」〔註115〕在此，程朱陸王之間的差異性不再是知識性的爭議糾纏，而是一種豐富我們人文思想的多樣精神財富，其根本的方向就是人文的世界，即是走向現實且加以自覺承擔的生活世界。〔註116〕在此，「敬」是使自己內在的道德之心直發而無所蔽障，是躬行實踐，用功著力，是廣博、謹嚴和精審。

依據朱子的文本，上述學者從哲學、歷史學和教育學的不同視域闡釋了他們所理解的朱子的「敬」論。顯然在敬的這個問題上，有若干詮釋的路徑。

〔註111〕徐復觀，《中國思想史論集續篇》〔M〕，北京：九州出版社，2014年，第531～532頁。

〔註112〕徐復觀，《中國思想史論集續篇》〔M〕，北京：九州出版社，2014年，第534頁。

〔註113〕徐復觀，《中國思想史論集續篇》〔M〕，北京：九州出版社，2014年，第540頁。

〔註114〕徐復觀，《中國思想史論集續篇》〔M〕，北京：九州出版社，2014年，第565頁。

〔註115〕徐復觀，《中國思想史論集續篇》〔M〕，北京：九州出版社，2014年，第567頁。

〔註116〕徐復觀，《中國思想史論集續篇》〔M〕，北京：九州出版社，2014年，第568頁。

由於朱子之書無論從數量上還是從質量上都遠超一般學者能力，如何理解他的思想成爲困擾學者的大問題。歷代學者究心研究，詮釋，講論，總能從中找尋到各自的理據，甚至是完全相反的說法。這一方面說明了性理學家的思想的深度，一方面也造成了各種困擾，直到現在爲止仍是如此。

陽明的詮釋又如何？

在明代，朱子學已經成爲學者入道的基本話語，呂柟〔註117〕說：「晦翁者，諸經之所由明，往聖前賢之志亦賴以不死也。後學未能即其門庭，豈可肆然議之？然而造道之士，亦當自得所入。故雖以孔子之聖，其徒有篤信不敢違者，有反求諸己而不遽然信者。夫篤信者，固爲學夫子，反求諸己者，亦未爲背聖人也。今日之俗，其一好和光同塵，其一好立名以自異，此皆聖門之異端，古人比其害盛於佛老，吾輩不可不深察也。」〔註118〕一方面，在朱子學成爲士人的共同話語基礎和常識理解，一方面，後世學者對於朱子學的理解也形成了不同的詮釋模式，這就導致了「朱子那種對根本原理進行理性探索與實在研究的精神，在陽明時代，已漸腐蝕瑣屑，而成爲陽明所謂的支離破碎，更壞的是，考試已不再是服務人群與獲致治平之管道，而僅爲個人利祿之階梯。」〔註119〕因此，學者們開始有意識地反思朱子學，並根據自我體驗和對經典的理解加以重新說明，這樣，既加深了對朱子學的理解，同時也對朱子學，特別是以傳注章句爲主體的朱子學提出了挑戰，這種挑戰並不意味著全盤否定朱子學，而是開始試圖從身心的體驗出發，找到新的經典詮釋的出路。

二、王陽明的詮釋

1947 年，胡適（1891～1962）在北平輔仁大學講演，論及「思想乃是生活的反響，是對社會問題的解決」，以爲宋代以後的中國思想世界（時代）催生出理學即道學，是希望重建和恢復好的制度和思想，並以此本位的文化對

〔註117〕呂柟（成化十五年至嘉靖二十一年，1479～1542）字仲木，號涇野，諡文簡，陝西高陵人。正德三年（1508）進士第一，授翰林院修撰，歷官解州判官、南京吏部郎中、北京國子監祭酒，官至南京吏部右侍郎。著有《涇野子內篇》《四書因問》《涇野先生文集》等。

〔註118〕（明）呂柟，《呂柟集·涇野先生文集卷二十》〔M〕，米文科點校整理，西安：西北大學出版社，2014 年，第 670 頁。

〔註119〕陳榮捷，《中國哲學文獻選編》〔M〕，楊儒賓等譯，南京：江蘇教育出版社，2006 年，第 547 頁。

抗非本位文化。在胡適看來，性理學爲實現此一目標而提出了兩條並行的方案，一是「敬」，一是「致知」。「敬」的方案受到了宗教，特別是佛教思想的影響，用以確立信仰；致知的方案則是擴展個人知識，用以增加智慧。正是這兩大方案，形成了中國的本位文化。〔註120〕胡適先生此論不乏明見。

所謂本位之文化，乃是教化教養之道，是一種以敬爲本位的人文化成，故牟宗三雖然將朱子學稱之爲靜涵靜攝之存有的橫攝系統，而將陽明學視爲逆覺體證的縱貫系統。但他又提出了另外一個「敬」的系統的，特別值得我們注意。牟子承認程朱承續了孔子的教化主張「居處恭」「執事敬」「與人忠」，因爲「敬」是天理人欲的關鍵，一說「敬」就歸於心。「在『敬的心』中，天理呈露，而不敬的心，則人欲熾張，是不敬的心即人欲也。敬貫動靜，一切工夫皆天理流行，一切工夫亦在匯歸於天理。吾名此系統曰敬的系統。」〔註121〕「朱子的敬的系統中，即性即理，而致良知系統中，是將敬的系統中的『敬的心』上提而充其極，使之全部透露出。」〔註122〕如此，則朱子、陽明均屬於敬的系統，均指向人倫教化。牟氏此論敬承乃師熊十力先生之旨，熊先生說他亦是晚年方才體味到，敬的工夫看起平常無奇，實際卻大有深意，因爲「工夫到手時，便主宰常在，動靜合一，吾衰年乃深味乎此。《論語》從來無善注，朱子固切實，吾嫌其淤滯，難達聖意，其他可勿論。」〔註123〕熊十力從他的人生體驗中，對「敬」做出最佳的詮釋，不過他認爲朱子雖然切實，但仍有滯礙處，這裡所說的是章句式的朱子之學，而非王陽明所重建的朱子學。陽明所主張的朱子之學，在《朱子晚年定論》一書中有較爲完整的表達。

僅僅從文本來看，在《朱子晚年定論》中，陽明並未對朱子學的敬論加以詮釋。因爲該書除了陽明的一篇序文之外只是羅列了從朱子書信中選擇的三十四條語錄片段（從書信中截取部分段落且無任何詮釋），一篇吳澄的解讀和一篇陽明門人的跋文。在全集本中，另有一段錢德洪的簡要說明。總字數

〔註120〕 胡適，《談談中國思想史》〔A〕，胡適文集第 12 冊》〔M〕，歐陽哲生編，北京大學出版社，2013 年，第 318 頁。

〔註121〕 牟宗三，《王陽明的致良知教》〔M〕，牟宗三先生全集第 8 冊》〔M〕，臺北：聯經出版事業有限公司，2003 年，第 14 頁。

〔註122〕 牟宗三，《王陽明的致良知教》〔M〕，牟宗三先生全集第 8 冊》〔M〕，臺北：聯經出版事業有限公司，2003 年，第 14 頁。

〔註123〕 熊十力，《新唯識論（壬辰刪定本）》〔M〕，北京：中國人民大學出版社，2006年，第 174 頁。

僅七千不到。如此簡短的著述，在性理學家中極為罕見。那麼，這部書說了什麼？在說明此問題之前，我們先對其中的文字和朱子文集做一簡要的比對，以便於進一步的討論。

　　從《朱子晚年定論》所收錄的朱子年歲以及其原文在朱子文集的具體卷次的考察中，我們至少可以得出五點初步的結論：第一，陽明對於朱子書信的選擇並非隨意擇取，而是有其總體的思路；第二，陽明所擇取的朱子書信來出自朱子寫與若干不同的學者；第三，所收錄朱子朱子書信的年齡主要集中五十以後，但也有部分四十歲，甚至三十七八歲的信件；第五，全部書信都有可靠的來源，主要來自《朱子文集》，個別出自《續集》《別集》。古人寫作的習慣於今人存在相當大的差距，他們不太注重對於引文出處的標注，也不願意對其寫作的過程和方法加以細緻地說明，從而造成了各種理解和誤解。

表一：《朱子晚年定論》收錄朱子書信之朱子年歲表

編號	題　名	編　年	朱子年歲	《編年考證》頁碼	《文集》卷數
1	答黃直卿	淳熙十一年甲辰（1184）前	55歲前	228～229	續集卷1
2	答呂子約	淳熙十二年乙巳（1185）	56	238	48
3	答何叔京	乾道四年戊子（1168）	39	52	40
4	答潘叔昌	淳熙十一年甲辰（1184）	55	226～227	46
5	答潘叔度	淳熙十三年丙午（1186）	57	250～251	46
6	與呂子約	淳熙十二年乙巳（1185）	56	237～238	47
7	與周叔謹	淳熙十年至十二年（1183～1185）	54～56	240～241	54
8	答陸象山	淳熙十三年丙午（1186）	57	248	36
9	答符復仲	淳熙十年癸卯（1183）後	54後	220	55
10	答呂子約	淳熙十三年丙午（1186）	57	251	48
11	與吳茂實	淳熙七年庚子（1180）	51	187	44
12	答張敬夫	淳熙二年乙未（1175）	46	135～136	31
13	答呂伯恭	淳熙三年丙申（1176）	47	145	33
14	答周純仁	慶元三年丁巳至四年戊午（1197～1198）	68～69	475	60

編號	題　名	編　　年	朱子年歲	《編年考證》頁碼	《文集》卷數
15	答竇文卿	淳熙十三年丙午（1186）後	57後	260	59
16	答呂子約	淳熙十三年丙午（1186）或後	57	251	48
17	答林擇之	乾道六年庚午（1170）	41	79～80	43
18	又答林擇之	淳熙七年庚子（1180）	51	187	43
19	答梁文叔	淳熙十一年甲辰前後	55前後	225～226	44
20	答潘叔恭	淳熙十三年丙午（1186）	57	252	50
21	答林充之	乾道中	41前	66～67	44
22	答何叔京	乾道二年丙戌（1166）春〔註124〕	37	37～38	40
23	又答何叔京	乾道三年丁亥（1167）春	38	44	40
24	又答何叔京	乾道三年丁亥（1167）夏	38	44～45	40
25	答林擇之	乾道五年己丑（1169）	40	65～66	43
26	答楊子直	紹熙元年庚戌至二年辛亥（1190～1191）間	61～62	315	45
27	與田侍郎子眞	慶元元年乙卯（1195）初	66	407	續集卷5
28	答陳才卿	慶元元年乙卯（1195）夏秋間	66	398	59
29	與劉子澄	淳熙十三年丙午（1186）秋	57	247	35
30	與林擇之	乾道六年庚寅（1170）	41	83	別集卷6
31	答呂子約	慶元元年乙卯（1195）爲近	66左右	392	48
32	答吳德夫	無考	無考	無考	45
33	答或人	乾道五年己丑（1169）	40	66	43
34	答劉子澄	淳熙九年壬寅至淳熙十年癸卯（1182～1183）	53～54	211	35

資料來源：陳來《朱子書信編年考證》（增訂本），北京：生活・讀書・新知三聯書店，2007；朱熹《晦庵先生朱文公文集》，四部叢刊景明嘉靖本。

即便是王陽明的支持者亦以爲陽明編集《朱子晚年定論》實際上是給了陽明學反對派以口實，且其中時間考訂亦有不精確之處，至少將朱子四十歲前

〔註124〕李相顯《朱子哲學》考證此書作於乾道四年戊子（1168），是年朱子三十九歲。（李相顯，《朱子哲學》〔M〕，北平：世界科學社，1947年，第809～810頁）

的論說闌入本書了。〔註125〕從上表可以明顯看到，陽明《朱子晚年定論》一書中收錄了朱子40歲（含四十歲）以前的論述總有六條。這就給了攻擊者無窮的想像空間，由此進一步全盤否定之也就在情理之中了〔註126〕。後世學者因此也多將此書從《傳習錄》所附中刪去：「王學本獨有千古，可俟百世。何必借朱子為定論？況明言其不必盡出於晚年哉？觀『委曲調停』四字，先生蓋猶有鄉愿之見。而王學所以予人口實者，正在此也。今世學者既鮮專尊朱學以攻王學者。故本書之末，武昌本、江西本均附刻《定論》，今刪之。」〔註127〕孫鏗以為陽明在《朱子晚年定論》一書還是委曲調停的態度，且陽明學完全沒有必要借助朱子學來彰顯自身，由於沒有瞭解到陽明學對於朱子學的詮釋重建，仍在朱子陽明的纏鬥對立中理解，故而刪去此一著述也就在情理之中了。回到我們提出的陽明學何以成為陽明學這一問題，我們需要做深入考察。

　　如前所述，陽明在序言中將朱子學做出了嚴格的分殊，他認為朱子之說、之書、之心在某種程度上都是朱子學。但在陽明，真正意義上的朱子學乃是反應朱子之心的學術。這一學術別除了《集注》《或問》《語類》等大量朱子之書。這並不意味著否認這些著述對於朱子學的意義，而是讓人明瞭：性理學的根本宗旨不在語言文字之中，而在於心得。陽明認為朱子早年即立志要繼往開來，故而特注重著述以及對前儒著述的注疏與闡發，是有大氣魄之人，此亦非有精神氣魄之人無法完成。但是，著述並不在多，而在於刪繁就簡，

〔註125〕學者常用引用的反駁意見來自羅欽順，他說：又詳《朱子定論》之編，蓋以其中歲以前所見未真，爰及晚年，始克有悟。乃於其論學書記三數十卷之內，摘此三十餘條，其意皆主於向裏者，以為得於既悟之餘，而斷其為定論。斯其所擇宜亦精矣。第不知所謂晚年者，斷以何年為定？羸軀病暑，未暇詳考，偶考得何叔京氏卒於淳熙乙未，時朱子年方四十有六，爾後二年丁酉而《論孟集注》《或問》始成。今有取於答何書者四通，以為晚年定論。至於《集注》《或問》，則以為中年未定之說。竊恐考之欠詳，而立論之太果。又所取《答黃直卿》一書，監本只云此是向來差誤，別無定本二字。今所編刻，增此二字，當別有據。而序中又變定字為舊字，卻未詳本字同所指否？朱子有《答呂東萊》一書，嘗及定本之說，然非指《集注》《或問》也。凡此，愚皆不能無疑，顧猶未足深論。（〔明〕羅欽順，《困知記附錄》〔M〕，北京：中華書局，2013（1990），第143～144頁）

〔註126〕值得注意的是，朱子三十七歲至四十歲間苦心孤詣探求中和之說，有舊新之說。牟宗三《心體與性體》（下冊）對此有細緻紓解。吾人由此可以基本確信，陽明所謂朱子晚年定論正是對朱子自三十七歲後探究性理之學的心得。

〔註127〕陳榮捷，《王陽明傳習錄詳注集評》〔M〕，上海：華東師範大學出版社，2009年，第151頁。

這方是孔夫子的實踐智慧。陽明慨歎：「他（朱子）力量大，一悔便轉，可惜不久即去世，平日許多錯處皆不及改正。」〔註128〕陽明發自內心是敬仰朱子的，一再稱其氣魄大、力量大，相比較而言，陽明曾經準備做五經撰述，可惜最終並未完成，僅留下《五經臆說》若干條。對於偉大人物的敬仰，心嚮往之，乃是人有所成的關鍵一步。無此敬仰，無此嚮往，則對面堯舜亦毫無神聖之感，何況師之？有崇敬之心者則有求道的敏銳，亦方能不斷地探索，這是成聖希賢的必由之路，除此而外無第二條路。

為何陽明又認為朱子後來有所悔悟呢？此亦與陽明的切身體驗有關，若僅僅追求著述，道在何處？道在六經固然不錯，難道熟讀六經，編注群經就能得道？那也未免太過簡單了，任何一個人只要有點精力，識得文字，都能做到這一點。「此心全體都奔在冊子上，更不知有己，便是個無知覺、不識痛癢之人。雖讀得書，亦何益於吾事耶？」（《朱子晚年定論》第 6 條）顯然，道不能以著述和讀書來衡量。孔門之中，顏子最甚至只留下了一兩句話，可在性理學的理想中，他是孔門中最為聖賢者，程伊川一篇《顏子所好何學論》開啓了性理學的大門，我們可以說正是程子第一次明確地提出了性理學的核心問題：聖人之學何以成為聖人之學？

程子的回答是：因其可學而至。如何學而至？第一是誠敬，第二是力行，由誠敬而力行，聖賢之學可學。所以「凡學之道，正其心，養其性而已。中正而誠，則聖矣。君子之學，必先明諸心，知所養，然後力行以求其至，所謂自明而誠也。所以學必盡其心，盡其心則知其性，知其性反而誠之，聖人也。故《洪範》曰：思曰睿，睿作聖。誠之之道，在乎信道篤。信道篤則行之果，行之果則守之固。」〔註129〕這是二程成聖之學的典範文章。

〔註128〕（明）王陽明，《王陽明全集（新編本）卷一》〔M〕，吳光等編校，杭州：浙江古籍出版社，2010 年，第 31 頁。對此明人陳建在其書《學蔀通辨》中給予了嚴厲譴責，他說：陽明此節，即與《定論序文》相表裏，無一句一字不顛倒錯亂，誣前枉後。至謂朱子不知先切己自修，平日許多錯處，皆不及改正，是誣誣朱子一生無一是處。自朱子歿後，無人敢如此誣誣。自古講學著書，無人敢如此顛倒欺誑。昔尹和靖有言，其為人明辨有才，而復染禪學，何所不至。嗚呼，可畏也。（陳建，《學蔀通辨》〔M〕，吳長庚，《朱陸學術考辨五種》〔M〕，南昌：江西高校出版社，2000 年，第 141～142 頁）陳氏以誣毀陽明為務，甚有衛道士姿態。自古及今，以誣毀為業者莫不以衛道士面貌示人，奇人有奇書，頗有其趣味。

〔註129〕（宋）程顥、程頤，《二程集·河南程氏文集卷八》〔M〕，王孝魚點校，北京：中華書局，2006（1981），第 577 頁。

三、何謂「敬」

何謂「敬」？誠即敬。何謂誠？信道之篤爲誠。

朱子作爲南宋性理學的集大成者，作爲陽明時代已經進入孔廟的聖賢，與此有異詞否？世儒或以爲道之傳承是一代代學者的接續，根本就有問題。如果道只能在幾個人手中，學道何益？沒有任何一個人能達到的目標，要麼是用來騙人的詭計，要麼是無聊的呻吟，和吾儒聖賢之道不可道里計也。所以，王陽明主張人人都是聖賢也就在情理之中了。

任何人都有成爲聖賢的可能，只在於是否選擇去做而已。朱子學是聖賢之學，不是因爲帝王成之，不是世儒成之，乃是自我證成的。所謂朱子之心，即是誠敬之心求聖賢之學。

敬的內涵極爲豐富，它一方面是使自己集中思想專注於一人或兢兢業業專注於一事，意味著尊重此人或鄭重此事。同時，要表達敬意則意味著要自己鎮定自若，全神貫注。〔註130〕故「敬之一字，親切要妙」。其妙處在何在？陽明《朱子晚年定論》的 34 條有若干組詞匯對它作了詳細地詮釋，即：寬（寬心、親切、求放心、漸次理會、不妨）、懼（自懼、自悔、深恥、惕然、朝夕揣懼、恨己不能、辜負）、省（深省、警省、思省、痛警、愧汗沾衣、自省、懍然）、察（體察、體認、省察、察及細微）、勇（勇猛向前、奮迅、猛省、精進、痛懲、痛著工夫）、收（收斂、收拾、檢勒、斂飭、檢點、點檢、克治）、守（不可間斷、持守、保、得力、用功、用力、著實處、勤、實）、喜（幸、愛）。這些詞匯，交織成一組性理學的聖人可學而至的圖景。

此等語彙，不僅是朱子學的精覈也是陽明學的精神，即是性理學的精義所在。「敬」，並不是簡單地一種恐懼、畏懼心態，不是針對外在的眞理或者抽象的理則的謹守。它首先是一種對於道的親近感和接受心，由此才可能展開道的追尋，《論語》所謂「學而時習之不亦說乎」即在於此也。

敬是信仰，是對聖人之學的確信；敬是一種方法，是可學而至聖人的具體而微的方法；敬是一種行動，是在日常生活中不斷追求完善。

正如陽明所說，世儒之學很多：「有訓詁之學，而傳之以爲名；有記誦之學，而言之以爲博；有詞章之學，而侈之以爲麗。若是者紛紛籍籍，群起角立於天下，又不知其幾家，萬徑千蹊，莫知所適。世之學者，如入百戲之場，

〔註130〕（英）葛瑞漢，《中國的兩位哲學家：二程兄弟的新儒學》〔M〕，程德祥等譯，
鄭州：大象出版社，1999 年，第 122 頁。

歡謔跳踉，騁奇鬥巧，獻笑爭妍者，四面而競出，前瞻後盼，應接不遑，而耳目眩瞀，精神恍惑，日夜邀遊淹息其間，如病狂喪心之人，莫自知其家業之所歸。」〔註131〕在奔競中失去了本心，在追逐中失去了自我，何也？無朱子之心，無朱子之敬也。但這並不能使人心最終湮沒，人有其良知則人能致良知，這是陽明學的樂觀主義所在。陽明說：「所幸天理之在人心，終有所不可泯，而良知之明，萬古一日，則其聞吾拔本塞源之論，必有惻然而悲，戚然而痛，憤然而起，沛然若決江河而有所不可禦者矣！非夫豪傑之士無所待而興起者，吾誰與望乎？」〔註132〕陽明《朱子晚年定論》選擇了朱子寫給22位不同學者的34通書信，這些人是否爲朱子同道中人難以一一細考，只能確定朱子在向其同時代的人反覆闡述他的觀點，書信中也一再體現出對於與友人見面的急迫訴求，這在一定程度上表露出儒者之學的另外一面：德不孤，必有鄰。

四、如何「敬」德

儒家的人生態度根本就是道德的。〔註133〕德性被視爲儒學的內在追求，一方面是自我的修行，一方面也是對聖賢言行的追慕。關於如何成德的著述車載斗量，而如陽明《朱子晚年定論》一書之切近者並不多見。陽明的詩文水平在當時是得到士林公認，他完全有能力重新寫一部關於闡釋己說的著述，也完全有此可能，爲何卻以這種摘句的方式？這與當時學術風氣有著莫大關係，我們從明代書目中關於性理學書籍的記載中隨處可見《曾子》《顏子》之類的書籍，這些書籍大多從四書五經中抽離出曾子、顏子的話語，最後成爲一書。朱子也曾做過同類的事，現代學者中，錢穆也曾做過類似工作。錢穆《王陽明先生傳習錄及大學問節本》〔註134〕即是此意。錢穆在該文中的說法，爲瞭解陽明學提供了一個線索：

> 明代大儒王陽明先生，提倡良知之學，那眞是一種人人易知易

〔註131〕（明）王陽明，《王陽明全集（新編本）卷二》〔M〕，吳光等編校，杭州：浙江古籍出版社，2010年，第60頁。
〔註132〕（明）王陽明，《王陽明全集（新編本）卷二》〔M〕，吳光等編校，杭州：浙江古籍出版社，2010年，第62頁。
〔註133〕賀麟，《近代唯心論簡釋》〔M〕，上海：上海人民出版社，2009年，第70頁。
〔註134〕錢穆，〈王陽明先生傳習錄及大學問節本〉〔J〕，《學術季刊》第5卷第2期，1956年；《中國學術思想史論叢》（第7卷），合肥：安徽教育出版社，2004年。

行，雖愚夫愚婦，不識字人，也可瞭解，也可奉行的學說。而循此
上達，則人人可以完成一最高理想的人格，即中國傳統所謂的聖人，
而社會也可達到一最高理想，如陽明先生拔本塞源論中所示。陽明
的門人弟子，……匯成《傳習錄》三卷。……究竟也將近十五萬言，
中間所討論的問題，牽涉甚廣，並多引據古經典，初學者讀之，或
講仍感困難。茲特再為摘要選錄，僅以原文一萬字為度。並分別標
識小題，點醒大意，庶有志王學者，更易入門。惟望讀此節本者，
能循次再細讀《傳習錄》全本，並進而通覽陽明先生之全書，庶於
此一代大儒，可以窺見其講學立說之精細博大處。但若即就此節本
玩索，或甚至僅於此節本中任擇幾條，悉心玩誦，身體力行，只要
積久不懈，亦可終身成一完人。這正是陽明先生立說教人只簡易淺
近，博厚高深，而為我們所最值得崇拜與信守之所在。

錢穆所說的：「簡易淺近，博厚高深」而「最值得崇拜與信守之所在」是其真
情流露處。如果我們以此來反觀陽明與朱子，是否一致呢？站在性理學的立
場上，是完全一致的，因為人同此心，心同此理。只不過，陽明在其書中未
分類，亦未有任何指示標示，只有 34 條朱子書信。作為哲學的性理學是一門
高深的學問，有各種理論的體系，後世學者已有各種詮釋巨著，勿庸吾人再
增添一些子。同樣，在陽明那個時代，世儒講論朱子學者，又何止萬千，著
述何其之多，或許陽明有感於此而做亦未可知。

五、「敬」之不苟

　　除了上述關於「敬」的分析之外，「敬」還意味著對學術的認真精神，即
不苟且。這與讀書生涯密切相關。書籍傳遞著文化，承載著精神，記錄著聖
賢君子的言行，吾人閱讀經典即是要學習文化，挺立精神，以聖賢君子為範，
從而使自己的生活更加完滿。然而對於書籍，需在三方面加以措意，否則容
易被導入企圖。第一，是閱讀的觀念；第二，是閱讀的對象；第三，是閱讀
的體驗。以下分述之：

　　印刷事業的發達給經典帶來了較大的衝擊，儒者又好著書立說，故唐宋
以來著作極多。後世本於宋儒之學（實際上是科舉式的宋儒學說），失去了堯
舜之傳。特別是很多儒者著述實際上僅僅是一本宋儒，了無新意，語焉不
詳，擇焉不精。面對如此雜多書籍，求讀通，求聖學，何其為難。用詩意的
語言表述即是：「意到已忘言，興劇復忘飯。坐我此巖中，是誰鑿混沌？尼父

欲無言，達者窺其本。此道何古今，斯人去則遠。空岩不見人，眞成面牆
立。岩深雨不到，雲歸花亦濕。」〔註135〕孔孟之道，非因其人不再而不傳；
窺其大本，心得是尙。否則面牆而立，不見其人亦不見其道。因此讀書必須
要有所辨有所擇，其辨擇的一個標準就是找到同理心，這一同理心即取諸
物、取諸身、得之心。求之吾心即成爲一至關重要者。閱讀不是簡單地把握
文字工夫，也不是一味地模仿前人，而是讓書籍所承載的道理在自我身心上
得到展現，得到印證，得到體貼，最終將聖賢之學轉化爲自我奮發的身心學
問。這或許是當時士人對於浩如煙海的書籍和永無止境的閱讀的一種較爲普
遍的看法。

　　自元仁宗皇慶二年（1313）重開科舉之後，以朱子學（主要是朱子本人
對四書五經的詮解及其後學對經典的詮釋）爲取士標準〔註136〕，朱子對儒學
的詮釋居於正統地位，並成爲科舉考試的基礎。但是，《四書大全》〔註137〕

〔註135〕（明）王陽明，《王陽明全集（新編本）卷二十》〔M〕，吳光等編校，杭州：
　　　　浙江古籍出版社，2010年，第785頁。

〔註136〕據何懷宏《選舉社會：秦漢至晚清社會形態研究》：自元代皇慶二年（1313）
　　　　開始，朱子注釋的四書成爲科舉考試的唯一教材，即：第一場明經疑二問，
　　　　經義一道；第二場爲應用文體，包括詔誥章表之類；第三場爲時務對策。在
　　　　錄取原則上以「試義則經術爲先，詞章次之」爲準則。自明代開始，考試文
　　　　體日漸固化，八股文體逐漸定型。（何懷宏，《選舉社會：秦漢至晚清社會形
　　　　態研究》〔M〕，北京：北京大學出版社，2011年，第123頁）朱子以一己之
　　　　力遍注群經，重新確定了四書五經的範圍，並將四書的地位加以彰顯，他一
　　　　生又反覆不斷地修訂其有關四書的注釋，力圖達致一種更加符合社會需要和
　　　　更能表達自己思想的闡釋方式。可以說，朱子對於經典的闡釋已達到了他自
　　　　己所說的「畢生鑽研，死而後已」的地步。由於他的著述並認定爲官方考試
　　　　的唯一教材，因此對於後世學術影響是無遠弗屆的，具體而言則是：他「對
　　　　四書五經範圍、先後次序的確定及其嘔心瀝血的詮解，確實全面和深刻地考
　　　　慮到了孔孟儒學邏輯體系、內在精神以及學者的接受方式和進路。」（何懷
　　　　宏，《選舉社會：秦漢至晚清社會形態研究》〔M〕，北京：北京大學出版社，
　　　　2011年，第131頁）

〔註137〕明永樂十二年（1414）十一月，明成祖命儒臣胡廣、楊榮、金幼孜等共同編
　　　　纂新的經典以供士人所用，即所謂的《五經四書大全》和《性理大全》。這一
　　　　巨著完成後，成祖親自作序並頒行天下，其後科考以之爲據。該書凡例稱：
　　　　「《四書大全》，朱子集注諸家之說，分行小書。凡《集成》（吳眞子《四書集
　　　　成》）《輯釋》（倪士毅《四書輯釋》）所取諸儒之說，有相發明者採附其下，
　　　　其背戾者不取。」成祖御製序稱：「命工悉以鋟梓，頒佈天下，使天下之人獲
　　　　睹經書之全，探見聖賢之蘊，由是窮理以明道，立誠以達本，修之於身、行
　　　　之於家、用之於國而達之天下，使國不異政，家不殊俗，大回淳古之風，以
　　　　紹先王之統，以成熙皞之治，必將有賴於斯焉。」魏裔介《四書大全纂要序》

《五經大全》《性理大全》作爲明代學者的基本教科書，是否被廣泛的閱讀並加以體會，是一個問題。因爲文本是一個方面，而事實又是另外一個方面。

士子讀書是否眞的遵守程朱之學？似不言而喻。在科舉時代，學者以八股時文爲最高目標，所謂讀書其實多是考試書籍。皮錫瑞〔註138〕說：「自宋末，元明專用宋儒之書取士，注疏且束高閣，何論注疏之外。」〔註139〕這是他的切身觀察，在其日記中，皮錫瑞有這樣的觀察：

廿二（二十日）：行六十五里，至袁州府。州方考試，人多如蟻。晚間登舟，作家書，交轎夫帶歸。計自起程至此七日。時晴時雨，時復風雪。轎中寒甚，無可觀覽。攜熊、劉、方、儲時文讀之，始知諸公雖以時文名家，然其讀書亦實有心得。其引經據典，雖未必合古義，而具有所本，非杜撰無根之說。其義理精粹，則得自宋儒。以時文論，洵屬不刊之作。今之爲時文者，一挑半剔，守兔園冊子，以爲傳衣秘訣，而與前輩根本之學，全不講究。其稍涉學者，又好援引古書，不加融化，童牛角馬，不今不古。或引《說文》，以爲古雅；痛詆宋學，以爲尊漢。徒以駭俗，終爲識者所嗤。〔註140〕

在科舉時代，讀書不僅僅是一個學術問題，而是關係到士人身份的問題，而學術往往被政治所籠罩，將學術作爲一種智慧的士人往往並不能立即取得科名，皮錫瑞四舉會試不第，陽明亦三舉方成其功，在某種程度上都說明了學術與科第之間存在著緊張的關係。因此，科舉時代的士子往往在科第之後取

稱：「《集注》者，四書之孝子忠臣，而《大全》者，又《集注》之孝子忠臣也。」因此，由朱子《四書集注》可窺古聖賢之道，而由《大全》可微朱子的奧義微言。總之，《大全》之後欲對朱子學加以領會，則須以此書爲基本。《明史卷七十·選舉志二》記載：「科舉定式：初場試四書義三道，經義四道。四書主朱子集注。……永樂間頒《四書五經大全》，廢注疏不用。」（詳：胡廣、楊榮等，周群等校注，《四書大全校注》〔M〕，武漢：武漢大學出版社，2009 年）不過，對此我們也應該保持審愼的態度，因爲即便是在以《大全》爲準繩的科舉考試時代，眞正將《大全》完整讀下來的人並不多，更多的是那些專門爲考試而作的其他類型的教材。詳見：沈俊平，《舉業津梁：明中葉以後坊刻製舉用書的生產與流通》〔M〕，臺北：學生書局，2009 年。

〔註138〕皮錫瑞（道光三十年至光緒三十四年，1850～1908）字麓雲，改字鹿門，署堂號師伏堂，學者稱師伏先生，湖南長沙府善化縣人。光緒八年（1882）年舉人，四赴禮部會試不第。後以講學著述終老。

〔註139〕皮錫瑞，《經學歷史》〔M〕，周予同注釋，北京：中華書局，2004 年，第 203 頁。

〔註140〕皮錫瑞，《皮錫瑞全集（第 9 冊）·皮錫瑞日記》〔M〕，北京：中華書局，2015 年，第 20 頁。

得了基本的生活保障之後才進行學術研究。

從書籍史研究來看〔註141〕，明代出現了大量制舉類書籍，這類圖書直接針對科舉考試，也就更加符合現實的需要，而眞正的《大全》可能早已被束之高閣。正如現代學者所指出的，在經典理論的學習和實踐操作的層面實際上存在著斷裂，這種環境下，學者普遍的心態是浮躁的閱讀習慣：對於碎片化的經驗堆積（格物），認爲意義不大，只是稍作瀏覽；對於理論空談，覺得只需快速總結出觀點，無需詳細閱讀。輕浮地閱讀而很少具有獨立學術思考和積累學問的閱讀習慣。〔註142〕在這一點上，古今如出一轍，並非今日才有。何良俊〔註143〕回憶說「余小時讀書，皆爲傳注纏繞，無暇尋繹本文，故於聖人之言，茫無所得。今久不拈書本，傳注皆以忘卻。閒中將白文細細思索，頗能得其一二。乃至傳注害人，亦自不少。」〔註144〕何氏又說「自程朱之說出，將聖人之言死死說定，學者但據此略加敷演，湊成八股，便取科第，而不知孔孟之書爲何物矣。」〔註145〕何氏所說的死死說定，略加敷演，湊成八股，並非個案，實際上很多學者終其一生也未曾讀完過《大全》，因此以《大全》來指責當時的官方的思想控制就存在巨大的風險。

根據現代學者的研究〔註146〕，《大全》所收錄的儒學觀念其實內容很豐富，並非簡單的朱子一家之說。實際的情況可能是更多人是「百家講壇」的擁躉，而非認眞讀書的讀書人。朱子學實際上是講壇學和制舉學。這種情形

〔註141〕 沈俊平，《舉業津梁：明中葉以後坊刻製舉用書的生產與流通》〔M〕，臺北：學生書局，2009 年。

〔註142〕 黃宗智，〈我們要做什麼樣的學術？〉〔J〕，《開放時代》，2012 年第 1 期，第 60～76 頁。

〔註143〕 何良俊（正德元年至萬曆元年，1506～1573）字元朗、號柘湖居士，松江府華亭人。曾任南京翰林院孔目。何氏悲歎關於儒家經典研究的衰退，並將此歸咎於永樂年間制定的規範，即要求每一位科舉應試者的考卷答案要以宋人的評注爲依據，尤其是朱熹的評注。他還倡導刊行宋代以前對儒家經典的批註。（富路特，《明代名人傳》〔M〕，北京：北京時代華文書局，2015 年，第 705 頁）

〔註144〕 （明）何良俊，《四友齋叢書卷四》〔M〕，//明代筆記小說大觀第二冊，李劍雄點校，上海：上海古籍出版社，2005 年，第 896 頁。

〔註145〕 （明）何良俊，《四友齋叢書卷三》〔M〕，//明代筆記小說大觀第二冊，李劍雄點校，上海：上海古籍出版社，2005 年，第 882 頁。

〔註146〕 陳恒嵩，《〈五經大全〉纂修研究》〔M〕，臺北：花木蘭文化出版社，2009 年；張岩，《〈四書大全〉研究》〔D〕，中南民族大學，2009 年；閆春，《〈四書大全〉的編纂與傳播研究》〔D〕，華東師範大學，2009 年。

下，朱子學要麼成爲章句學的書呆子，要麼成爲支離的博學炫耀，要麼成爲功名利祿的工具。陽明本人亦深受科舉式學術影響，在二十八歲成進士之前，他花了大量時間和精力應付科舉之學。所謂「五溺三變」，應從陽明對科舉學的自覺反思的角度來論說，而不應理解爲其與朱子學（特別是朱子之心）相反對。科舉學無孔不入地影響著士子的生活，同時也不可避免地滲入其內心，更多的人選擇的是與其相融合一致，將其視爲上升的階梯，而非進德修業之資。顯然陽明並非如此之人。

排除科舉學之影響，書籍本身在士子生活世界中亦有其獨特的地位。自印刷術日漸成熟之後，書籍的獲取較之孔孟時代已大爲便利，這就造成了如黃綰〔註147〕所述之狀態：「學者讀書極難。四子六經之外，有宋儒濂洛關閩之著作、注解，此外又有《性理群書》《性理大全》《近思錄》《近思續錄》《伊洛淵源錄》《伊洛淵源續錄》《理學名臣錄》，此外又有河北山、王魯齋、吳草廬、金仁山、許白雲、方遜志、薛敬軒、吳康齋、陳白沙、胡敬齋諸君子之文集及注解之類多矣。要旨皆不出宋儒之學，其源流皆本於宋儒，而非堯舜以來之傳。其言滿世，況爲時制所重，資以取士。學者不能不讀，亦未可盡非，亦未可盡是。要皆語焉而不詳，擇焉而不精者多矣。若眞有志聖人之學，則必當有辨，此讀書之所以難也。」〔註148〕

黃綰「讀書難也」的慨歎與今人一致，一方面是書籍太多（數量上）以至於人不知所從，一方面是書籍太少（質量上），很多經典書籍無法得而讀之。即便得到之後，讀到一些，又處處有差異，無所適從。況且，書不盡言，何以抉擇？陽明致書《與楊仕鳴三》云：「前者是備錄區區之語，或未盡區區之心；此冊乃直述仕鳴所得，反不失區區之見，可見學貴乎自得也。古人謂得意忘言，學苟自得，何以言爲乎？若欲有所記箚以爲日後印證之資，則直以己意之所得者書之而已，不必一一拘其言辭，反有所不達也。」〔註149〕前人對此的解決方式是認定存在著萬物之理，而書籍乃是前賢對此的認知，是得

〔註147〕黃綰（成化十年至嘉靖三十三年，1480～1554）字宗賢、號石龍，又號久庵，浙江黃岩人。歷任後軍都督府都事、南京都察院經歷、南京工部刑部員外郎、光祿寺少卿、禮部尚書。曾與修《明倫大典》，著有《石龍集》《石龍奏議》《知罪錄》《明道編》等。

〔註148〕（明）黃綰，《黃綰集卷三十六》〔M〕，上海：上海古籍出版社，2014 年，第 684 頁。

〔註149〕（明）王陽明，《王陽明全集（新編本）卷五》〔M〕，吳光等編校，杭州：浙江古籍出版社，2010 年，第 199～200 頁。

諸其心者，但訴諸文字的部分卻難免不會有偏差，言語、識見和心得三者關係的合一即便賢如陽明亦歎其爲難，由此推之，則典籍所載之語、著述者之見、讀者之心之間存在著複雜關係。讀書得見，實際上是用心其體味聖賢之心之見。正如黃綰所說：讀書求理，是在讀書的過程中體悟聖賢之心，以此感化自身，以此感通古今，若非以此讀經典，空口誦讀而已。「後世儒者，不知求之吾心，專於紙墨之間，求其陳跡，拘拘而依仿之」〔註150〕，不僅求不得儒者之道，亦與己身無甚價值。

　　總之，「敬」意味著在學術研究中，對書籍所傳遞的「道」保持一種清醒的認識，所措意的乃是有根據的認眞地思考，或者說是獨立思考和切己的體驗。

第七節　詮釋之義

　　注釋、詮釋、改編古人作品乃是中國經典傳習的傳統，「中國哲學思想發展的一個特點就是借助注釋（commentary, annotation）或者詮釋（interpretation, hermeneutics）的形式建立自己的思想理論體系。」〔註151〕詮釋圍繞著經典人物的經典作品展開，可以是一種有意的選擇和排列，詮釋者的思想與原作品的思想之間存在者一定的張力，詮釋的作品可能是爲解釋原作的思想爲目錄，也可能是以之來表達自己的思想，這是兩種不同的定向與路徑。古代傳統如此，當代研究亦是如此，借他人之酒澆自己的塊壘，往往是一種合理的表示方式。而且，在某種意義上，儒者之學正是在這種不斷的詮釋中延續。

〔註150〕典籍所載，乃天地萬物之理，及聖賢君子言行，惡可不講求？但要知古人遠取諸物，則必近取諸身，理義人心所同，彼特先得我心之同然者。必於吾心獨知之地，實致其力，必求仁，必求道，必求德，不使一毫不盡，則此心之理，建諸天地，考諸三王，征諸庶民，質諸鬼神，百世以俟聖人，以驗其悖與不悖、謬與不謬、疑與不疑、惑與不惑、可徵與不可徵。而益致其克己之功，必如孔子所謂：「予欲無言，天何言哉？四時行焉，百物生焉。」顏子所謂：「舜何人也？予何人也？有爲者亦若是。」孟子所謂：「舜爲法於天下，可傳於後世，我由未免爲鄉人，求其如舜而已矣。」如此自勵，益堅其志，益精其心，讀書有何害哉？但緣後世儒者，不知求之吾心，專於紙墨之間，求其陳跡，拘拘而依仿之，致失天理之當然，所以爲讀書之害也。（明）黃綰，《黃綰集卷三十八》〔M〕，上海：上海古籍出版社，2014 年，第 697 頁。
〔註151〕劉笑敢，《莊子哲學及其演變（修訂版）·學術自述》〔M〕，北京：中國人民大學出版社，2010 年，第 319 頁。

沒有成長的經典不成其為經典，不經詮釋的經典亦無意義。正如唐文治所說，純儒之學往往是「虛實相濟，舊學新知」「並行而不悖」，故陽明學與朱子學的關係若是作為離散的兩種對立學說觀之，則無益於我們理解陽明學和朱子學。我們需要反思的是陽明在何種理路上是朱子的同路人，而不再將朱陸之間的衝突視為冰炭水火，故應以一種儒學的內在理路上重新審視這一問題，特別是在陽明去世近五百年後的今日，當時儒者之間的爭論往往已經失去了現實語境，只留下歷史情境，可供我們瞭悟陽明學絕非一種可以簡單加以論說的學問，而是一種在不斷與人對話，與己體悟的生命哲學。

朱子學乃是陽明學的觸媒，是王陽明教化哲學的重要思想淵源：第一，朱子之學，陽明童而習之，很自然是他思想的一個重要淵源。第二，朱學的中心是聖人之學，陽明也特別有志於此。第三，陽明發展完成的思想，恰與當時流行的朱學的格局互相對反，其意義必須通過這樣的對反而益顯。第四，在陽明的主觀感受上，流行的朱學見解雖多與他自己發展完成的思想互相牴牾，但他深信朱子晚年思想成熟之後，所得與他自己的體證完全契合。最後，陽明對於朱子之失從未加以隱諱，三番四次作出批評，不為之辯護；另一方面，陽明對於朱子的尊崇，也確發自內心之至誠，不能當做門面話來看待。陽明自不會因為朱學之勢大而想盡辦法去攀附——事實上他為象山鳴冤，批評朱子的權威，提倡新說，已經犯了天下之大不韙。如果陽明對於朱子的尊崇的確出於內心；他的學問的規模又鄉由朱子承轉而來，因對反而益顯；他自己並深信與朱子晚年定論互相契合；那麼朱子思想為陽明哲學發展之一重要緣原，應曉然無疑矣。〔註152〕

職是之故，我們應不再以《朱子晚年定論》作為朱子的之書，而是將其視為陽明的作品，且將其作為理解王陽明教化思想的重要作品。正如林安梧所論及的此書隱含三層轉折，即朱子學詮釋系統轉折、朱子學發展轉折和陽明學發展轉折。〔註153〕陽明該書所列出的文本均與陽明的體悟相關，陽明在《朱子晚年定論序》中所說：「予既自幸其說之不繆於朱子，又喜朱子之先得

〔註152〕劉述先，《朱子哲學思想的發展與完成》〔M〕，長春：吉林出版集團有限公司，2014年，第567～568頁。

〔註153〕林安梧，《儒學的轉折：從王陽明的〈朱子晚年定論〉說起》〔A〕，吳光，《陽明學綜論》〔M〕，北京：中國人民大學出版社，2009年，第65頁。但作者認為此書彰顯出從「道德的超越形式性原則」轉向「道德的內在主體性原則」則值得進一步討論。

我心之同」〔註154〕，這才是該書最值得我們究心考察之關鍵所在。

　　陽明《朱子晚年定論》「實則非朱子之定論，而乃陽明之定論也。其必靠朱子以爲定論者，蓋由其必求與朱子歸一之故。」〔註155〕因爲「實際上那個古人就是我。古人如何如何，既是由我之手眼發掘了的，古人已矣，他說的話，其實就都是我說的。我說古人如此如此，故吾人今後爲文亦應當如此如此，其眞相，乃是託古改制。凡欲改制者，輒言古昔。故評論此類復古論，往往不只應看他們託古的一面，還應該注意他們欲圖改制的那一面：如何託古、想改革的又是什麼。在歷史上，復古論經常造成改革思潮，便是這個緣故。」〔註156〕牟宗三說：「夫朱子豈不知尊德性耶？夫象山之斥其爲支離豈就其讀書、著書、從事於章句訓詁而說耶？象山雖不著書，豈不讀書者耶？朱子斥其不讀書，離文字，以爲是禪，亦是無謂也。於此斤斤下去，擁朱者只成空泛之讀書，擁陸者只成其不學之藉口，好像讀書不讀書即足以決定朱陸之異者。末流之無思想有如此，甚可慨也。」〔註157〕對於《朱子晚年定論》亦應以此種學術精神理解。

　　糾結於朱陸之異同，可能失去了對於這種改革的究心，只能跳出普通哲學史、思想史的理路，採取哲理、（教養和敬意意義上的）文化的方法。正如張東蓀先生所說，或者以爲陽明繼承了陸九淵的學說而反對朱子學，這僅僅是從表面而言，並未深入思想史，而只是從普通的哲學史和思想史的做法，這樣的視角注重的細節的差異和派別的不同。從道統的角度，即從思想主潮的發展和延續的視野觀察，陽明實際上仍在延續著朱子的精神，即他在一定程度上是將宋儒的哲理進一步地拓展，而不是分歧或者轉向，也就是說二者在根本性的原則上和總體的方向上都保持著一致性。〔註158〕張氏認爲程朱陸王在哲理上是發展是演化，而不是分歧不是轉向。從學理上應把握思想的主

〔註154〕（明）王陽明，《王陽明全集（新編本）》〔M〕，吳光等編校，杭州：浙江古籍出版社，2010年，第140頁。

〔註155〕陳榮捷，《王陽明傳習錄詳注集評》〔M〕，上海：華東師範大學出版社，2009年，第273頁。

〔註156〕龔鵬程，《中國文學史（下）》〔M〕，北京：東方出版社，2014年，第143～144頁。

〔註157〕牟宗三，《心體與性體（下冊）》〔M〕，長春：吉林出版集團有限責任公司，2013年，第102頁；《牟宗三先生全集第7冊》〔M〕，臺北：聯經出版事業股份有限公司，2003年，第120頁。

〔註158〕張東蓀，《思想與社會》〔M〕，左玉河整理，長沙：嶽麓書社，2010年，第189頁。

體脈絡而非其枝流，即陽明學與朱子學是一種道統的延續而不是相反。在此意義上，陽明學實爲朱子學的繼續闡發。日本陽明學者東正堂認爲，陽明《與安之書》講述了其編纂《朱子晚年定論》之事：

> 閱此後，方知先生編纂此書，乃因世之學者以學問爲議論之種，而絲毫其自己身心做工夫所致，故而先生出此著，其主眼乃息無益之論。蓋先生之意，天下皆向朱子爲宗，儻言朱子之誤則定起不平，口角相爭，喧嘩不休，卻疏於身心工夫。如此，如前之法不宜取。故此，此番天下共以朱子爲學則宜，亦無不宜之事。但學此說，則須察朱子眞意，停止議論，不若取朱子之語，著實身體力行。細學之，朱子之定論非如今日爭論之朱說，卻因晚年有大變之處，由此意，出此書。然而，此亦爲致吵鬧益盛之種，倘直言朱子之學不宜，猶爲善者，陽明誣妄曲解朱子，漸入己說，弄奸曲手段欲勝於人。尤其書中，與呂子約書之流，佯不知初年所作而入晚年，卻以此爲證，如此混淆視聽，竟內心坦然。此最最忌惡之事。又如清儒李穆堂（李紱）之流，引用陽明先生一文早晚之偶誤，若言彼是，舉現執己惟晚先生之說，云何謂著《朱子晚年定論》之新篇之事，此皆議論喧嘩之事，卻全不知先生之深意。陽明先生初議朱子，本因憂世人以議論爲學，絲毫不知著實之工夫而爲，世人卻因先生議朱子而不平，卻無反省之意。言先生未毀朱學，卻又成議論之種，故而此番先生不毀朱學而示道理，出晚年定論。然此事又引議論喧嘩益盛，只歎先生實無再可著手之方。我等後學須知，知先生眞意乃第一義。〔註159〕

陽明編纂該書的因緣在於當世學者把學術視爲議論，把工夫視爲教條，把問題指向他人，與學者本人似無甚關聯，陽明對此深有感觸，其目的即在於試圖扭轉這樣的議論模式。當時的學術風氣是尊崇朱子，如果以指責朱子的方式來論證學術應迴向自我，則會爭論不休，談不上身心工夫。從朱子學出發，找到他的心力所繫，按照他的指點切實地身體力行，則是眞知眞行。但是學術的爭議往往不能因人的意圖而有所改變，學者固執己見，看到與常識不同的見解就憤憤不平是常態，對不合本己的意見橫加非議也常有，甚至根本還

〔註159〕轉引自：岡田武彥，《王陽明大傳（中卷）》〔M〕，楊田等譯，重慶：重慶出版社，2014 年，第 296～297 頁。

沒有瞭解對方的觀念，就多方指謫的情況也反覆重演。

我們看到錢德洪、施邦曜、東正堂等眞切踐行陽明學之人都認爲《晚年定論》一書其旨趣在於重新表彰朱子學，特別是東正堂，岡田武彥先生認爲他不免有些過於祖護王陽明，因爲陽明自認當時已有鄉愿、曲學阿世的念頭〔註160〕。不過，我們認爲東正堂所論陽明此書「漸入己說」的闡釋是值得我們注意的，因爲「定論」二字絕非簡單意義上的確定無疑之論而是主旨〔註161〕。「著實之工夫」在王陽明這裡最爲關鍵。研究陽明的思想，也應對此保持清醒。

陽明的學術處境艱難〔註162〕，正如他所說的處在「學厭道晦」之餘，他所從事的理論探索或者說對於道統的追求，與當時士大夫階層的主流立場並無不一致之處，否則也不會稱讚汪循「博學雄辭，闡揚剖析」。若是據此推論陽明學術已經引領了當時思想界的主潮（或者學術趨向）是值得我們持保留意見的。陽明自己對此亦不能完全確定，何況他人？若僅僅以後見之明來認識歷史，與吾人思想之進益有何干係？據項喬的觀察，「陽明先生倡明不睹不聞之說，致其良知之說，可謂破千古之疑，爲道學立赤幟於天下者。然疑者十居八九，信者百無一二，非陽明之說不可傳於天下，或其徒累之也？何則？陽明之說，信不可誣；若陽明之人品，在天下後世當有定論。」〔註163〕職是之故，我們或者可以說在陽明學創始時期，陽明孜孜以求同道之人，完全沒有後學所見到的那種贊助者和支持者佔據主流地位的歷史情形。可以確信的是：陽明以朱子爲師範，其求道之心則不容置疑。陽明認爲對於道的探尋乃是人生意義的歸宿所在，也是士人對抗學厭道晦時代的唯一路徑。陽明認爲「道」乃是學者最應究心者，然而時病至深，非以自警、警勵、省覺、誡勉不能以身發明之，這一態度貫穿陽明學始終，再如何強調亦不爲過。

〔註160〕岡田武彥，《王陽明大傳（中卷）》〔M〕，楊田等譯，重慶：重慶出版社，2014年，第299～300頁。

〔註161〕徐梵澄獨具慧眼，認爲所謂「定論」，毋妨說爲其「主旨」，有些講學家到晚年始確立的。（徐梵澄，《徐梵澄文集卷一・陸王學述》〔M〕，上海：上海三聯書店，2005年，第423頁）

〔註162〕如黃綰說，「陽明先生如景星鳳皇，夫人能知之也，乃爲當路所忌，言官承風旨，交論其江西軍功爲冒，又以其學術爲僞，異說喧騰，人莫敢論。」（〔明〕黃綰，《黃綰集・贈陸原靜序》〔M〕，張宏敏編校，上海：上海古籍出版社，2014年，第204頁）

〔註163〕（明）項喬，《項喬集》〔M〕，方長山等點校，上海：上海社會科學院出版社，2006年，第307頁。

如果認爲道是對抗歷史的技藝，那麼它就是一種應付命運的藝術。這裡的命運正是陽明所擔憂的時學之病：「先儒之學得有淺深，則其爲言亦不能無同異。學者惟當反之於心，不必苟求其同，亦不必故求其異，要在於是而已。今學者於先儒之說苟有未合，不妨致思。思之而終有不同，固亦未爲甚害，但不當因此而遂加非毀，則其爲罪大矣。同志中往往似有此病，故特及之。程先生云：『賢且學他是處，未須論他不是處。』此言最可以自警。見賢思齊焉，見不賢而內自省，則不至於責人已甚，而自治嚴矣。議論好勝，亦是今時學者大病。」〔註164〕在此，先儒所傳之道，學者所學之道，最終均須歸之學者之身之心，不過首先要確立的是這樣一種態度，即對道的崇仰、對傳統的敬意、對社會關係的寬容以及對人自身的警醒，因此，聖學之要以敬爲先，即要學他是處，所謂是處實際上乃是作者與讀者心靈相通之處，在儒者看來此爲道之傳承者，而陽明之所以標舉《朱子晚年定論》的一個重要原因也就在此。從一開始，陽明就明確提出，多言亂洙泗之傳緒，支離紛擾聖人之大道，故須重返經典文本，重返朱子，這裡的重返並不是以一般意義上的章句學、語錄學爲依據，而是要取而檢求之，不拘於聞見，不持循講習，而是「措之日用」，「體驗探求」之。

《朱子晚年定論》第 1、2 條首先拈出「立本」「日用」兩個儒學基本論題。第 17 條云：「熹哀苦之餘，無他外誘，日用之間，痛自斂飭，乃知敬字之功親切要妙乃如此，而前日不知於此用力，徒以口耳浪費光陰。人欲橫流，天理幾滅。今而思之，怛然震悚，蓋不知所以措其躬也。」〔註165〕又第 24 條云：「向來妄論持敬之說，亦不自記其云何。但因其良心發現之微，猛省提撕，使心不昧，則是做工夫的本領。本領既立，自然下學而上達矣。若不察良心發現處，即渺渺茫茫，恐無下手處也。」〔註166〕無論立本還是日用，最爲關鍵點落在敬上。此處所說敬字之功，並沒有細細展開，將其以一種章句式或者注疏式的銓解都將無法體味到敬的眞實意圖，只能是浪費口舌，敬字並不需要如此多的文字工夫，只需要措其躬即可，即躬身而行。

如前所述，細繹《朱子晚年定論》則可發現全部 34 條大致都是圍繞這一

〔註164〕（明）王陽明，《王陽明全集（新編本）卷八》〔M〕，吳光等編校，杭州：浙江古籍出版社，2010 年，第 287 頁。

〔註165〕（明）王陽明，《王陽明全集（新編本）卷三》〔M〕，吳光等編校，杭州：浙江古籍出版社，2010 年，第 147 頁。

〔註166〕（明）王陽明，《王陽明全集（新編本）卷三》〔M〕，吳光等編校，杭州：浙江古籍出版社，2010 年，第 149 頁。

個「敬」字展開。對此，現代學者在研究朱子學時亦有同感，牟宗三說：「朱子講敬卻有其眞切的感受，此卻眞是存在地講。此即是其道德意識之強烈處。眞切的敬，即可使其涵養之工逐漸浸潤到其心脾，所謂沁人心脾者，使此心寂然不動之體呈現，然後可以逐步心靜理明。」〔註167〕李相顯說「朱子底敬通內外的思想，萌芽於其戊子三十九歲答何叔京書。朱子答何叔京云云，朱子在答何叔京書中，謂持敬之說，即因其良心發見之微，猛醒提撕，使心不昧。敬既猛醒提撕，使心不昧，故敬乃通於內也，朱子雖未明言敬通內外，但朱子底敬通內外的思想，已萌芽於此時矣。」〔註168〕「敬」通內外，意味著，它不僅是一種修養的法則，更是一種人所以稱爲人的起點。

那麼，「敬」的具體方法是什麼？或者說，「敬」具體內容是什麼？

李相顯的詮釋最具典型：「敬既通內外，故主一無適，又說個整齊嚴肅亦只是主一無適，主一無適與整齊嚴肅並無不同，並無兩樣，只是個敬也。主一無適與整齊嚴肅雖同爲敬，但分而言之，自主一無適而言之，則敬莫把做一件事看，只是收斂自家精神，專一在此；常惺惺便是敬，收斂此心，不容一物，也便是敬；這心都不著一物便收斂，今人若能專一，此心便收斂緊密，都無些子空罅。人只有這一個心，不通著兩個物事，若分成兩邊便不得；若這事思量未了，又走做那邊去，心便成兩路；若做這一件事，心又在那事，永做不得，這一條心路，只是一直去，更無它歧；而今做一件事，須是專心在上面方得；思量這事了，再思量那事方得。自整齊嚴肅而言之，整齊嚴肅雖只是恁地，須是下工夫方見得；整齊嚴肅時，這裡便敬；學者須常收斂，不可恁地放蕩，只看外面如此，便見裏面意思。」〔註169〕總之，敬是一種主一的專注，是一種精神的收斂，同時也是一種人本有的精神狀態和人所能行的處世哲學。

在此意義上來說，一部《朱子晚年定論》即是對作爲教養（教化）的文化的追求與嚮往，是對儒者生活之道的哲學詮釋和內在體悟。鄒守益謹陽明之教訓，認爲「聖賢論學，只是一個意思，如修己以敬一句盡之矣。」〔註170〕

〔註167〕牟宗三，《從陸象山到劉蕺山》〔M〕，長春：吉林出版集團有限責任公司，2013年，第85頁；《牟宗三先生全集第8冊》〔M〕，臺北：聯經出版事業股份有限公司，2003年，第110頁。

〔註168〕李相顯，《朱子哲學》〔M〕，北平：世界科學社，1947年，第611～612頁。

〔註169〕李相顯，《朱子哲學》〔M〕，北平：世界科學社，1947年，第622頁。

〔註170〕（明）呂柟，《呂柟集·涇野子內篇卷十三》〔M〕，趙瑞民點校整理，西安：

「聖門之教，只在修己以敬。敬也者，良知之精明而不雜以私欲也。故出門使民，造次顛沛，參前倚衡，無非戒懼之流行，方是須臾不離。聖學之篇，以一者無欲爲要，而定性之教，直以大公順應，學聖人之常，濂洛所以上接洙泗，一洗支離纏繞之習，正在於此。」〔註171〕黃宗羲將鄒守益視爲陽明學的嫡傳，「惟東廓斤斤以身體之，便將此意做實落工夫，卓然守聖矩，無少畔援。諸所論著，皆不落他人訓詁良知窠臼，先生之教卒賴以不敝，可謂有功師門矣。」〔註172〕自有其可信之處。

在此理路下，「敬之一字的親切要妙」方能爲學者所體悟，它意味著：教育不外乎自我教化和社會教化，超越人的存在性的玄思無法使令人信服，因此教化的落腳點必然從人生開始，即從有所歸依的敬開啟其端倪。人生並不爲哲學所存在。哲學所追究的不過是人生意義問題以及治世的問題〔註173〕，即哲學問題的最終歸宿乃在於人生價值的實現，而敬乃是銜接人生與這一哲學文化所能承載意義的核心樞紐。

生生之謂易。「人生之生，首先生存、生活，而生存、生活是一行動、一活動，只要是行動、活動，那就意味著突破有限；人如果停滯在現實性中而不想突破有限性，或者說，安於現實而不思前進，那就是死亡，不是人生。」〔註174〕人生挺立意味著作爲經驗世界的活生生的人能夠成其爲人，而能夠使之變爲現實的基點在於「敬」。爲學不是對於知識本身的無限擴充，而是對於自我的不斷返回，即將知識回歸到自我之中，使人能夠不再束縛於外物的壓制，而「敬」字工夫就是使人與物的合一。立志意味著人的自我覺醒，也意味著超越於當下的平庸而有生生不息的氣象，這一氣象意味著人能夠在生活世界中不至於形容枯槁，而敬乃是立志的先決條件，離開敬的立志只能是一種無所依憑的空中樓閣。

對於學者來說，「敬」所內涵的認眞精神則更當令吾人警省，切勿苟且。

西北大學出版社，2014年，第104頁。

〔註171〕（明）鄒守益，《鄒守益集卷一〇》，董平編校，南京：鳳凰出版社，2007年，第515頁。

〔註172〕（清）黃宗羲，《明儒學案（修訂本）》〔M〕，沈芝盈點校，北京：中華書局，2013（2008），第8頁。

〔註173〕韓林合，《虛己以遊世：莊子哲學研究（修訂本）》〔M〕，北京：商務印書館，2014年。

〔註174〕張世英，《新哲學講演錄（2版）》〔M〕，桂林：廣西師範大學出版社，2008年，第464頁。

小結

　　何謂教育的本質？如何理解歷史上出現的教育思想？人理解歷史，非如自然科學對待自然現象一般，將其當作外在於人本身的現成的對象來對待。人理解歷史，就是理解人自身，就是人自己理解自己，具體地說，就是在歷史的時間性中追尋人的存在的意義，以提高自己的精神境界。〔註175〕歷史是人的歷史，教育是人的教育。看似極爲簡單的道理，卻是需要不斷反思的哲理，因爲寫就歷史的人和接受教育的人，並不意味著不加反省的自然〔註176〕存在，而反觀內省就意味著敬的貫徹。黃道周說：「晦庵當五季之後，禪喜繁興，豪傑皆溺於異說，故宗程氏之學，窮理居敬，以使人知所持循；文成當晦庵之後，此章訓詁，汨沒人心，雖賢者猶安於帖括，故明陸氏之學，簡易覺悟，以使人知所反本。」〔註177〕在朱子，傳承儒者之學爲其自覺；在陽明，傳承朱子之心亦爲其自覺，故反覆其心，窮究之，**體驗之**，最後使之成爲陽明學的內在組成部分。在此，傳統之所以延續，乃在於它曾以一種眞實地力量影響著人們的生活，以至於人們將它視爲生活的一部分或者生活的意義。

　　近代以來，傳統之所以被視爲現代的對手，以至於敵人，就是因爲在時人（世人）看來，它影響到了現代性的進程，必須加以清除，或者至少要拋棄或者修正。但在儒家的學術脈絡中，現實（現代）即是傳統，無傳統即無現代，無現代也談不上什麼傳統，因此傳統就切實地融入到現實的生活之中。就此而言，陽明之《朱子晚年定論》未嘗不是將朱子學傳統以一種新的方式延續其生命的方式，雖然此中的朱子已成爲陽明所描繪的朱子形象，但並不妨礙這一形象所內涵的意義。正如陽明所說，「謂聖人爲生知者，專指義理而言，而不以禮樂名物之類，則是禮樂名物之類無關於作聖之功矣。聖人之所以謂之生知者，專指義理而不以禮樂名物之類，則是學而知之者，亦惟當學

〔註175〕 張世英，《新哲學講演錄（2 版）》〔M〕，桂林：廣西師範大學出版社，2008年，第 449 頁。

〔註176〕 熊十力認爲，自然有三義，在宇宙論，以無所待而然者謂之自然；在社會觀上，以淳樸而不尚詐僞技巧等者謂之自然；在人生論上，以純任天眞謂之自然。……儒者乃不反知，但重涵養，以全其誠明之本體（誠明亦即良知）。大本既立，卻非守其孤明，必致其知於事事物物而得其理，乃知明而處當，於是而識別事物之知識，亦莫非誠明之用。此則良知擴充而可謂全其天眞者矣。（熊十力，《十力語要》〔M〕，上海：上海書店，2007 年，第 32～33 頁）

〔註177〕 （明）黃道周，《陽明先生集要序》〔M〕，施邦曜，《陽明先生集要》〔M〕，王曉昕、趙平略點校，北京：中華書局，2008 年，第 7 頁。

知此義理而已，困而知之者亦惟當困知此義理而已。今之學者之學聖人，於聖人之所能知者，未能學而知之，而顧汲汲焉求聖人之所不能知者以爲學，無乃失其所以希聖之方與？」〔註178〕顯然，陽明《朱子晚年定論》一書的主旨在於彰顯朱子學的希聖希賢之方，而這一爲學方案，最爲關鍵的就在於「知敬字之功」「求放心」從而「爲學立本」以恢復聖人之學、孔子之教。所謂敬字之功，並非一種固定不變的教條或者章句注疏的支離，而是與學者身心密切相關的日用措之之學，也正是朱子學延續孔門之教的眞諦所在。

對此，陽明有其獨特的闡發，即以良知之學融貫其生命體驗，以使學者自省提撕，以復其心之本體，從而使學者「致其本然之良知，則雖愚必明，雖柔必強。大本立而達道行，九經之屬可一以貫之而無遺矣。」〔註179〕基於以上對陽明《朱子晚年定論》一書的考察，我們可以明確地將陽明學和朱子學的內在關聯加以貫通，並將陽明學之主旨加以申說，即陽明學之心、之說、之書均立足於敬，由此考察陽明學和性理學的內在理路也更加能夠彰顯其儒學發展的範式性意義。故而，本書不再局限於朱陸、朱王異同之無謂、無休的爭端〔註180〕，與其爭分量莫若求眞金。正如項喬〔註181〕所說：「陽明高弟能擴陽明所未發，胸中了了而筆力又有以發之者，無如鄒東廓氏。陽明以致良知爲凡學道者妙訣，猶之鄒東廓以廓然大公、物來順應爲凡學者妙訣也。此二項皆大賢以上事，而使凡學者爲用力始地，何以能成功？如孔門問仁，惟顏子方可告以克己復禮，在他人告之知己爲何物，知禮爲何物，知如何克

〔註178〕（明）王陽明，《王陽明全集（新編本）卷二》〔M〕，吳光等編校，杭州：浙江古籍出版社，2010 年，第 58 頁。

〔註179〕（明）王陽明，《王陽明全集（新編本）卷二》〔M〕，吳光等編校，杭州：浙江古籍出版社，2010 年，第 52 頁。

〔註180〕最新的研究者中亦有言之成理並稱巨著者。如劉勇博士以《大學》的改本爲依據，分析明代理學家的理論建構和傳播模式，他有這樣的觀察：理學精英的生前身後的令名，與出版大繁榮有著密不可分的關係。以王陽明爲例，儘管他反覆向入室弟子們表示，刊刻其語錄和文字著述並非急務，但他並非不諳此道：正德十三年七月，他接連刊行了《大學古本》《朱子晚年定論》《傳習錄》等系列作品，作爲公開轟擊朱子學的排炮。在王陽明身後，其學說的流行、學派的維繫和擴張，無不與其著述的廣泛刊行有關。（劉勇，《變動不居的經典：明代〈大學〉改本研究》〔M〕，北京：生活‧讀書‧新知三聯書店，2016 年，第 326 頁）

〔註181〕項喬（弘治六年至嘉靖三十一年，1493～1552）字遷之，溫州永嘉人。正德十四年舉人，嘉靖八年進士。官至廣東左參政。

己便能復禮、便是爲仁。故告仲弓便曰主敬行恕，告司馬牛便曰其言訒，告樊遲便曰居處恭執事敬與人忠，且樊遲一人之身問仁三次，先告以此三事，繼方告以先難後獲，後方告以愛人。自古聖賢教人，皆隨人隨時以變化，惟論規矩只是一般，其入道便有千蹊萬徑。」〔註182〕儒者所謂規矩，不外人的日常生活，唯有在人的生活世界中，人的現實意義方能凸顯出，人的精神世界方能彰顯出，而人文化成的宇宙精神也在此中得以實現。

最後，吾人可以引用杜維明的觀點加以申說本章論點。杜氏說，對於《朱子晚年定論》：

> 我們面臨著一個二說擇一的選擇：如不少學者所說，要麼陽明有意識地設計了一個策略，用朱熹的話來表達他自己的思想，從而提高自己的聲望；要麼陽明這麼做，動機是出於同朱熹融通的強烈願望。陽明本人費盡心思極力證明後一看法。陰謀說反映了一種習慣觀點。這種觀點認爲，陽明是陸象山的繼承者，所以必然與朱熹相衝突；如果他實際上力圖融通朱熹的思想，那麼，一定有思想淵源之外的理由。然而，根據我們的研究，朱陸二分對於陽明思想的形成似乎沒有起什麼作用。〔註183〕

> 我們可以認爲，陽明努力闡明他的新思想，其實並不與朱熹的晚年定論相牴觸，這是出於他力求與這位宋代大師的精神取向相一致的內心渴求，而不是出於一個實用的目的：敢悅於同輩中的多數學者——官員，他們都是朱熹的追隨者。〔註184〕

> 那些盲目地堅持朱熹學說的人，從來沒有親身體驗過朱熹所講的那種行動方式。實質上，朱熹對他們的肉體和心靈都沒有絲毫觸動，而現在他們卻突然把自己裝扮成朱熹正統的捍衛者。陽明用了二十年的時間，以他全部的生命去體驗朱熹關於修身的教導，不幸的是，他發現自己被別人當作兇惡的叛逆，背叛了他最崇敬的以爲儒學思想家。他甚至引用孟子的話：「予豈好辯哉，予不得已也。」

〔註182〕（明）項喬，《項喬集》〔M〕，方長山等點校，上海：上海社會科學院出版社，2006年，第237頁。

〔註183〕杜維明，《青年王陽明：行動中的儒家思想》〔M〕，北京：生活・讀書・新知三聯書店，2013年，第196頁。

〔註184〕杜維明，《青年王陽明：行動中的儒家思想》〔M〕，北京：生活・讀書・新知三聯書店，2013年，第197頁。

他的自信同深深的使命感混雜在一起。〔註185〕

通過吾人前述研究，可以再次確證杜維明博士論文《青年王陽明》中所述的準確性和嚴謹性。所謂陽明與朱子的精神取向一致之處即在「敬」，即是《禮記》所引述的「知其義而敬守之」的知義敬守的「敬」道之心，這是陽明學之所以成爲陽明學的一個重要因素。同時，我們還用大量的文獻資料和士人、學者的論說表明了「敬」是理解和進入陽明學的最佳路徑之一。

陽明說：「明道云：『吾學雖有所受，然天理二字，卻是自家體認出來。』良知即是天理體認者，實有諸己之謂耳，非若世之相像講說者之爲也。近時同志莫不知以良知爲說，然亦未見有能實體之者，是以尚未免於疑惑。」〔註186〕陽明學稱之爲良知學亦可，然關鍵並不在於何種語彙，其關鍵在於是否「敬以直內」的體認，是爲下一章。

〔註185〕杜維明，《青年王陽明：行動中的儒家思想》〔M〕，北京：生活·讀書·新知三聯書店，2013 年，第 198～199 頁。

〔註186〕（明）王陽明，王陽明全集（新編本）卷六》〔M〕，吳光等編校，杭州：浙江古籍出版社，2010 年，第 232 頁。

第二章　敬以直內〔註1〕：教化之生活

和靖謂「敬有甚形影？只收斂身心，便是主一。如人道神祠中致敬時，其心收斂，更著不得毫髮事，非主一而何？」此最得濂洛一脈。〔註2〕

——鄒守益《潁泉先生語錄》

敬無所不該，敬外更無餘事也。……大抵學問工夫，惟在還此心本來面目而已，此之謂敬也，豈把持之謂哉？居敬是心體上工夫，若捨心體而求抑妄念，則是棄本逐末，宜其愈抑而愈紛擾也，即此便是大不敬矣。〔註3〕

——王時槐《友慶堂合稿卷一·答郭以濟》

「敬」是一種生活方式，是一種生命的對話。〔註4〕它堅持道的追求，反

〔註1〕 直其正也，方其義也。君子敬以直內，義以方外。敬義立而德不孤，直方大不習无不利，則不疑其所行也。(《易經·坤·文言》2/5/5)

〔註2〕 （清）黃宗羲，《明儒學案（修訂本）》〔M〕，沈芝盈點校，北京：中華書局，2013（2008），第 344 頁。

〔註3〕 （明）王時槐，《王時槐集·友慶堂合稿》〔M〕，錢明等編校，上海：上海古籍出版社，2015 年，第 352 頁。

〔註4〕 值得注意的是，吾人所說並非宗教式的。英國宗教哲人懷特海（1861～1947）認為，教育的本質在於它那虔誠的宗教性，宗教性的教育是這樣一種教育：它諄諄教導受教育者要有責任感和崇敬感。責任來自於我們對事物發展過程具有的潛在控制。當可習得的知識能夠改變解決時，愚昧無知便成為罪惡。而崇敬是基於這樣的認識：現在本身就包含著全部的存在，那漫長完整的時間，它屬於永恆。（懷特海，《教育的目的》〔M〕，徐汝舟譯，北京：生活·讀書·新知三聯書店，2002 年，第 26 頁。）懷特海《教育的目的》一書為六篇論文，除了教育的目的之外，尚有教育的節奏、自由與紀律的節奏、技術

思現實生活中的自我，使自己內在的道德之心直發而無所蔽障，〔註5〕既內在又超越。在此，陽明學作爲經典給予人的，是一種道德的啓示，崇高的指引、想像力的激蕩和哲學的論辯。「哲學論辯源於一種生活選擇和生存抉擇——而不是相反，它憑藉自己邏輯和勸導的力量，以及它試圖對生活者施加的影響，刺激教師和學生眞正面對自己最初的選擇。」〔註6〕對於我們來說，這種生活選擇與生存選擇意味著：「夫得父子之道之謂仁，得兄弟之道之謂義，得處鄉及御暴客之道之謂禮，得養身之道之謂智，得師之道之謂善教，得遊藝之道之謂善學。仁義禮知，性也。性矣命也，非由外鑠我也，我固有之也。學者學此者也，教者教此者也。」〔註7〕陽明學不可避免地要關涉到自我體悟的反思，使之不再僅僅成爲一種知識的選擇，而是一種生活方式的抉擇。我們需要關注的毋寧說是陽明學的智慧如何貫徹到實際的生活之中，亦即是一種對話，而不是簡單地敘說。教化哲學實際上是一種對自我生活方式的反思哲學，在此意義上說，教育的本質乃是一種哲學論辯。

劉咸炘在《姚江學旨述》引用了李材〔註8〕的說法，認爲陽明所論爲學聖的眞實工夫，因爲是補偏救弊的提法，不見得都與孔子曾子的學說一一合轍，所以善於學陽明的應該學他所討論的學聖的工夫，而具體的名目則不能

教育及其與科學和文學的關係、古典文化在教育中的地位、大學及其作用等。關於古典文化，懷特海認爲，如果不能經常目睹偉大崇高，道德教育便無從談起；如果我們不偉大，我們做什麼或結果怎麼樣便無關緊要。現在，對偉大崇高的判斷力是一種直覺，而不是一種爭辯的結論。對崇高偉大的認識和判斷構成了道德的基礎。青年人需要保持對羅馬的想像：這種對羅馬的想像本身就是一幕偉大的戲劇，而且會產生比這種想像更偉大的結果。（第122～123頁）

〔註5〕 徐復觀，《中國思想史論集續篇》〔M〕，北京：九州出版社，2014年，第568頁。

〔註6〕 （法）阿多，《古代哲學的智慧》〔M〕，張憲譯，上海：上海譯文出版社，2012年，第3頁。

〔註7〕 （明）南大吉，《南大吉集·瑞泉南伯子集第二十卷》〔M〕，李似珍點校整理，西安：西北大學出版社，2015年，第95頁。

〔註8〕 李材（正德十四年至萬曆二十四年，1519～1595）字孟誠，號見羅，江西豐城人。嘉靖四十一年進士，官至右僉都御史。因破蠻冒功事繫獄十餘年。後戍福建鎭海衛，後赦歸。以講學著述稱。著有《觀我堂摘稿》《見羅先生書》等。黃宗羲稱其學爲「止修」。關於李材的研究，詳見：劉勇，《中晚明士人的講學活動與學派建構：以李材爲中心的研究》〔M〕，北京：商務印書館，2015年。

被視爲不可變易的定論，劉氏認爲這是對陽明學公允的評論。〔註9〕李材提出的學聖之功，實際上就是性理學家所強調的希聖希賢的理想。在李氏看來，今日體味陽明學宜從其學聖之眞工，所以他強調說：「儒者論學，事事歸實」〔註10〕學者追隨陽明，研究陽明之學，即在於體悟其學聖之眞工。劉咸炘之所以認爲李材的論述爲允，正如吾人在第一章所揭示的，乃是有敬的精神，即不苟且的學術精神。本章，吾人將進一步拓展研究視野，從陽明學的論述理路和歷史事實中探尋敬作爲生活方式（「學聖之眞工」）的內涵。陽明說：「初學必須思省察克治，即是思誠，只思一個天理。」〔註11〕這是陽明對敬的最佳解說，吾人即由此展開。

第一節　可無察乎

　　南宋詞人辛棄疾〔註12〕所作的小詞《青玉案‧元夕》有「驀然回首，那人卻在燈火闌珊處」〔註13〕的佳句。經王國維的解釋〔註14〕，成爲人生境界

〔註9〕 李見羅曰：陽明子所論，無一非學聖之眞工，而獨所提揭皆以補偏救弊，乃未愜孔曾之矩要。善學先儒者，學其所論學聖之功，可也；而並其所揭提者不諒其補偏救弊之不得已，而直據以爲不易之定論也，可乎？見羅之所別提，是否姑勿論，然斯言則允矣。（劉咸炘，《劉咸炘學術論集‧哲學編》〔M〕，桂林：廣西師範大學出版社，2010年，第231頁）

〔註10〕 李材，《見羅先生書卷十三‧答徐清甫》〔M〕，張學智，《明代哲學史（修訂版）》〔M〕，北京：中國人民大學出版社，2012年，第226頁。

〔註11〕 （明）王陽明，《王陽明全集（新編本）卷一》〔M〕，吳光等編校，杭州：浙江古籍出版社，2010年，第17頁。

〔註12〕 辛棄疾（紹興十年至開禧三年，1140～1207）字幼安，號稼軒，諡忠敏，山東濟南人。

〔註13〕 東風夜放花千樹，更吹落，星如雨。寶馬雕車香滿路。鳳簫聲動，玉壺光轉，一夜魚龍舞。蛾兒雪柳黃金縷，笑語盈盈暗香去。眾裏尋他千百度，驀然回首，那人卻在，燈火闌珊處。（〔清〕朱孝臧，《宋詞三百首》〔M〕，劉乃昌評注，北京：中華書局，2015（2014），第191頁）

〔註14〕 王國維《人間詞話》第26條：「古今之成大事業、大學問者，必經過三種之境界：昨夜西風凋碧樹。獨上高樓，望盡天涯路。此第一境界也。衣帶漸寬終不悔，爲伊消得人憔悴。此第二境界也。眾裏尋他千百度，驀然回首，那人卻在，燈火闌珊處。此第三境界也。此等語皆非大詞人不能道。然遽以此意解釋諸詞，恐爲晏歐諸公所不許也。」王國維，《王國維全集人間詞話》〔M〕，謝維揚等主編，杭州：浙江教育出版社，2009年，第468頁。王國維（光緒三年至民國十六年，1877～1927）字靜安、號觀堂、諡忠愨，浙江海寧人。

的最佳描述。從教化的哲學來看，它也可表示從陷溺中覺醒時的驚喜。這種驚喜之際，只是一念之眞。是以既得之後，小心奉持，不敢逾越，便是敬畏之象。《中庸》「戒愼乎其所不睹，恐懼乎其所不聞」，即是對此的銓解。在此，「敬」是保任勿失，尊敬天命。它人在對生生的價值的認同下的一種迴向。迴向即返本，人在返本時方有敬仰之意，而「本」即是所敬仰，面對所敬仰則超越義便顯出來。〔註15〕然而並非學者都能自覺建立所敬仰者。我們從陽明文集中記錄的王堯卿開始。

誰是王堯卿？陽明同時代著名的文人學者王廷相〔註16〕爲他做過一首詩《終南吟贈王堯卿》：

> 太乙巉巉太白東，中有佳士才且雄。西京之俠贈龍劍，凌轢不數渭上翁。被褐忽來謁天子，手接雙霓弄海水。蛟螭嚇人磨西牙，拂衣還入雲崖裏。雲崖千萬丈，莽蒼臨平野。白日曆高標，飛流絕奔馬。龍蛇蕭蕭謝傳心，溪谷盤盤遠公社。冷泉終日快聞韶，古木千章不知夏。桐花乳燕午風輕，茅屋荒池夜雨晴。幽人開尊石壇下，平客來相對稱達生。春陽遲遲鳥鳴澗，美稼離離人上坪。藍田輞川在何處，圖史常垂諫議名。中原猶格鬥，豺虎日侵尋。七澤波寒洞庭遠，九疑雲盡蒼梧深。百年淒惻終南心，爲君寫作終南吟。斸茅卜居夾深汧，白髮相將彈舜琴。彼美人兮望不來，朱弦瑤軫漫相開。野人醉倒嘯歌起，萬壑秋生明月臺。〔註17〕

王廷相是明中期的文壇才俊，「前七子」之一，《宋明理學史》中反理學的代表。〔註18〕他曾在正德三年（1508）、八年（1513）兩次被劉瑾貶斥，甚至丟官。嘉靖十八年（1539）又上書彈劾內閣，可謂是正直大臣。他曾說：「漢

〔註15〕蔡仁厚，《王陽明哲學》〔M〕，北京：九州出版社，2013年，第131～132頁。

〔註16〕王廷相（成化十年至嘉靖二十三年，1474～1544）字子衡，號濬川，河南儀封人；弘治十五年（1502）進士，官至南京兵部尚書；著有《王氏家藏集》《王濬川所著述》。

〔註17〕（明）王廷相，《王廷相集第一冊》〔M〕，王孝魚點校，北京：中華書局，1989年，第162頁。

〔註18〕王廷相深處明代中期理學占絕對統治地位的時期，他的科學主義因素、實證思維傾向（儘管是微弱的）是對當時理學潮流的一種反叛。這種反叛預示著實學思潮的興起與壯大。在這個意義上，有的論者將他說成反理學的思想家。但統觀王廷相的思想，特別是他的性論，我們仍然可以說，他是一個理學家。（張學智，《明代哲學史》〔M〕，北京：中國人民大學出版社，2012年，第341頁）

儒修經術，宋儒明道學。孔孟以往，此其最正者也。然亦有達於治理之效與？
夫君子之學所以爲政，而國家之養士亦欲其輔佐以經世也。徒習之而不能推
之，謂之學者也何居？今二代史籍炳炳，諸儒學道用世之跡，皆可稽而知也。
通經而能達於治，修道而能適於用者，誰耶？」〔註19〕僅從這首詩大氣磅礡
的詩篇中看不出多少關於王廷相的哲學。王廷相在詩極力讚美唐堯卿的學問
和人品，又提及唐的安貧樂道。當然最讚揚的是唐堯卿的上諫行爲，認爲僅
此一件，唐堯卿就能青史留名。王堯卿在任諫官時因上疏不成，故以病辭免，
王廷相吟誦高歌稱其或可圖史留名，這或許就是當時文士的公議。

　　明代諫官最爲有名，上書言事往往不留情面。「六科給事中掌封駁，謂之
科參。給事中原屬門下省，明代罷去門下省長官，而獨存六科給事中。旨必
下刻，其有不便，給事中得駁到部，謂之科參。六部之官，無敢抗科參而自
行者。又廷議大事、廷推大臣、廷鞫大獄，給事中皆預。」〔註20〕在這樣的
制度設計下，作爲言官的士大夫以敢言爲榮，對權臣、宦官都勇於猛烈攻擊，
風潮所挾，人莫不如此。「明自太祖廣開言路，此風歷久不衰，加以士大夫崇
尚理學，注重氣節，因此敢於不惜性命，與惡勢力奮鬥。但文人見解，有時
不免迂闊，所論的事，不免小題大做。由於武宗以後的政事日益敗壞，士大
夫的這類表現也愈趨激烈，他們一面攻擊宦官權臣，一面又自相攻擊，雖屢
遭挫折，終不反顧。」〔註21〕王堯卿所諫何事已不可知曉，無論如何，作爲
敢於發言的言官，他盡到了職責，被貶斥也成就了名望。

　　陽明與王堯卿似亦關係不錯，正德六年辛未（1511）爲其作序文。前一
年，「陽明升任廬陵知縣，其年冬，聞劉瑾敗，始入覲，授刑部主事。至是改
吏部。」〔註22〕則此時陽明對王堯卿所諫之事應很清楚。陽明《贈王堯卿序》
說：「終南王堯卿爲諫官三月，以病致其事而去，交遊之贈言者以十數，而猶
乞言於予。甚哉，吾黨之多言也！夫言日茂而行益荒，吾欲無言也久矣。自
學術之不明，世之君子以名爲實。凡今之所謂務乎其實，皆其務乎其名者

〔註19〕　轉引自：侯外廬、邱漢生、張豈之，《宋明理學史（下）》〔M〕，北京：人民
　　　　出版社，2005（1987／1997），第 494 頁。該書云引自《明史》王廷相本傳，
　　　　誤。（清）張廷玉等，《明史卷一百九十四‧列傳第八十二》〔M〕，北京：中
　　　　華書局，2011（1974），第 5154～5156 頁。
〔註20〕　錢穆，《國史大綱》〔M〕，北京：商務印書館，2008（1996），第 690 頁。
〔註21〕　傅樂成，《中國通史》〔M〕，北京：中信出版社，2015 年，第 578 頁。
〔註22〕　（清）夏燮，《明通鑒》〔M〕，北京：中華書局，2009 年，第 1494 頁。

也，可無察乎！堯卿之行，人皆以為高矣；才，人皆以為美矣；學，人皆以為博矣。是可以無察乎！自喜於一節者，不足與進於全德之地；求免於鄉人者，不可以語於聖賢之途。氣浮者，其志不確；心粗者，其造不深；外誇者，其中日陋。已矣，吾惡夫言之多也！虎谷有君子，類無言者。堯卿過焉，其以予言質之。」〔註 23〕相比較王廷相的讚歌，這樣的序文顯得有點煞風景。陽明不愧為性理學家，開篇就說吾黨之言何其多也。他說本不欲再贅一詞，不過作為交遊友人，作為同志之士，他並不希望人的沉淪，故寫下了殷殷之語。

陽明此文中兩次提及的「可無察乎」值得吾人深省。陽明之所以如是說與他對當時的社會風氣的洞察密不可分。早在《山東鄉試錄》中，他就對士人風氣（風俗）進行了深刻分析。如果用一個詞來概括歷史上的風俗（士風）的失誤處，則西漢末年為懦弱（懦）、東漢末年為過激（激）；晉代是虛浮（虛）、唐代是奢靡（靡）。陽明所處時代則混雜著這幾種風氣：「若夫今之風俗，謂之懦，則復類於悍也；謂之激，則復類於同也；謂之虛，則復類於瑣也；謂之靡，則復類於鄙也；是皆有可慮之實，而無可狀之名者也。」〔註 24〕陽明所論絕非虛辭，實際上這是社會長久存在的現實，時至今日仍是如此。一個時代士風對於人心的影響極大，人不可能脫離風俗而存在，但人不能為了風俗而存在，如此人生的意義何在？

故而必須要正風俗，使之回歸聖人之學，在他看來：「蓋今風俗之患，在於務流通而薄忠信，貴進取而賤廉潔，重儇狡而輕樸直，議文法而略道義，論形跡而遺心術，尚和同而鄙狷介。若是者，其浸淫習染既非一日，則天下之人固已相忘於其間而不覺，驟而語之，若不足以為患，而天下之患終必自此而起；泛而觀之，若無與於鄉愿，而徐而察之，則其不相類者幾希矣。」〔註 25〕風氣不佳，並非不能改變，性理學從一開始就以拯救人心之陷溺，實現天下秩序的恢復為己任，在他們看來，秩序的重建首先需要對社會習氣加以認真對待，使人回歸聖人之途，孔孟之學就至為關鍵。陽明認為

〔註 23〕 （明）王陽明，《王陽明全集（新編本）卷七》〔M〕，吳光等編校，杭州：浙江古籍出版社，2010 年，第 244 頁。

〔註 24〕 （明）王陽明，《王陽明全集（新編本）卷二十二》〔M〕，吳光等編校，杭州：浙江古籍出版社，2010 年，第 907 頁。

〔註 25〕 （明）王陽明，《王陽明全集（新編本）卷二十二》〔M〕，吳光等編校，杭州：浙江古籍出版社，2010 年，第 907 頁。

如果恢復其誠敬之心，眞心尋求並實際踐行之，則未嘗不能使天下翕然向風：「苟誠心於振作，吾見天下未有不翕然而向風者也。孟子曰：『伯夷，聖之清者也；柳下惠，聖之和者也；故聞伯夷之風者，頑夫廉，懦夫有立志；聞柳下惠之風者，鄙夫敦，薄夫寬。』夫夷、惠之風所以能使人聞於千載之下而興起者，誠焉而已耳。今曰：吾將以忠信廉潔振作天下，而中心有弗然焉。」〔註26〕顯然，在陽明，誠敬爲拯救世風的第一要務，也是人所能立的根本點。

　　所以，陽明沒有與王廷相一樣讚美王堯卿的諫議之名，更沒有稱道他的才德，反而勸其歸於聖人之學，並告之他，去尋找同道中人，以相互砥礪。「唐虞之際，道行於君臣；洙泗之間，道明於師友。」〔註27〕師友間相互砥礪，則或可歸於道。陽明希望王堯卿能在省察克治上做紮實工夫，舉凡行爲處事、文藝才幹、博學多識等即便得人肯定亦不可以之自高自喜。在他人看來，或許博得一時美名已頗爲不易，足令人側目，然而陽明卻主張此乃多言之蔽，極有可能遮蔽了自我本心，若只追求言辭之美，則離聖賢之道遠矣，故陽明云「言日茂而行益荒，吾欲無言也久矣」。王堯卿是否認同陽明的聖人之學，吾人並不清楚。從現有的記載來看，似乎他並非陽明的同道中人，也並未以陽明之說爲箴，他最後的結局不免令人扼腕歎息。陽明門人夏良勝《書王堯卿薄命辭後》云：「堯卿司諫朝官，夕疏有不得，即引去，固知其非愛官人也；林居輯古今節義士，曰天地正氣，又知其必愛死人也。夫不愛官則他無所利告變之心，可諒；己必愛死，則知所擇罪累之死，可慟已。近與其季舜卿同以罪放舟次，示斯作。他日必有大家得之，以續屈騷者，獨以詞之近古而已哉。」〔註28〕由此可知，王堯卿倒是行爲高潔之士。陸深〔註29〕《庸玉集序》云：

〔註26〕（明）王陽明，《王陽明全集（新編本）卷二十二》〔M〕，吳光等編校，杭州：浙江古籍出版社，2010年，第908頁。

〔註27〕（清）孫奇逢，《理學宗傳・義例》〔M〕，萬紅點校，南京：鳳凰出版社，2015年，第17頁。

〔註28〕（明）夏良勝，東洲初稿卷十四・王堯卿薄命辭後〔DB／OL〕，清文淵閣四庫全書補配清文津閣四庫全書本，第1229～1230頁。

〔註29〕陸深（成化十三年至嘉靖二十三年，1477～1544）字子淵，號儼山，諡文裕，南直隸松江府（今上海）人。弘治十八年（1505）進士。劉瑾掌權時被貶，瑾誅復職。曾任國子監祭酒，官至詹事府詹事。著有《儼山集》。《明代名人傳》稱其爲多產的作家、技藝超群的書法家和古董鑒賞家。他的著作題材廣泛，爲瞭解明朝早年歷史及陸深存世時的事件提供了重要資料。（富路特、房兆楹，《明代名人傳》〔M〕，北京：北京時代華文書局，2015年，第1358～

終南山人王堯卿，與予相得之知甚深，頗恨相從之日猶淺也。歲在辛未壬申（正德六年至七年，1511～1512）之間，遇於京，當是時予爲史官，堯卿爲諫官也。堯卿盩厔人，每謂予之盩厔多異人，於是相約爲物外之遊。又約堯卿當過江南，予當訪堯卿於盩厔。皆漫然語也。不久堯卿棄官去，已而堯卿果渡江，予時在成均。昨歲過盩厔，而堯卿之墓木拱矣。追念今昔，爲之出涕。堯卿才甚高，當時頗疑堯卿少自遜避，蓋有待也。不意堯卿坐交遊之累，下詔獄，就逮至南都，甫脫以死。死時事，余聞而悲之，亦天下之人所同悲也。堯卿之弟舜卿，又與予有察案之誼。今寓茂州，以此編見寄，將刻梓以傳。嗚呼，使不識堯卿者，讀此亦將一字一涕，況如予與堯卿者乎？復拔涕爲之序，且手書之，以報舜卿。〔註30〕

從陸深序文中可知，王堯卿是陝西盩厔（今咸陽周至縣）人。其《庸玉集》今不可見，或已散佚。其人其文均消逝於歷史洪流之中。從夏勝良和陸深的哀悼之詞中，可知王堯卿才高八斗，卻因交遊之人獲罪下詔獄，雖得脫，卻未幾即辭世。陽明告誡，歷歷在目，省察克治，非徒空言耳。然當世之人，且不及信，況後世乎。從王廷相、陽明、陸深等人對王堯卿的相關文字來看，其人在文學造詣上應得到了時人的公認，其友朋亦多爲後世所知者。他敢於言事，也得到了士林的一致贊同，然而其人結局卻難免不令人唏噓。正如陽明所說，若被世之風俗裹挾，失去了對聖人之學的誠敬追求，人生的意義或許要打折扣。在此，敬是省察克治。所謂省察克治實際上是要以良知來對抗慣習，要以明覺對抗昏闇，要以行動對抗萎靡，要以一種道統在我的自覺意識即敬的自覺來實踐之，使人弘道，而非相反。陽明何嘗不對此空虛抱持清醒，要主動省察方能心有所安放之地〔註31〕。陽明提點出良知二字，以爲此即聖學之眞精神，後學卻往往以良知爲口號，以致良知爲論說，甚或淪爲空虛，對此陽明亦只能歎息而已。

1362 頁）

〔註30〕 （明）陸深，《儼山集卷三十八·庸玉集序》〔M〕，《四庫明人文集叢刊》〔M〕，上海古籍出版社，1993 年，第 1268～236 頁。

〔註31〕 問：「據人心所知，多有誤欲作理，認賊作子處。何處乃見良知？」先生曰：「爾以爲何如？」曰：「心所安處，才是良知。」曰：「固是，但要省察，恐有非所安而安者。」（明）王陽明，《王陽明全集（新編本）卷三十九》〔M〕，吳光等編校，杭州：浙江古籍出版社，2010 年，第 1548 頁。

第二節　洞察省思

　　儒者之學之所以要希聖希賢就在於聖人賢哲們為吾人生命之垂範。湯斌 〔註32〕說：「惟聖人能體察天理之本然，而朝乾夕惕、自強不息，極之盡性至命，而操持不越日用飲食之間。顯之事親從兄，而精微遂至窮神知化。」 〔註33〕他所謂的體察天理，實際上就是洞察力。按照性理學的說法，人人均內在的具有此洞察之力，但為何人世間存在諸多醜惡世態？為何秩序並未井然？性理學家對此作出了各種的解釋，其中陽明學的解釋是人的良知被遮蔽了。那麼是什麼遮蔽了良知之心呢？陽明以為乃是言茂行荒之人欲。陽明學不主張以知識為學之本意，以為知識性的學問往往淪為章句學或者博物學，與人生活的意義關涉不大，故聖人之學不是傚仿而是立志，立志即是敬。若是傚仿則有可能畫虎不成反類貓，只有立下根本，方可有根基有根據。

　　聖人之途須由「敬」而入。所謂的省察克治決不能放在簡單地仿傚和讀得經典書籍的意義上來講明，而要放在立志成人的意義上來說。他在回應學生子仁 〔註34〕提出如何理解《論語‧學而》「學而時習之不亦說乎」一句時說，學的根本目的在於存天理去人欲，如果真正的以此為學習的目標，則自然要以先賢先覺為典範，從經典中探尋，用心用腦，省察克治。學絕非要在身心之外找到一個傚仿的對象就可了事，若僅如此，還是受私欲遮蔽而無從

〔註32〕湯斌（天啟七年至康熙二十六年，1627～1687）字孔伯，號荊峴，晚號潛庵，諡文正，河南睢州人。順治九年（1652）進士，官至工部尚書。被譽為「理學名臣」，道光三年（1821）從祀孔子廟。

〔註33〕湯斌，《理學宗傳序》〔A〕，（清）孫奇逢，《理學宗傳》〔M〕，萬紅點校，南京：鳳凰出版社，2015 年，第 11 頁。

〔註34〕陳榮捷注：佐藤一齋謂「子仁，樂氏，名惠，浙江人。」孫鏘則謂「子仁，姓馮，名恩，號尚江，華亭人」，見《儒林宗派》，並謂不知一齋何據。接樂惠姓名見於《陽明年譜》。正德九年（1514）五月，陽明至南京，樂惠、陸澄等二十餘人司聚師門，但未言樂惠之字為子仁。《明儒學案》字子仁者又有林春，東城泰州（江西）人（《學案》二二，師陽明弟子王心齋（王艮，1483～1540），非事陽明。東敬治謂：不知此子仁指樂惠抑指林春。葉鈞謂：子仁樂惠字，浙江西安人，郡守請住施行鄉約，四方學者雲集。不知葉氏何所本。《學案》無樂惠傳。余重耀《陽明弟子傳纂》目錄頁十八有樂惠，謂見於《陽明年譜》，無字里，《傳纂》亦無傳綜上所論，則孫鏘是也。《明儒學案》卷二十五《南中王門學案序》云：「馮恩，字子仁，號南江（孫作尚江，蓋印誤），華亭（今江蘇松江）人，嘉靖丙辰（1556）進士。陽明征思田（1527～1528），南江以行人使其軍，因束脩為弟子。」（陳榮捷，《王陽明傳習錄詳注集評》〔M〕，上海：華東師範大學出版社，2009 年，第 79 頁）

說起。省察克治是我切實存天理去人欲之事，是人心之自覺而非一味外在找尋。尋找榜樣、傚仿先達是學的一個環節而非全部。人心原本就以好爲悅、以不好爲不悅，所謂說是義理充盈融洽、私欲消散的好與善，學之說正是要人回歸於此。宋儒謝良佐詮釋《論語》首章時說「時習者，無時而不習。坐如尸，坐時習也；立如齊，立時習也」，被朱子引用，列入《論語集注》首章〔註35〕。在《集注》中，朱子主要強調了習爲反覆之數，而說（悅）則是內心之喜，在重複不斷中獲得喜悅之感，從而進步不已。陽明的詮釋似對此一章句式詮釋有所不同，故而他說「時習者，坐如尸，非專習坐也，坐時習此心也；立如齊，非專習立也，立時習此心也。『說』是『理義之說我心』之『說』，人心本自說理義，如目本說色，耳本說聲，惟爲人欲所蔽所累，始有不說。今人欲日去，則理義日洽浹，安得不說？」〔註36〕按照章句式的理解，是看不出性理學的味道的，故而陽明有所申說。

陽明學的這一詮釋與朱子學並無實質上的差異。如但衡今說：「考亭（朱子）《集注》『學之爲言效也』云云，與陽明云『學去人欲存天理』，並無二致。」〔註37〕陽明學立論基點在於心上，故云「存吾心」「習此心」「說我心」，心之不存者不可以爲學，習不用心者不可以爲學。在此意義上，陽明學的心的範疇擴展到對人的生活具有根源性意義上，如果對此沒有一種清醒的認識則可能出現理解的偏差。故而，初學工夫只能是省察克治。所謂的省察克治即是將爲外物和欲望所糾擾遮蔽的本心重新加以恢復和挺立，此種工夫不能斷續，應無事可間、無時不斷。而世俗所謂的學往往僅僅停留在知識的獲取上，這與己何益？與成聖何干？在此，朱子之心與陽明之心無二致。

朱子學者認爲，朱子「謂學者若先察識端倪之發，然後加存養之功，則從初不曾存養，使欲隨事察識，恐將浩浩茫茫無下手處，而毫釐之差。便有敬以主乎其中，則事至物來，善端昭著，而所以察之者，益精明爾。未發之

〔註35〕朱子《論語集注》注云：「學之爲言效也。人性皆善，而覺有先後。後覺者，必效先覺之所爲，乃可以明善而復其初也。習，數飛也。學之不已，如鳥數飛也。說，喜意也。既學而又時習之，則所學者熟，而中心喜悅，其進自不能已矣。」（宋）朱熹，《四書章句集注·論語集注卷一》〔M〕，北京：中華書局，2014（2011），第49頁。

〔註36〕（明）王陽明，《王陽明全集（新編本）》〔M〕，吳光等編校，杭州：浙江古籍出版社，2010年，第35頁。

〔註37〕陳榮捷，《王陽明傳習錄詳注集評》〔M〕，上海：華東師範大學出版社，2009年，第79頁。

前，不可尋見，已發之後，不容安排，但平日莊敬涵養之功至，而無人欲之私以亂之，則其未發也，鏡明水止，不須窮索。但當此之時，敬以持之，使此氣象長存而不失，則自此而發者，其必中節矣。察識亦以涵養爲本，而學者當先涵養而後察識也。」〔註 38〕朱子說：「日用工夫只在當人著實向前，自家取了，本不用與人商量，亦非他人言說所能干預。縱慾警覺同志，只合舉起話頭，令其思量，其聞之者亦只合猛醒提撕，向自己分上著力，不當更著言語論量應對。如人有病，只合急急求藥，既得藥只合急急服餌，不當更著言語形容此病，更著言語讚歎此藥也。今將實踐履事卻作閒言語說了，方其說時，意在說而不在於行，此恐不惟無益，而又反有害也。以愚觀之，似不若將聖賢之書大家講究一件，有疑即問，有見即答，無疑無見者，不必拘以課程，如此卻實有工夫，不枉了閒言語。」〔註 39〕講學是爲做人，做人非爲講學。人並非一個生物體，學做人是要樹立其內在的自覺的理性品德，即內在自然的人化中的自由意志，這種自由意志當在人心之自覺。〔註 40〕人心並非虛空，而須切己而行，切己的眞實用功首先即省察克治，故陶滯霍說陽明學的宗旨就是此眞實切己不息用功的祛除私欲而使天理日漸精微。〔註 41〕

　　天理觀是性理學的重要理念。天理的確立與其說是世俗化的過程，毋寧說是將禮儀事件或日常生活實踐再度內在神聖化的過程，故而理學在一定意義上即幫助人們重新獲得誠與敬的道德學說。〔註 42〕天理並非一種外在的律法或者強制的道德，而是人內心的行爲準繩，它爲人生之價值、生命之意義以及個人得失榮辱等等提供了人賴以立身安命的依據，它並不能給出某一問題的具體答案，實際上也沒有任何人或者理論能夠給出一個包治百病的藥方。陽明說：「人若眞實切己用功不已，則於此心天理之精微日見一日，私欲之細微亦日見一日。若不用克己工夫，終日只是說話而已，天理終不自現，私欲亦終不自現。如人走路一般，走得一段，方認得一段；走到歧路處，有

〔註 38〕李相顯，《朱子哲學》〔M〕，北平：世界科學社，1947 年，第 649 頁。

〔註 39〕（宋）朱熹，《朱子全書（第 21 冊）·晦庵先生朱文公文集卷三十五·與劉子澄》〔M〕，朱傑人等主編，上海：上海古籍出版社：合肥：安徽教育出版社，2010 年，第 1555 頁。

〔註 40〕李澤厚，《哲學綱要·倫理學綱要》〔M〕，北京：中華書局，2015 年，第 5 頁。

〔註 41〕陳榮捷，《王陽明傳習錄詳注集評》〔M〕，上海：華東師範大學出版社，2009年，第 57 頁。

〔註 42〕汪暉，《現代中國思想的興起（2 版）》〔M〕，北京：生活·讀書·新知三聯書店，2008 年，第 113 頁。

疑便問，問了又走，方漸能到得欲到之處。今人於已知之天理不肯存，已知之人欲不肯去，且只管愁不能盡知。只管閒講，何益之有？且待克得自己無私可克，方愁不能盡知，亦未遲在。」〔註43〕只有通過省察克治，人方能立得起來，才能夠從容應對各種挑戰。在此意義上，省察克治就是誠與敬的具體工夫，也即敬道的具體路徑。然而，在現實生活中，此心之天理面臨各種欲望誘惑，何以自處？何以超越？在陽明學中，如何應對此一課題？

　　明代中晚期士人對於宋代以來的道學傳統多有反思，鄧元錫對此的觀察是，「學自宋南渡以來，窮理、居敬為二門，而窮理者頗役心於載籍，專文析辭為致精；其居敬者又以心操心，以念克念，而以用心失之者恒眾也。」〔註44〕學者就需以師為範。陽明青年時代曾問道婁諒，錢德洪《年譜》記載，弘治二年己酉（1489）十二月，「是年先生始慕聖學。先生以諸夫人歸，舟至廣信謁婁一齋諒，語宋儒格物之學，謂聖人必可學而至，遂深契之。」〔註45〕黃宗羲說陽明「從先生問學，相深契也，則姚江之學，先生為發端也。」〔註46〕婁諒曾從學於大儒吳與弼，吳與弼放棄科舉之業後，「慨然以斯道自任，絕意仕進，充養益邃。其學以主忠信為本，以窮理盡性至命為期，謂聖學成始成終在於敬，因以敬名齋。動靜語默、出入起居，常以敬為所。處家庭如廟堂，對妻子如嚴賓。端莊凝重，履繩蹈矩，雖造次顛沛弗違也。」〔註47〕據此，陽明應對吳與弼的思想有所知曉，故陽明感慨「吾黨之多言」，或許說的是除了像吳與弼、婁諒等真正的儒者之外，諸多學者往往以言求聲名，失去了敬道，更談不上心銓。陽明給王堯卿所作序文中對此種士風予以批評，即後世學者在學術上考究日趨精微細緻，以至於流於名義的辨析，甚至將話語視作實際的行動，越來越遠離聖賢至道，僅成一種口耳之學，這類士人和學問即便得到士林一致認可，在以道自任的學者看來是無法成為真正的儒者（純儒）的。

〔註43〕（明）王陽明，《王陽明全集（新編本）》〔M〕，吳光等編校，杭州：浙江古籍出版社，2010年，第22頁。

〔註44〕鄧元錫，《皇明書卷三十五·理學》〔M〕，//續修四庫全書編委會，《續修四庫全書第316冊》〔M〕，上海：上海古籍出版社，2002年，第295頁。

〔註45〕（明）王陽明，《王陽明全集（新編本）卷三十二》〔M〕，吳光等編校，杭州：浙江古籍出版社，2010年，第1228頁。

〔註46〕（清）黃宗羲，《明儒學案（修訂本）》〔M〕，沈芝盈點校，北京：中華書局，2013（2008），第44頁。

〔註47〕鄧元錫，《皇明書卷三十五·理學》〔M〕，//續修四庫全書編委會，《續修四庫全書第316冊》〔M〕，上海：上海古籍出版社，2002年，第292頁。

第三節　言有教，動有警

　　陽明高倡良知並非為立門戶而為，倘若只求現實中的利害關係，可能一門學問將難以成為真正的學問。它之所以能激盪數百年，吸引無數知識人，最關鍵的地方還在於陽明學的對於世道人心的深刻省察。這是一種對學術人生的親切體悟和哲思，同時也是一種真切實在的行動，唯有如此陽明學方才成其為陽明學。陽明以為「學問思辨行，皆所以為學，未有學而不行者也。」「天下豈有不行而學者邪？」〔註48〕人之為學其目的不在於學，而在於信所學行所學，否在僅僅停留在口耳之學或者停留在外在於人的身心而追尋與人相關的物之理則，或者沉迷於自身的幻想而失去了對於世界的感知，最終的結果要麼是追逐物欲，要麼遺棄物理，都是將人與世界分裂，將在此生活世界中分離、孤立、逃離出去，顯然這不是儒者所追求的學問之道，也不是聖賢立教的宗旨所在。在陽明學，重要的是人以聖賢為自我期許，能夠從本心日用事件的觸發開始，「體究踐履、實地用功」「次第積累」〔註49〕從而自我振邁、師弟契悟、友朋砥礪，本於生活倫常，立於身家修齊，由內而外，由此及彼，即敬即義，即知即行。

　　所謂省察克治，「慎其獨，自其慊」，實際上是貫徹在日常生活中的一種「敬」道。它不是為了外在的超越的天理，不在事事物物之外追尋，毋需口口宣稱，只要著實地做。若本己內心無法保持一種平和狀態，其苦悶可想而知。南大吉說：「古之君子，不以毀譽得喪動其心，是以學日進而德日修。是故，國有道不變塞焉，國無道至死不變。其所得者深，而其所見者真切而有味也，如是而其心始快。此之謂自謙，此之謂誠其意。」〔註50〕蒙文通說：「《大學》誠意之功曰慎獨、自慊。慎獨者，思孟之要，皆明而畢具於斯，此《大學》之能得思孟之統者乎。」〔註51〕熊十力說：「涵養察識之辨，雖自朱子與張欽夫提起，而其源甚遠，《孟子·盡心篇》：『堯舜性之也，湯武身之

〔註48〕　（明）王陽明，《王陽明全集（新編本）卷二》〔M〕，吳光等編校，杭州：浙江古籍出版社，2010年，第50頁。

〔註49〕　（明）王陽明，《王陽明全集（新編本）卷二》〔M〕，吳光等編校，杭州：浙江古籍出版社，2010年，第45頁。

〔註50〕　（明）南大吉，《南大吉集·瑞泉南伯子集第十九卷》〔M〕，李似珍點校整理，西安：西北大學出版社，2015年，第80頁。

〔註51〕　蒙文通，《儒學五論》〔M〕，劉夢溪，《中國現代學術經典·廖平蒙文通卷》〔M〕，石家莊：河北教育出版社，1996年，第530頁。

也。』性之是涵養工夫深厚，身之是察識工夫深厚。《大學》『知止定靜安慮』一節，慮即察識，知止至安，皆涵養也。然《大學》之慮，不惟內省克己，而格物窮理之事皆在其中。後儒言察識者，似僅為反身知過，便將身心與萬物萬化萬理分開，其所察識者幾何？」〔註52〕均是對此省察克治的具體闡述，發人深省。從教育的路徑來看，如何才能使受教者本身能以自我的主動性來實現人的價值？如何才能使孔孟之道立足於心而察識而涵養？中國傳統社會以家（家庭和家族）為中心，家族子弟的教育向為儒者所重，故家教乃是儒者教化之端緒。

在《寄諸弟》一文中，陽明說：「彼（堯舜）其自以為人心之惟危也，則其心亦與人同耳。危即過也，惟其兢兢業業，嘗加精一之功，是以能允執厥中而免於過。古之聖賢時時自見己過而改之，是以能無過，非其心果與人異也。戒慎不睹、恐懼不聞者，時時自見己過之功。吾近來實見此學有用力處，但為平日習染深痼，克治欠勇，故切切預為弟輩言之。毋使亦如吾之習染即深，而後克治之難也。」〔註53〕陽明並未著有家訓，但其文集中，對於家族子弟的教養關懷文字頗夥。陽明認為，家教是成就一個人的關鍵，特別是預先加以導引，能使人防微杜漸，避免俗見洗染。故教化者應旨在「順導其志意，調理其性情，潛消其鄙吝，默化其粗頑，日使之漸於禮義而不苦其難，入於中和而不知其故。」〔註54〕對個人成長來說，改過遷善乃是儒者修身的重要節目，而其路徑即在於省察克治。人處於社群之中，難免不受世俗之習染，聖人之學乃在於使人有用力處知用力處。聖人之心與常人無異，但其之所以為聖人，究其緣由，乃因聖人能時時省察克治。所謂用力處即在於能以一種合於理的方式行事，但常人往往不能如此，或因其氣質之偏與世俗薰染，故要變化氣質和超凡脫俗，即通過自我的省察克治而日臻於明德。

在此，言說不能替代行動，言說本身就可能存在著不同的選擇，可能存在各種詞匯之名義，我們需要做的是在名義之間確認其真實之意涵並以之為行動準則，否則不僅名實不相稱且淪於流俗而自得。從正德十年乙亥（1515）

〔註52〕 熊十力先生，《新唯識論（壬辰刪定本）》〔M〕，北京：中國人民大學出版社，2006年，第165頁。

〔註53〕 （明）王陽明，《王陽明全集（新編本）卷四》〔M〕，吳光等編校，杭州：浙江古籍出版社，2010年，第185頁。

〔註54〕 （明）王陽明，《王陽明全集（新編本）卷二》〔M〕，吳光等編校，杭州：浙江古籍出版社，2010年，第96頁。

陽明爲方時舉所作之《矯亭說》〔註55〕可見一斑：「君子之行，順乎理而已」，
人因爲有氣質的偏私，故須克己。不過，實未至而名先行是世人通患，就如
不用克字而用矯字一樣。當然能以矯而行克之道，未嘗不是善學者。省察克
治之克字意味著克去私欲，君子之學的意義就在於人能克去氣質之偏，當然，
話語本身的選擇難免有時代的因素，即便變換話語，也不能以之爲據，關鍵
還在於行事之實。省察即是戒慎不睹恐懼不聞，時時警省，方能有所成就，
即便是如堯舜之聖亦不例外；克治即是惟精惟一，事事究心，方能眞有用力
之處。此一論說，在《傳習錄》中反覆強調之：「學克治也只憑他，只是學的
分數多，所以謂之學知利行。」〔註56〕陽明學認爲聖人之心與常人並無異處，
所謂心即理是人不分賢不肖均共有此心此理，但常人自孩童時良知之心即被
不斷遮蔽，聖人且兢兢業業、精察不已，故而生生不息，自然優入聖域。常
人雖有成爲聖人的可能性，若不加以省察克治，實難進入聖賢境域。對於手
握權力者更是如此，陽明說：

> 凡舉大事，必須其情而使之，因其勢而導之，乘其機而動之，
> 及其時而興之；是以爲之但見其易，而成之不見其難，此天下之民
> 所以陰受其庇，而莫知其功之所自也。〔註57〕

然世人皆好大喜功，多方粉飾以自矜其能，甚至不惜以損害他人以自甘自肥，
何嘗有一絲良知？教育者正要與之以對症藥。

〔註55〕君子之行，順乎理而已，無所事乎矯。然有氣質之偏焉。偏於柔者矯之以剛，
　　　　然或失則傲；偏於慈者矯之以毅，然或失則刻；偏於奢者矯之以儉，然或失
　　　　則陋。凡矯而無節則過，過則復爲偏。故君子之論學也，不曰「矯」而曰「克」。
　　　　克以勝其私，私勝而理復，無過不及矣。矯猶未免於意必也，意必亦私也。
　　　　故克己則矯不必言，矯者未必能盡於克己之道也。雖然，矯而當其可，亦克
　　　　己之道矣。行其克己之實，而矯以名焉，何傷乎！古之君子也，其取名也廉；
　　　　後之君子，實未至而名先之，故不曰「克」而曰「矯」，亦矯世之意也。（明）
　　　　王陽明，《王陽明全集（新編本）卷七》〔M〕，吳光等編校，杭州：浙江古籍
　　　　出版社，2010年，第280頁。
〔註56〕先生曰：「聖人亦是『學知』，眾人亦是『生知』。」問曰：「何如？」曰：「這
　　　　良知人人皆有，聖人只是保全，無些障蔽，兢兢業業，疊疊翼翼，自然不息，
　　　　便也是學，只是『生』的分數多，所以謂之『生知安行』；眾人自孩提之童，
　　　　莫不完具此知，只是障蔽多，然本體之知自難泯息，雖問學克治也只憑他，只
　　　　是『學』的分數多，所以謂之學知利行。」（明）王陽明，《王陽明全集（新編
　　　　本）卷三》〔M〕，吳光等編校，杭州：浙江古籍出版社，2010年，第105頁。
〔註57〕（明）王陽明，《王陽明全集（新編本）卷十八》〔M〕，吳光等編校，杭州：
　　　　浙江古籍出版社，2010年，第689頁。

在陽明講學過程中，其良知之學不僅僅是一種直指本心的新說，也不是自立門戶的講說，而是切實到士人身心的省察之說，故嘉靖五年（1526）丙戌，陽明致書鄒守益只說務必袪除爭強好勝之私心，只以講求聖賢學問爲心，對於不同學者氣質稟性的差異：「循循善誘之，自當各有所至。」〔註58〕所謂病痛自知，針砭人心之弊，亦求去病痛而已。就教學而言，不在於與人爭一短長，而在於自身之受用。陽明所說當時講學黨同伐異、假衛道之名行求勝之實，乃是針對當時學問空疏之通病洞察和責難，希望以良知學說來加以因時致治。錢穆先生說，王安石、朱熹「皆欲提倡一種新學風，而皆爲科舉功利所掩，其提倡之苦心深意皆失，而流弊無窮。陽明繼起，力倡良知而斥功利。然良知之說，仍爲空疏不學者所逃。荊公、朱子、陽明皆有屈虛就實之意，而皆不勝世變之滔滔，則以學校之教不立故也。」〔註59〕在正德末年，陽明巡撫南贛時已加以整理融匯其講說。陽明後學鄧元錫〔註60〕《皇明書卷四十二·心學紀》對陽明此論有較爲細緻地分殊，其云：「比開府贛，日兵革倥傯，而孜孜講學不暫廢。闢濂溪書院居學者，而行臺左開射圃，日延見其中。政稍暇，即詣與論質。當是時，令學者默坐澄心，遊衍適性、詩書禮樂，益神智而移氣體者咸備。言有教，動有警，息息於人獨知幾微處指剖，以爲是王霸義利、誠僞善惡關也。」〔註61〕言有教、動有警，即是由其生命體驗而來的學問，此種學問絕非章句之學。

〔註58〕今良知之說，已將學問頭腦說得十分下落，只是各去勝心，務在共明此學，隨人分限，以此循循善誘之，自當各有所至。若只要自立門戶，外假衛道之名，而內行求勝之實，不顧正學之因此而益荒，人心之因此而愈惑，黨同伐異，覆短爭長，而惟以成其自私自利之謀，仁者之心有所不忍也！甘泉之意，未必由此，因事感觸，輒漫及之。蓋今時講學者，大抵多犯此症，在鄙人亦或有所未免，然不敢不痛自克治也。如何如何？（明）王陽明，《王陽明全集（新編本）卷六》〔M〕，吳光等編校，杭州：浙江古籍出版社，2010年，第220頁。

〔註59〕錢穆，《國史大綱（修訂本）》〔M〕，北京：商務印書館，2008（1996），第698頁。

〔註60〕鄧元錫（嘉靖六年至萬曆二十一年，1527～1593）字汝極，號潛谷：江西新城人。嘉靖三十四年（1555）江西鄉試第三名，其後三次赴會會試不售。後居家著述、講學，著有《函史》《皇明書》《潛學編》等，萬曆二十年（1592）朝廷以翰林待詔徵之，元錫於赴京途中病故。參見：劉勇，〈晚明的薦賢、徵聘與士人的出處考慮——以鄧元錫爲例〉〔J〕，《中華文史論叢》，2012年第03期，第61～89＋396頁。

〔註61〕（明）鄧元錫，《皇明書卷四十二·心學紀》〔M〕，//續修四庫全書編委會，《續修四庫全書第316冊》〔M〕，上海：上海古籍出版社，2002年，第425頁。

第四節 正其心，踐其實

陽明論學之闡發己意非故意立說，而在於治病救人，其時之病乃在於學者不務省察而樂悟解，不務躬行而樂口耳。周汝登云：「夫陽明子之論學，旋轉乾坤，與天下相更始，其勢誠難。而今闡發所已明，力若易然者。然當陽明時，人有習聞而無己見，淘洗耳目，猶稱難中之易。近世儒者自起爐灶，成不可破之窠臼，正像山所謂救人於根本之時，反覺似易而難。」〔註62〕故陽明於朱子之書中，取其得於心者而表彰之，試圖以此啟發後學。如前文分析，《朱子晚年定論》乃陽明重要的著述之一，在這部著作中，陽明學與朱子學之穿越時空的溝通融匯，實際上朱子的話語就是陽明的話語，陽明用其敬道之心重建了以敬爲中心的朱子學，亦即是陽明學。在陽明所引述的朱子信札 34 個段落中，其中三條涉及到陽明學的關鍵概念——省察克治：

> 大抵前日之病，皆是氣質躁妄之偏，不曾涵養克治，任意直前之弊耳。〔註63〕

> 學問根本在日用間，持敬集義工夫，直是要得念念省察。〔註64〕

> 更當於日用之間爲仁〔註65〕之本者，深加省察，而去其有害於此者爲佳。〔註66〕

第 13 條直陳涵養克治乃是針對氣質之偏的良藥；第 20 條則強調省察克治乃是日用的根本工夫；第 21 條更進一步說明省察克治乃是爲仁的根本。總之，省察克治不僅僅是一種簡單地心理反省或者內心的自覺，它實際上是孔孟之學（聖賢之學）的最根本性的要求。選擇這幾條實有其獨特人生體悟，更確切地說乃是陽明以誠敬之心感通朱子者。陽明學的成立，與世俗的朱子學相牴牾是不爭的事實，但通過朱子之書的閱讀，體悟朱子之心促成了陽明學的成立也是毋庸置疑的。以上三個段落，均是陽明從朱子書信中精心挑選

〔註62〕（明）周汝登，《周海門先生文錄卷五》〔M〕，《周汝登集（上冊）》〔M〕，張夢新等點校，杭州：浙江古籍出版社，2015 年，第 133 頁。

〔註63〕（明）王陽明，《王陽明全集（新編本）卷三》〔M〕，吳光等編校，杭州：浙江古籍出版社，2010 年，第 145 頁。

〔註64〕（明）王陽明，《王陽明全集（新編本）卷三》〔M〕，吳光等編校，杭州：浙江古籍出版社，2010 年，第 148 頁。

〔註65〕爲仁：隆慶本（頁 671）作爲仁，中華本（頁 167）、浙江本（頁 148）、上古本（頁 154）作爲人。

〔註66〕（明）王陽明，《王陽明全集（新編本）卷三》〔M〕，吳光等編校，杭州：浙江古籍出版社，2010 年，第 148 頁。

出來的，其中第 13 條、20 條提出的悔悟之說，未嘗不是陽明的夫子自道，經歷了諸多生活磨難之後，他已經不再一味追求讀書的量，書籍如海，泛舟其中，究竟是取海中之魚抑或覽海上之景？若是後者，則爲泛觀博覽，或許能成一博學之士，何時進入通達之境則未可知；若是前者，則以助益吾人者爲上，盡己所能，不憚無悔矣。然則，學問之道即是成德之途徑，非以考據爲第一要務，究其實非以持敬集義爲中心不可，否則不可避免地成爲人云亦云之輩，或者滿足於與朱子之說或者湮沒與朱子之書，何談與朱子之心的彼此感通，故而此心之省察須念茲在茲，不可錯失。朱子之書俱在，如若查考，或許有與之完全不同的發現。〔註67〕比如朱子《大學章句》詮釋「止於至善」章「詩云：『瞻彼淇澳，菉竹猗猗。有斐君子，如切如磋，如琢如磨。瑟兮僩兮，赫兮喧兮。有斐君子，終不可諠兮！』如切如磋者，道學也；如琢如磨者，自修也」云：

> 道，言也；學，謂講習討論之事；自修者，省察克治之功。……
> 引《詩》而釋之，以明明明德者之止於至善。道學自修，言其所以得之之由。〔註68〕

陽明則根據《古本大學》認爲，此處所釋爲「誠意」而非如朱子所云釋「止於至善」者，所以這裡的詩云乃明「誠意工夫實下手處惟格物。引《詩》言格物之事。此下言格致。惟以誠意爲主而用格物之工，故不須添一敬字。」〔註69〕朱子章句所云誠意與陽明所述不同，朱子以爲人「有他人所不及知而己所獨知者」，〔註70〕故須愼獨，即在朱子章句看來經由愼獨即可達致誠意，所謂省察克治乃是止於至善之功，雖與愼獨均指向修身，但卻層次分明。而省察克治又並非能自我達成，須以誠敬存於中，否則不能止於至善，《四書大全》引朱子語云：「切而不磋，未到至善處；琢而不磨，亦未到至善處。瑟兮僩兮，則誠敬存於中矣。未至於赫兮喧兮，威儀輝尤著見於外，亦未爲至善。至於民之不能忘，若非十分至善，何以使民

〔註67〕余英時《朱熹的歷史世界》在當代研究朱熹學中最爲名著。（余英時，《朱熹的歷史世界》〔M〕，北京：生活・讀書・新知三聯書店，2011 年）

〔註68〕（宋）朱熹，《四書章句集注・大學章句》〔M〕，北京：中華書局，2014（2011），第 7 頁。

〔註69〕瞿鳳奎、向輝，《陽明文獻彙刊第 50 冊・大學古本旁釋，成都：四川大學出版社，2015 年，第 5 頁。

〔註70〕（宋）朱熹，《四書章句集注・大學章句》〔M〕，北京：中華書局，2014（2011），第 9 頁。

久而不能忘？」〔註71〕《四書大全》中本節又有《通考》引吳氏季子曰：

> 淇澳者，衛淇水之濱也。菉竹者，淇澳所產之物也。竹之爲物，
> 在在有之，而淇國之竹名天下，則以土地所生，風氣所宜，特異於
> 他處也。猗猗者，豐美之貌，詩人假此以形容衛武公之德，彰著而
> 不可揜者如此。要其彰著而不可揜，則未嘗無所本也。譬之骨角，
> 必既切而復磋之，極其滑澤然後已；譬之玉石，必既琢而復磨之，
> 極其精細然後已。蓋日積月累之功，非一朝一夕所能辦也。迨夫嚴
> 密之貌瑟然，武毅之貌僴然，而誠敬存於中，宣著之象赫然，盛大
> 之象喧然，而光輝見於外，則其出處語默之間、動容周旋之際，自
> 覺斐然成章、可觀可度，使當世之人，近之則不能捨，遠之則不能
> 忘，斯可見其德之盛、善之至，而有以爲新民之地矣。吾觀武公年
> 九十餘，猶曰『敕其臣以箴敬己之過失』，則其切磋琢磨者可知矣。
> 如《抑》之一詩，既曰『敬謹威儀，維民之則』，又曰『溫溫恭人，
> 維德之基』，則瑟僴赫喧者可想矣。迨其沒也，國人思之，而極其遵，
> 稱曰『睿聖武公』。所謂有斐君子終不可諠兮，信乎不我誣也。上段
> 既引《玄鳥》《緜蠻》《文王》三詩，以明學者之不可不知止，此段
> 乃援《淇澳》《烈文》二詩以明得其所止之效也。《淇澳》所言以明
> 德之極而原新民之始，《烈文》所言者，以新民之極，而要明德之終。
> 《大學》迭引之，以互相發明耳。〔註72〕

吳氏之論不可謂不詳，要之無非「日積月累」「誠敬存於中」。這種章句之學
對文本詮釋來說極爲重要，但對於大學之旨似牽連過多而將宏旨湮沒在無盡
語言之中。故這種分別在陽明看來意義不大，因人以誠意爲主修身，修身用
格物之工，誠意即是省察克治，若以慎獨爲省察克治則有尋流逐末之弊。故
陽明特以朱子書札佐之，因爲章句學乃朱子之書，非朱子之心（此朱子之心
乃是與陽明學感通之心，未能感通者則爲朱子之書無疑）。

　　陽明《朱子晚年定論》第 21 條進一步重複了前一條的說法，主張「踐其
實」「去其害」，這裡的其實際上是指向自我反思的讀書生涯。第 13 條與 20
條一致，陽明借朱子之口表明了自己反省（細思）的結論，何以需要這種細

〔註71〕 （明）胡廣、楊榮等，《四書大全校注》〔M〕，周群等校注，武漢：武漢大學
　　　　出版社，2009 年，第 44～45 頁。

〔註72〕 （明）胡廣、楊榮等，《四書大全校注》〔M〕，周群等校注，武漢：武漢大學
　　　　出版社，2009 年，第 45 頁。

思？難道在讀書講習的生涯中，沒有這種反思嗎？陽明告訴我們，他忙於講學，朱子忙於著述，大概都難免流於追逐效果性的完善，如果人僅僅把這樣的生活作爲人生的意義，那麼也未免太過於低俗。在朱子看來，這是氣質躁妄的結果，也是離開日工工夫，而執著於誦說、講論和著述的必然結局。因此，陽明贊同的是朱子痛加悔悟，主張的是省察克治。所謂省察克治，實際上是在日常生活（日用）上的自覺選擇，用陽明學的概念來說就是讓良知自我呈現，用朱子學的概念來說就是涵養本源，在此意義上，朱子學與陽明學達成一致，是陽明敬承朱子之心的關鍵處。

陽明這一苦心，似乎仍存在著爭議，其後學也不得不一再重申其主張。如嘉靖丁巳陽明後學在婺源集會，有人提出要討論朱王異同，王畿認爲以異同論實在是不學無術的做法。儒者之道，範圍生活，何其之廣，朱子陽明均爲儒門學者，均在論如何入道的問題，他說：「夫道，天下之公道；學，天下之公學，公言之而已。今日之論不能免於異同者，乃其入門下手之稍殊，至於此志之必爲聖人，則固未嘗有異也。蓋非同異不足以盡其變，非析異以歸於同則無以會其全。道固如是，學固如是也。使千聖同堂而坐，其言論風旨亦不能以盡合。譬之五味相濟，各適其宜而止。若以水濟水，孰從而和之哉？」〔註73〕如果陽明學與朱子學存在不可避免的差異性的話，王畿認爲最大的區別在於對《大學》和《中庸》的詮釋上，所謂「省察克治」的理據來源於《中庸》。

在《中庸章句》中詮釋「戒愼乎其所不聞，恐懼乎其所不聞」時所提出的「君子之心常存敬畏以存天理之本然」〔註74〕是章句學，已明顯將人心道心區隔開來，這與陽明學有著本質上的差異，毋庸諱言。如果從朱子章句的文本來看，的確是存在這種牴牾之處。因爲「朱子追隨伊川所講的涵養居敬只是保持一常惺惺的態度，並沒有確定的實質內容，所以必須另作致知窮理的工夫——只不過兩下裏卻有一種互相應和的關係。敬則私欲不生，此心湛

〔註73〕（明）王畿，《王畿集》〔M〕，吳震編校整理，南京：鳳凰出版社，2007年，第38～39頁。

〔註74〕道者，日用事物當行之理，皆性之德而具於心，無物不有，無時不然，所以不可須臾離也。若其可離，則爲外物而非道矣。是以君子之心常存敬畏，雖不見不聞，亦不敢忽，所以存天理之本然，而不使離於須臾之頃也。（〔宋〕朱熹，《四書章句集注·中庸章句》〔M〕，北京：中華書局，2014（2011），第20頁）

然，不流放開去，自然萬理畢顯。」〔註75〕王畿認爲陽明與朱子的最大差異就在於：「晦翁既分「存養」「省察」，故以「不睹不聞」爲「己所不知」，「獨」爲「人所不知」，而以「中和」分人位育。夫既已所不知矣，戒愼恐懼孰從而知之，既分中和位育矣，天地萬物孰從而二之，此不待知者而辨也。先師則以「不睹不聞」爲「道體」，「戒愼恐懼」爲「修道之功」，不睹不聞即是隱微，即所謂獨。存省一事，中和一道，位育一原，皆非有二也。晦翁隨處分而爲二，先師隨處合而爲一。此其大較也。」〔註76〕但這種差異並不意味著求聖之心的差異，而是入道路徑的差異，即朱子學與陽明學在至爲聖人這個大方向上並無差異，只是入手工夫因人而異而已。那麼，作爲志爲聖人的入手工夫的省察克治如何達成？或者說對於一般並沒有所謂成爲聖人志向民眾而言，省察克治在人生中有何價值？

在《傳習錄》中，記載了陽明學者間對於省察克治問題的多次討論，陽明對於高倡朱子之說不求朱子之心（這裡的朱子之心實際上是本心，即良知）者並不滿意，他認爲學者高倡格物之學，多爲口耳之學，所謂口耳之學乃是在身心之外的虛辭，與人的修身進德何干？眞正的儒學，或者說性理學講求天理人欲的工夫，並不在於使用某種高尙的或者玄妙的詞匯，而是要在在處處反觀自省，即是要時時用力，在日用間省察，在行動中克治，以積累的方式日見其成效。而所謂口耳之學，則多是人欲操控人，雖然亦以天理爲旗幟，實際是以之爲私欲的遮羞布而已。「蓋有竊發而不知者，雖用力察之，尚不易見，況徒口講而可得盡知乎？今只管講天理來頓放著不循；講人欲來頓放著不去；豈格物致知之學？」〔註77〕按照這種格物之學而行，最終的結果不過是「義襲而取」罷了。「義襲而取」是《孟子・公孫丑上》中的話語，孟子認爲告子把義（公正／正義／合理的行爲）看成心外之物，乃是誤讀。浩然之氣由心中所本有之義所引發，不能因符合了外界的某一評判準則就以爲它非由心所生成。孟子建議涵養浩然之氣，時時刻刻在行爲處事上用心。朱子詮釋說，集義就如同積善，善行不是一次性的，而是在所有事情上都要遵

〔註75〕 劉述先，《朱子哲學思想的發展與完成》〔M〕，長春：吉林出版集團有限公司，2014 年，第 125 頁。

〔註76〕 （明）王畿，《王畿集》〔M〕，吳震編校整理，南京：鳳凰出版社，2007 年，第 39 頁。

〔註77〕 （明）王陽明，《王陽明全集（新編本）》〔M〕，吳光等編校，杭州：浙江古籍出版社，2010 年，第 27 頁。

循的。〔註78〕陽明認爲諸多講授和研究格物之學（宋明儒學）的人，大都流於口耳之學，最多能算義襲而取，只是一個取巧的花招，並不能眞正體悟到天理（完美和神聖）。

對於現實生活中的人來說，生活中面臨著各種誘惑，必須時時刻刻以一種省察克治的方式（包括態度和行爲）來修省，否則難免不淪爲物欲的俘虜；僅僅靠著聽聽講座、隨口說說，或許能得到一時的利益，但於人的眞正完善可以說沒有任何助益。因此，需要「省察是有事時存養，存養是無事時省察。」〔註79〕省察克治之敬義即是良知，即是天理，即是中和。「察識只是默識心通，故察識而從容；存養只是警覺而不昏聵，故存養而昭明。」〔註80〕無論朱子學還是陽明學，都旨在批判一般講學者不求人之完善而以話語來替代行動的時風，故一再講求省察克治和涵養持敬，只不過朱子學更傾向於二者的差異性，陽明則更側重於一致性。陽明學者但衡今說：「有事時省察不得力，多由無事時失於存養，故有事時省察，即存養；無事時存養不得力，多由有事時罔知省察，故無事時存養即省察。」〔註81〕在陽明學這裡，省察克治與涵養持敬不再是分割開來的兩條路徑，而是合二爲一的態度和行爲，貫穿於人的日常生活之中。

第五節　常提不放之功

省察克治之「敬」義，並非易知易行之理。因爲它太過於庸常，以至於人們不再將其視爲學問。人之所以爲人，根源於仁，仁者人也，若不仁則非

〔註78〕《孟子・公孫丑上》3.2：「敢問何謂浩然之氣。曰：難言也。其爲氣也，至大至剛，以直養而無害，則塞於天地之間。其爲氣也，配義與道；無是，餒也。是集義所生者，非義襲而取也。行有不慊於心，則餒矣。我故曰，告子未嘗知義，以其外之也。必有事焉而勿正，心勿忘，勿助長也。」朱子集注說：「集義猶言積善，蓋欲事事皆合於義。襲，掩取也，如齊侯襲莒之襲。言氣雖可以配乎道義，而其養之之始，乃由事皆合義，自反常直，是以無所愧怍，而此氣自然發生於中，非由只行一事偶合於義，便可掩襲於外而得之。」（宋）朱熹，《四書章句集注・孟子集注卷三》〔M〕，北京：中華書局，2014（2011），第215～216頁。

〔註79〕（明）王陽明，《王陽明全集（新編本）》〔M〕，吳光等編校，杭州：浙江古籍出版社，2010年，第16頁。

〔註80〕蔡仁厚，《王陽明哲學》〔M〕，北京：九州出版社，2012年，第71頁。

〔註81〕陳榮捷，《王陽明傳習錄詳注集評》〔M〕，上海：華東師範大學出版社，2009年，第43頁。

人矣。陽明學與朱子學均指向使人成爲人之人生學問。朱子《玉山講義》說「聖賢教人爲學，非是使人綴輯言語、造作文辭，但爲科名爵祿之計。須是格物致知、誠意正心、修身，而推之以至於齊家治國，可以平天下，方是正當學問。」〔註82〕朱子說「至孔門方說仁字，則是列聖相傳到此，方漸次說親切處爾。夫子所以賢於堯舜，於此亦可見其一端也。然仁之一字，須更於自己分上實下工夫始得。若只是如此草草說過，無益於事也。」〔註83〕不過朱子學至陽明所處時代，不可避免地成爲言語文辭之學，成爲科名爵祿之學，朱子之心湮沒於朱子之書中，其甚者則爲科舉時文之書。「楊愼謂：士子專讀時義，一題之文必有坊刻。稍換首尾，強半雷同。使天下盡出於空疏不學，不知經史爲何物。」〔註84〕於此，陽明深感有必要重加詮釋，其實人生的意義問題沒有固定的答案，重要的課題也需要反覆地提出。陽明後學「鄒守益、歐陽德等及所影響的東林誌士，強調戒愼恐懼的主敬工夫與事上磨煉的主事工夫，主張學務實踐、不尙空虛，認定致吾良知於事事物物，乃是體與用、知與行、本體與工夫兩者動態統一的日履過程。這正是陽明心學固有的踐履精神向經世致用之學過渡的契機。」〔註85〕陽明後學之所以能以此爲陽明學的主張，實則陽明學中內涵著這樣的眞精神，陽明學反對文辭支離，故以省察克治爲致良知，此即是孔孟之仁，但此中之義並非習染世俗之學者所能知曉者。

　　故陽明一再申之，如《又答陸原靜書》云：「戒懼克治即是常提不放之功，即是必有事焉，豈有兩事邪？此節所問，前一段已自說得分曉；末後卻是自生迷惑，說得支離，及有『本來面目，未達一間』之疑，都是自私自利、將迎意必之爲病。去此病，自無此疑矣。」〔註86〕陸澄所不理解的問題

〔註82〕（宋）朱熹，《朱子全書（修訂本）第 24 冊・晦庵先生朱文公文集卷七十四》〔M〕，朱傑人等主編，上海：上海古籍出版社；合肥：安徽教育出版社，2010年，第 3588 頁。

〔註83〕（宋）朱熹，《朱子全書 24 冊・晦庵先生朱文公文集卷七十四》〔M〕，朱傑人等主編，上海：上海古籍出版社；合肥：安徽教育出版社，2010 年，第 3590頁。

〔註84〕錢穆，《國史大綱（修訂本）》〔M〕，北京：商務印書館，2008（1996），第 697頁。

〔註85〕蕭萐父，《吹沙紀程・晚明學風變異與王學的分化》〔M〕，上海：上海文藝出版社，1998 年，第 214 頁。

〔註86〕（明）王陽明，《王陽明全集（新編本）卷二》〔M〕，吳光等編校，杭州：浙江古籍出版社，2010 年，第 73～74 頁。

正是朱子學與陽明學均予以反對的問題，即將學問視爲文辭，將文辭視爲眞實行爲。在陸澄看來，致良知、必有事、常提念頭其一致之處均指向人心之警省，但若將省察克治視爲本然狀態則無法理解。陽明則提醒他之所以出現困惑乃是因爲未嘗進行自我之反思，或者說未嘗將話語轉化爲一種行動力。

陽明這一論斷在其與陳九川的討論中亦以類似的問答形式出現。根據自身體驗及思考，陳九川向陽明請益如何能貫通動靜，他感慨靜坐時已有所體悟，即發現問題癥結所在乃是在應事時未能做到眞切，於是決定在做事的實際行動中省察克治，但一旦出於行動中卻將靜思之得全數拋卻；當再次靜心反思時，又認識到內在的收斂靜坐與應事而動的省察實際上並未合一。故請教陽明如何方能使動靜內外合一，陽明說：「此格物之說未透。心何嘗有內外？即如惟濬，今在此講論，又豈有一心在內照管？這聽講說時專敬即是那靜坐時心。工夫一貫，何須更起念頭。人須在事上磨煉，做工夫乃有益。若只好靜，遇事便亂，終無長進。那靜時工夫，亦差似收斂，而實放溺也。」〔註87〕陽明認爲陳九川的這種嚴格分析的方法或看似合理，實似是而非，極有可能導向內外爲二的問題，無論如何也不會出現在動靜之時完全不同的心，靜坐與處事時的心都爲同一人同一心，因此「聽講說時專敬即是那靜坐時心。」雖然朱子與陽明同能正視此戒愼恐懼之義，但卻有其毫釐之差：朱子以未發時之戒愼恐懼，純屬存養編；而謹獨則是承存養之功，以謹己所獨知，則爲省察之始，亦第一義之省察之功；而陽明則更求此己所不知與己所獨知之二工夫，打並歸一，此處能打並歸一則一切已發未發之工夫之打並歸一更不待言。〔註88〕值得注意的是，陽明學研究者但衡今認爲，此爲「陽明用以破九川專內遺外之失，語有偏全者也。須知心體固無內外，工夫仍須從裏做起，腳根方有著落。至若不要有內外與內外並著，此百丈竿頭，再進一步工夫。治王學者，不可不辨也。」〔註89〕

然而不可否認地是，在陽明學中，「戒懼之念是活潑潑地。此是天機不息

〔註87〕（明）王陽明，《王陽明全集（新編本）》〔M〕，吳光等編校，杭州：浙江古籍出版社，2010年，第101頁。

〔註88〕唐君毅，《中國哲學原論・原教篇》〔M〕，北京：中國社會科學出版社，2005年，第203～204頁。

〔註89〕陳榮捷，《王陽明傳習錄詳注集評》〔M〕，上海：華東師範大學出版社，2009年，第172頁。

處，所謂『維天之命，於穆不已』，一息便是死。非本體之念，即是私念。」
〔註90〕對此陽明弟子薛侃有較爲細緻地分疏：「問敬義有何別於伊川者，答云：『敬是持己之道。涵養一事，義便有是非。若只持一個敬，不知集義，卻是都無事。』其說云何？」曰：「夫道一而已。主一之謂敬，以一爲主，必去其不一以歸於一。去其不一以歸於一則凡存省克治、學問思辨、篤行之功盡於是矣。更有何事？故夫子曰：『君子修己以敬以安百姓。』子思曰：『篤恭而天下平。』濂溪曰：『一者無欲也，無欲則靜虛而動直。』明道曰：『上下一於恭敬，則天地自位、萬物自育。』聰明睿知皆由是出，以此事天饗帝，更有何事？」曰：「夫然，言敬足矣，奚復言義？」曰：「釋『直方』也。其意若云『內一，外斯一』矣。蓋得其宜，即歸於一。故曰：『敬是無事時義，義是有事時敬。』」〔註91〕

　　宋明儒學者論道時，往往將哲學意義上的本體工夫統合以論，如今我們往往以辯證的二分來理解事物，特別是以一種主客的關係來看待人物之別，故難以理解一之道。所謂的一，並不是一種無所不包的混沌狀態，而是指在義理層面，其內核的整體性和不可分割性。在此，敬不是一種有所畏懼的心理狀態，而是有所主宰的道德倫理。所謂省察克治之敬義即是人無論動靜之時都具備之心、之義、之敬。作爲包括人在內需要遵循並且可以執行的道，內在於人心，這一道即理，即爲良知。良知並非有關善的知識，而是有關仁性（人性）的理則，人通過心感知（感應）理的過程，即是良知呈露的過程，在此過程中，唯有透過敬方能實現。那麼何謂敬？李澤厚認爲「『敬』在這個世俗生活秩序中體現的天經地義，即巫術神明。這也就是『修道之爲教』；它是禮的理性化教育（the teaching of rites，the cultivation through the rites），也是禮的忠摯的情感信仰（faith）。這就是中國的宗教：禮教（the religion of Rite）。」〔註92〕在禮的內化過程中，敬發揮著雙重作用，「一方面，它使良知處於易於發露的狀態；另一方面，它使思維等具有了自覺地選擇對象的作用。」〔註93〕

〔註90〕 （明）王陽明，《王陽明全集（新編本）卷三》〔M〕，吳光等編校，杭州：浙江古籍出版社，2010年，第100頁。

〔註91〕 （明）薛侃，《薛侃集卷三·圖書質疑》〔M〕，陳椰編校，上海：上海古籍出版社，2014年，第107頁。

〔註92〕 李澤厚，《由巫釋禮釋禮歸仁》〔M〕，北京：生活·讀書·新知三聯書店，2015年，第52頁。

〔註93〕 于述勝，《朱熹與南宋教育思潮》〔M〕，濟南：山東大學出版社，1996年，第123頁。

因此，省察克治之敬義就不僅僅是一種方法論意義上的工具，而是一種情感和信仰。正是通過省察克治，人方能實現內在超越，才能使生活秩序得其當然的同時安排自我人生之意義，當然，我們必須要對作為感受的心理和作為本體的心靈之間的差異性進行明確分疏，以免渾淪。

在陳九川體悟的工夫路徑中，「靜坐（內）——應事（外）——靜坐（內）」，構成一個省察克治的循環，省察是靜坐時所作工夫，而克治是應事時所作的工夫。此種認識在王廷相看來亦非不可取：

> 夫何以謂存養？曰：「心未涉於事也，虛而無物，明而有覺，恐恐焉，若或汩之也。」夫何以謂省察？曰：「事幾方萌於念也，義則行之，不義則否，履冰其慎也，恐一念不義，蹈於小人之途也。」曰：「存省善矣，亦有不可行者，何也？」曰：「或時勢之殊，始而窮理未至也，能中止以改圖，亦不害其為善，故曰善無常主，此既事體量之學也。」〔註94〕

與陳九川一樣，王廷相也認同存養省察是屬內之事，而克治則是屬應事時應有之義。在陽明看來，省察克治並不是從靜坐回歸靜坐，而應該是省察克治貫穿於「靜坐／應事」這一過程之中，如果如陳九川那樣偏向靜坐式循環，究其實則算不得真正的省察克治，因為這往往流於自我放縱。陽明強調，省察克治乃是貫徹動靜之敬心，絕非兩截。故施邦曜云：「此是聖賢實體實驗工夫，方知先生格致之說，非是拋棄事物。只是要把人馳適於外者，挽而歸之於內耳。合內外之道，方是能誠，方是能窮物之始終。」〔註95〕省察克治之敬義不是將應事和靜坐分為兩段，心學學問亦絕非僅僅求諸自我心理的覺悟，毋寧說是要將應事／靜坐打通貫串，無論應事還是靜坐，都是下手處用力處，在動靜中彰顯良知之本心，學問從來離不開真正的恭行踐履，否則就成為空頭講章。

陳九川、王廷相之所以會有動靜的二分，或與當時禪宗思想有關，方東美先生說：「由宋以來世人無分釋俗，爭習禪靜，浸然成風。陽明有鑑於此，眼見新儒之走火入魔，期期以為不可，乃振衰起敝，高揭太極生生之理，妙用無息，而常體不易乙旨，倡宇宙常體一如，不可彊劃為二，妄分

〔註94〕 （明）王廷相，《王廷相集第三冊》〔M〕，王孝魚點校，北京：中華書局，1989年，第778頁。

〔註95〕 陳榮捷，《王陽明傳習錄詳注集評》〔M〕，上海：華東師範大學出版社，2009年，第172頁。

動靜。」〔註96〕陽明之強調敬心一貫工夫，即在於以此心之敬貫徹於格物之中，所謂格物即是在應事中將此省察克治之敬義充實之。故當有人厭倦本職事物，以為只有擺脫日常工作、逃離繁雜事務之外才有心學時，陽明說：「我何嘗教爾離了薄書訟獄，懸空去講學？爾既有官司之事，便從官司的事上為學，才是真格物。如問一詞訟，不可因其應對無狀，起個怒心；不可因他言語圓轉，生個喜心；不可惡其囑託，加意治之；不可因其請求，屈意從之；不可因自己事務煩冗，隨意苟且斷之；不可因旁人譖毀羅織，隨人意思處之。這許多意思皆私，只爾自知，須精細省察克治，惟恐此心有一毫偏倚，枉人是非，這便是格物致知。薄書訟獄之間，無非實學。若離了事物為學，卻是著空。」〔註97〕

　　心學乃是實學，實意味著實在可行、實際易行和著實而行。劉宗周說「因物付物，便是格物。先生卻每事用個克己為善去惡之功，是自切實在。」〔註98〕但衡今亦稱：「陽明『不可』云云，辭旨平實親切，且無一字及他，誠忠厚之至。正陽明巡撫南贛（江西），提督軍務，用兵八寨時也（正德十二至十三年，1517～1518）。」〔註99〕省察克治並非與格物窮理之說相悖，毋寧說省克正是要求人因應自身所處之氛圍與條件，頭腦清醒，著實用力，如此則自然能以聖賢之學為旨歸，自然能經世致用，自然能修己安人，但「彼頑空虛靜之徒，正惟不能隨事隨物精察此心之天理，以致其本然之良知，而遺棄倫理，寂滅虛無以為常，是以要之不可以治家國天下。孰謂聖人窮理盡性之學而亦有是弊哉？」〔註100〕何以有昏闇之士、空虛之徒？不在於人之本心的缺失而在於本心的遮蔽，其明覺之心因氣質欲望等私欲而掩蓋，故需要省察克治。這裡的省察不僅僅是反省與察識，更有惟精惟一的意味，故陽明特提精察二字，即是要以一種斷然決然的行動來尋求自我所存有的天理良知的呈現。陽明並未訴諸外在的強制力（特

〔註96〕方東美，《中國哲學精神及其發展》〔M〕，孫智燊譯，北京：中華書局，2012年，第421頁。

〔註97〕（明）王陽明，《王陽明全集（新編本）卷三》〔M〕，吳光等編校，杭州：浙江古籍出版社，2010年，第104頁。

〔註98〕陳榮捷，《王陽明傳習錄詳注集評》〔M〕，上海：華東師範大學出版社，2009年，第177頁。

〔註99〕陳榮捷，《王陽明傳習錄詳注集評》〔M〕，上海：華東師範大學出版社，2009年，第177頁。

〔註100〕（明）王陽明，《王陽明全集（新編本）卷二》〔M〕，吳光等編校，杭州：浙江古籍出版社，2010年，第52頁。

別是權力），而是認定人具有自我超越的心力，外在的約束即便能夠使人的行動看似符合某種社會輿論的要求，但那僅僅如同表演一般，何嘗眞實有益？當然不可否認，優秀演員及其作品的確能夠振奮人心，特別是在視聽時代，我們不能過分反對這種表演性眞實或圖像性眞實。然而這種眞實並非陽明學意義上的眞實，因爲陽明學意義上的敬還具有內在超越之義。

第六節　做工夫的本領

陽明《李白祠》詩曰：「千古人豪去，空山尚有祠。竹深荒舊徑，蘚合失殘碑。雲雨羅文藻，溪泉繫夢思。老僧殊未解，猶自索題詩。」〔註101〕詩哲陽明，與其說是在追慕李白，莫若是在對生命意義的探求。陽明留給世人一內在超越之學說，立足於對道義的敬意和自我之修行，將其打併合一，實合《易經》「敬以直內」之眞義。正如其詩所述，殊未解者夥矣。

陽明後學周汝登曾感歎：陽明故去八十餘年之後，吾人當以何種方式繼承陽明學？陽明當年創建其學說，不知經歷了多少風雨辛苦；王畿（龍溪）嗣續陽明學，又不知受過多少委屈壓抑。如今吾人既然以陽明學作爲方法和信仰，能確信無疑，應感恩先哲，「蓋當時人士只疑良知之教不切躬修，是以非詆。曾不知所示格物處，俱是日可見之行。何等著實。今遺教具在，我輩正當以身發明，從家庭中竭力，必以孝悌忠信爲根基；在境緣上勘磨，莫爲聲色貨利所沾染。習心浮氣，消融必盡；改過知非，絲髮莫縱。察之隱微，見之行事，使人知致良知之教原是如此。然後微言始著，吾道益明，是乃所以爲報。不然，足不從口，言是而行非，使人疑我輩，而因以疑於相傳之教，是非惟不足爲報，而且以敗壞阻塞之。」〔註102〕數百年後，仍需加以疏解，如劉咸炘（1896～1932）所說，詆毀陽明學者以爲陽明學離棄了實際生活，這其實並沒有理解陽明學，也沒有理解朱子陽明之所以不同在何處。陽明學不同於朱子學的地方在於，其主張理由心所生，應該以心去貫徹於物；朱子學不同於陽明學的地方在於，其主張理在於物，應該以心去統合物。顯然不是一個主張拋棄事物一個主張不拋棄事物。朱子學有極爲細緻的工夫，所用

〔註101〕（明）王陽明，《王陽明全集（新編本）卷十九》〔M〕，吳光等編校，杭州：浙江古籍出版社，2010年，第707頁。

〔註102〕（明）周汝登，《周海門先生文錄卷二》〔M〕，《周汝登集（上冊）》〔M〕，張夢新等點校，杭州：浙江古籍出版社，2015年，第61～62頁。

範圍趨於狹窄，而末流之學甚且僅限於朱子對經書的闡釋；陽明學有極爲簡易的工夫，所用範圍寬廣，從學術上可以貫通於史學子學。陽明學所容納事物的範圍較之朱子學要寬，所以陽明學人多談經世之學，比如唐順之之流。唐順之所主張的「即道即藝」就是陽明所說的「即心即物」；後世所謂的浙東史學，討論範圍廣且深入，實際上就導源於陽明學。〔註103〕

　　周汝登和劉咸炘各從一個側面講述了如何理解和詮釋陽明學。陽明學何以成爲陽明學？在周汝登看來，陽明學的傳統在於其眞切著實，故作爲陽明學人重要的亦應從此用力，即從修身開始，孝悌忠信，方可謂陽明學；在劉咸炘看來，陽明學以簡馭繁，陽明之旨在於以心貫物，從學術而言，陽明學乃是一致廣大而盡精微之學。周汝登注重學者的躬行實踐，劉咸炘則注重學術視野的寬廣性，並對朱子學、陽明學的細微差異進行了分析。顯然，朱王異同之論曾在儒家內部造成極大思想波瀾，各是其所是，各非其所非，難得定論。如果我們不再糾結於所謂異同之論而是著實將學術之根本旨趣回歸自我生命意義的整全，那麼我們就能眞正從朱子學和陽明學中發掘出與時代、學術以及自我相印證的眞學問，否則僅僅停留在知識上之考究或者譁眾取寵而已，既無內聖遑論外王。〔註104〕

　　實際上，性理學最爲關切者乃人生意義之彰顯及完善，由此而推及家國天下（家庭、家族、社群以至於社會）。誠如汪暉所說的：

　　　　「理學對日常生活的肯定包含了對於禮的神聖性的肯定；在儒
　　　學的視野內，日常生活所呈現的不是某些偶然的、任意的結構或過

〔註103〕劉咸炘，《劉咸炘學術論集・哲學編》〔M〕，桂林：廣西師範大學出版社，2010年，第224～225頁。

〔註104〕唐君毅認爲，清學重外王而忽內聖，顏元、戴震首反對宋儒心性之學。凌夷至今，則凡言正心誠意之學，皆被視爲迂遠，即修身齊家，亦人所不屑道。唯天下之擾攘，國族之危亡，則懸於中國人心之前，而又莫知所以撥亂而反正。溯自清季中西文化接觸以來，國人初反省中國之所以弱，首歸于堅甲利兵之不如人，次歸之科學知識之不如人，乃競尚科學之新知。而清末人名自然科學曰格致，即有取於大學格物致知之義。朱子釋格物致知，爲即物窮理，而科學正爲格物窮理。於是大學之格物致知之名，即爲百年來之中國人，賴以攝取西方科學之憑藉。而近日中國人，皆知尊尚科學，亦即大學八條目中首二條之再被重視也。綜上所言，是見八百年來中國思想之發展，實有如循大學八條目之次序，由程朱之以格物爲始教，至陽明之以致知爲宗，劉蕺山以誠意爲宗，歷顧黃王而正心脩身之內聖之學，以轉至重治國平天下之外王之學。（唐君毅，《中國哲學原論・導論篇》〔M〕，北京：中國社會科學出版社，2005年，第182～183頁）

程，而是與禮的本質直接相關的結構和過程，從而也是與天的本質
直接相關的結構和過程。因此，天理的確立與其說是世俗化的過程，
毋寧說是將禮儀實踐或日常生活實踐再度內在神聖化的過程——在
日常生活實踐（禮儀性的和制度性的實踐）正在淪爲空洞的、隨意
的和偶然的形式之時，道學要求通過主體的誠與敬賦予禮儀性實踐
以實質性的內容。理學在一定意義上即幫助人們重新獲得誠與敬的
道德學說。」〔註105〕

汪氏所論誠爲有得之言。他指出的理學之旨趣乃歸結於人之誠敬並究其實者，的
爲確論。作爲性理學的陽明學，從根本上說，是其通過省察克治的踐履過程中，
不斷追求好的生活和好的社會；作爲一門學問，它旨在讓人回復到誠與敬的道路
上來。誠敬之心的彰顯，首先在於人能省察克治，即將理、心、性等擴而充之，
使人不再淪於懵懂無知，陷於欲壑，或謂之啓蒙精神，可也。

　　省察克治即是「涵養用敬」。明儒羅僑〔註106〕《論存養省察克治》云：「省
察必須終之以克治擴充，而始之以涵養學問。存養要純熟，省察要嚴密，克
治要勇猛，擴充要廣大。此心常存養本然天理，即愼懼工夫到微微動念處，
便須加省察克治。此心初無事物應接，未發動時只靜靜惺惺，存養本然天理，
無一毫雜念；待一發動時，便省察有差失否，一有差失便要克治。若事已往
與事未來，只得存養，故《中庸》言『戒愼恐懼』『不睹不聞』，此正是自己
不視不聽、未發動時存養工夫，《孟子》言『雞鳴而起，孳孳爲善』，雞鳴以
前，當寢則寢也；雞鳴以後，則存養省察克治工夫不可一時無也。」〔註107〕
（明羅僑《羅先生潛心語錄》卷三《論存養省察克治》）這是在陽明時代的思

〔註105〕 汪暉，《現代中國思想的興起（2 版）》〔M〕，北京：生活・讀書・新知三聯
　　　　書店，2008 年，第 113 頁。

〔註106〕 羅僑（天順六年至嘉靖十三年，1462～1534）字惟升，號東川，江西吉水人。
　　　　黃宗羲《明儒學案卷四十六・諸儒學案》稱：羅僑從學於張東白，登弘治己
　　　　未（十二年，1499）進士第。授新會知縣，表白沙言行，令邑人誦法之。陞
　　　　大理評事，時逆瑾擅政，劉大夏論戍，先生上言非勸大臣之道，免官歸。瑾
　　　　誅，復官，又以病歸。文成起兵討宸濠，請先生居守吉安，事平，擢知台州
　　　　府。禮布衣張尺，問民疾苦，治行第一，陞廣東左參政。上疏乞骸骨。嘉靖
　　　　甲午（十三年，1534）九月卒。（〔清〕黃宗羲，《明儒學案（修訂本）》〔M〕，
　　　　沈芝盈點校，北京：中華書局，2013（2008），第 2103 頁）

〔註107〕 （明）羅僑，《羅先生潛心語錄卷三・論存養省察克治》〔M〕，續修四庫全書
　　　　編纂委員會，《續修四庫全書第 938 冊》〔M〕，上海：上海古籍出版社，2002
　　　　年，第 13 頁。

想中，較爲流行的看法，即認爲省察克治實際上是孔孟之道，不可一時無之，其落腳處即在於袪除攪擾人心之動念和雜念，使人能在有事無事的狀態中都能達致一種中和。羅僑又說：「身在此、心即在此，事在此、心即在此，精神專一，莫非天理流行，即敬也，愈嚴愈密，是之謂篤恭；事如是、心亦如是，表如是、裏亦如是，純粹眞實，莫非天理周匝，即誠也，積中布外，是之謂王道。然敬則誠矣，誠則敬矣。」〔註108〕在羅僑看來，身心乃是一體之物事，身心專一，表裏如一，即是聖賢之道，即是敬道。據黃宗羲《明儒學案》卷四十六所載羅僑事蹟（「文成起兵討宸濠，請先生居守吉安」）可知，陽明與羅僑較爲熟稔，應是同道之人，故相互之間的學說有一定的一致性。但羅僑並不是完全贊同陽明之學說，如說「王陽明知行合一之說，乃聖人事。聖人生知安行，無次第，如堯之欽明文思安安，舜之睿哲，文之宣哲，其知行合一固然也。若學者不能無先後之序，故《大學》教人先知止而後定靜安慮能得，以次而見，而總結之曰知所先後則近道矣，分明有先後。陽明其作聰明大過者與？」〔註109〕

省察克治即是「敬」道。陽明從他自身的經驗出發，探究了如何才能實現敬道，錢穆先生說「陽明是一個多方面有趣味的人，在他內心，充滿著一種不可言喻的熱烈的追求，一毫不放鬆地往前趕著。他像有一種不可抑遏的自我擴展的理想，憧憬在他內心深處，隱隱地驅策他奮發努力。他似乎是精力過剩，而一時沒有找到發洩的出路。他一方極執著，一方又極跳躍，遂以成他早年期的生活。」〔註110〕陽明學首先是一種自我超越的學問，他完全可以其身份地位，〔註111〕享受生活，但他卻不以世俗的權力和榮耀爲皈依，可以說陽明學正是在他的這種偉大的探尋中發展起來的，這才是儒學的眞精神。島田虔次先生說，陽明是「超越卑俗，克服安逸無爲，只顧不停地追求第一等事、第一義事的自我行動，是實踐行動的強烈性。正確地認識這種激

〔註108〕（清）黃宗羲，《明儒學案（修訂本）》〔M〕，沈芝盈點校，北京：中華書局，2013（2008），第 2104 頁。

〔註109〕（明）羅僑，《羅先生潛心語錄卷三・論學》〔M〕，續修四庫全書編纂委員會，《續修四庫全書第 938 冊》〔M〕，上海：上海古籍出版社，2002 年，第 11 上頁。

〔註110〕錢穆，《陽明學述要》〔M〕，北京：九州出版社，2010 年，第 39 頁。

〔註111〕陽明《龍場生問答》說：「夫祿仕，爲貧也，而吾有先世之田，力耕足以供朝夕，子且以吾爲道乎？以吾爲貧乎？」（〔明〕王陽明，《王陽明全集（新編本）卷二十四》〔M〕，吳光等編校，杭州：浙江古籍出版社，2010 年，第 955 頁）

烈的內心發酵和精神泡沫，恐怕是對理解陽明具有決定性意義的大前提吧。」〔註112〕在陽明看來，作爲敬道的省察克治，它不僅僅是一種內在的涵養問題，更是追求人生意義的問題。

在《傳習錄》中，陽明弟子就對此有過發問：

> 問：「伊川謂『不當於喜怒哀樂未發之前求中』，延平〔註113〕卻教學者『看未發之前氣象』，何如？」先生曰：「皆是也。伊川恐人於未發前討個中，把中做一物看，如吾所謂認氣定時做中，故令只於涵養省察上用功；延平恐人未便有下手處，故令人時時刻刻求未發前氣象，使人正目而視惟此，傾耳而聽惟此。即是『戒愼不睹』『恐懼不聞』的工夫，皆古人不得已誘人之言也。」〔註114〕

學問無止境，所謂眞學問需要不斷講求，切己而行，但對於一般人而言，則有一個初入手的階段，在此階段則需要有敬的戒懼心。戒懼關乎善惡，關乎本己的心的發生，這是道的展開之處，也是惡的萌動之處，〔註115〕陽明認爲李侗（哲宗元祐八年至孝宗隆興元年；1093～1163）教導的未發氣象其實是一個入手的工夫，即初學之人如何達成道在自身的顯現需要作爲主體的人作出主張。所以錢德洪說：「戒懼即是良知。覺得多此戒懼，只是工夫生，久則本體工夫自能相忘，不思而得，不勉而中，亦只是一熟耳。」〔註116〕

「敬」道立足於現實的生活。牟宗三認爲「（朱子學的）格物致知含於動察中，而以此定進學，則進學之觀念自此即歧出而外在。格物者即物而窮其理也。今日格一物，明日格一物，久久自然貫通。是則格物致知之進學全爲經驗的。此格物致知之進學，因敬以貫之，亦是收歸於身心性命上來，故亦

〔註112〕（日）島田虔次，《中國近代思維的挫摺》〔M〕，甘萬萍譯，南京：江蘇人民出版社，2005年，第12頁。

〔註113〕李侗，字願中，世稱延平先生，南劍（福建）人。二程之學，經楊時（皇祐五年至紹興五年，1053～1135，字中立，稱龜山先生）、羅從彥（熙寧五年至紹興五年，1072～1135，字仲素，稱豫章先生）、李侗而傳之朱子。參看《宋元學案》卷三十九、《宋史》卷四二八。（陳榮捷，《王陽明傳習錄詳注集評》〔M〕，上海：華東師範大學出版社，2009年，第61頁）

〔註114〕（明）王陽明，《王陽明全集（新編本）》〔M〕，吳光等編校，杭州：浙江古籍出版社，2010年，第25頁。

〔註115〕（瑞士）耿寧，《人生第一等事：王陽明及其後學論致良知》〔M〕，倪梁康譯，北京：商務印書館，2014年，第208頁。

〔註116〕錢明編校，《徐愛錢德洪董澐集·錢德洪語錄詩文輯佚》〔M〕，南京：鳳凰出版社，2007年，第119頁。

函有尊德性之意。然此尊德性顯然是經驗地、外在地。推之，其一切敬的工
夫亦都是經驗的、外在的。以朱子持身之謹，克制之嚴，自是尊德性，然是
經驗地尊、外在地尊，故乏自然充沛之象。」〔註117〕我們未必需要如此苛責
朱子，只需要注意到：省察克治之旨源自儒學傳統，並非後儒（無論程朱陸
王）臆造，在此，陽明學與朱子學並無實質性且不可調和之異。錢穆先生認
為，「朱子只教人各就自家日常生活中討取，平平恁地做工夫。莫要憑空求討
天理，亦莫要一意搜剔私欲。後人乃謂宋儒以理殺人，又要泯去天理人欲分
別，更有放縱人欲即是天理者。人之私欲，尚不能一意專務克治，又況要一
意提倡與放任。」〔註118〕陽明以為人在追求成聖的過程中如何令人生真正有
意義這個問題並沒有一固定的格式，沒有恆久且一勞永逸的教條，最關鍵的
地方還在於人在具體的現實生活中自我體悟，但對於教育者來說，必須提出
具體的路徑，使學者能有所取徑，否則教育完全自學即可。

　　師者如醫者，根據不同的病症加以治療，使人自愈，故無論伊川還是延
平，所論皆是。若是不能於此有所把握，而僅僅從文字上穿鑿，則往往淪入
聚訟，故許舜屏云：「人謂先生與朱子恆相牴觸。觀此段評論，於朱子之學初
無貶辭。然則先生固非與朱子有所不慊也。延平即朱子。」〔註119〕陽明說：

　　　　必欲此心純乎天理，而無一毫人欲之私，此作聖之功也。必欲
　　　此心純乎天理，而無一毫人欲之私，非防於未萌之先，而克於方萌
　　　之際不能也。防於未萌之先，而克於方萌之際，此正《中庸》「戒慎
　　　恐懼」、《大學》「致知格物」之功，捨此之外，無別功矣。夫謂「滅
　　　於東而生於西」「引犬上堂而逐之」者，是自私自利，將迎意必之為
　　　累，而非克治洗蕩之為患也。今日「養生以清心寡欲為要」，只養生
　　　二字，便是自私自利，將迎意必之根。有此病根潛伏於中，宜其有
　　　「滅於東而生於西，引犬上堂而逐之」之患也。〔註120〕

省察克治是陽明學對朱子學敬承的前行。這裡的前行並非進化論式的線性發

〔註117〕牟宗三，宋明儒學的問題與發展，臺北：聯經出版事業股份有限公司，2003
　　　　年，第233～234頁。

〔註118〕錢穆，《朱子新學案 ∥錢賓四先生全集（11 冊）》〔M〕，臺北：聯經出版事業
　　　　股份有限公司，1998 年，第 103 頁。

〔註119〕陳榮捷，《王陽明傳習錄詳注集評》〔M〕，上海：華東師範大學出版社，2009
　　　　年，第 61 頁。

〔註120〕（明）王陽明，《王陽明全集（新編本）卷二》〔M〕，吳光等編校，杭州：浙
　　　　江古籍出版社，2010 年，第 72 頁。

展，而是一種融合感通的相互促進，即知其義而敬守之。因此，陽明《朱子晚年定論》第 24 條說「但因其良心發現之微，猛省提撕，使心不昧，則是做工夫底本領。本領既立，自然下學而上達矣。若不察良心發現處，即渺渺茫茫，恐無下手處也。」〔註 121〕人生學問不在於人生成爲學問的附庸或傀儡，而在於學問豐富且擴展人生之價值，任何以學問之名操控人生之學說都難免不淪爲邪說，任何以人生之名玩弄學問之學說亦難免不淪爲游說。人生的意義追尋只能立足於人之身心，省察克治，方能有下手處，方能眞切實在。人生之學問就在於人的生命過程之中，因此，陽明說：「凡人之學，不日進者必日退。譬諸草木，生意日滋，則日益暢茂；苟生意日息，則亦日就衰落矣。……君子之學，非有同志之友日相規切，則亦易以悠悠度日，而無有乎激勵警發之益。山中友朋，亦有以此學日相講求者乎？孔子云：『德之不修，學之不講，是吾憂也。』而況於吾儕乎哉？」〔註 122〕聖人且要省察克治，憂道不行，何況一般世俗之人？職是之故，所謂省察克治實際上是使此心之精明復歸其位，對受世俗之說而日漸支離外索保持警醒，對流俗之士的虛見保持警省。

「敬」道內涵著自警，自警即是自我察識的工夫。陽明著《三箴》〔註 123〕以自警。警即敬也，箴所以刺病也，針砭自我，勿忘本心。據箴中所云四十有五，則此箴作於正德十一年丙子（1516），本年九月陽明因兵部尚書王瓊薦升都察院左僉都御史巡撫南贛等處。此時陽明之事業發展迎來一個新的發展機遇，官至正四品。但陽明並未因此而志得意滿，反而愈發省察克治，「惟在

〔註 121〕 （明）王陽明，《王陽明全集（新編本）卷三》〔M〕，吳光等編校，杭州：浙江古籍出版社，2010 年，第 149 頁。

〔註 122〕 （明）王陽明，《王陽明全集（新編本）卷四》〔M〕，吳光等編校，杭州：浙江古籍出版社，2010 年，第 189 頁。

〔註 123〕 嗚呼小子，曾不知警！堯詎未聖？猶日兢兢。既墜於淵，猶恬履薄；既折爾股，猶邁奔蹶；人之冥頑，則疇與汝。不見癰腫，砭乃斯愈？不見痿痹，劑乃斯起？人之毀詬，皆汝砭劑。汝曾不知，反以爲怒。匪怒伊色，亦反其語；汝之冥頑，則疇之比。嗚呼小子！告爾不一。既四十有五，而曾是不憶！嗚呼小子，慎爾出話！懍言維多，吉言維寡。多言何益？徒以取禍。德默而成，仁者言訒。孰默而譏？孰訒而病？譽人之善，過情猶恥；言人之非，罪曷有已？嗚呼多言，亦惟汝心！汝心而存，將日欽欽；豈遑多言，上帝汝臨！嗚呼小子，辭章之習，爾工何爲！不以釣譽，不以蠱愚。佻彼優伶，爾視孔醜；覆蹈其術，爾顏不厚？日月逾邁，爾胡不恤？棄爾天命，昵爾讎賊；昔皇多士，亦胥茲溺。爾獨不鑒，自抵伊巫！（明）王陽明，《王陽明全集（新編本）卷二十五》〔M〕，吳光等編校，杭州：浙江古籍出版社，2010 年，第 995 頁。

汝心，汝心而存，將日欽欽。」即心存誠敬，方能日新月異。這是對人生的真學問一心精察，從切實處修省，從篤實處下工夫，戒慎恐懼，事事時時，勇於克治，則學術與人生合二為一，方為集義，方為敬，因此「它不是一種對於日常生活各種紛繁複雜的意緒、意識流之截斷面，而是與道德生命攸關的抉擇，此抉擇決定了生存方式、生存世界展開姿態：是過一種本真的生活，抑或流於習氣墮入非本真狀態。」〔註124〕這種省察克治不是一種聊以自慰的玄虛話語，更不是一種不知所云的玄幻故事，它直接指向人的生存意義，因此需要勇下工夫：「須是勇。用功久，自有勇。故曰是集義所生者，勝得容易，便是大賢。」〔註125〕自我省察須在良知上用工，用良知之心照察自我，去除私欲之遮蔽，日新又新，不間斷地奮鬥。

　　聖人必可學而至。陽明講學之旨在於提點學者能立志聖人之學，而聖學並非空言，亦非徒以靜坐能達成者，否則靜坐者多矣，得道之人何其少也。除了內在的自我修省之外，還需要有同志之士相與講求，否則亦是閉門造車，獨學無友。人無法脫離群體而存在，必處於社群之中，實無脫離群體而獨存之可能，故講學的目的就在於建構士人共同體，以相互針砭，相互磨礪，從而達致社群的和諧，故陽明正德八年為滁州士子孟源、伯生《與滁陽諸生書並問答語》云：

　　　　諸生之在滁者，吾心未嘗一日而忘之然。而闃焉無一字之往，非簡也，不欲以世俗無益之談徒往復為也。有志者，雖吾無一字，固朝夕如面也；其無志者，蓋對面千里，況千里之外盈尺之牘乎！孟生歸，聊寓此於有志者，然不盡列名，且為無志者諱，其因是而尚能興起也。或患思慮紛雜，不能強禁絕。陽明子曰：「紛雜思慮，亦強禁絕不得，只就思慮萌動處省察克治，到天理精明後，有個物各付物的意思，自然靜專，無紛雜之念。《大學》所謂『知止而後有定』也。」〔註126〕

陽明學在於懲救時弊而不令人淪於空虛，空虛支離之說深得人心，多以

〔註124〕陳立勝，《王陽明萬物一體論：從身一體的立場看》，上海：華東師範大學出版社，2007年，第90頁。

〔註125〕（明）王陽明，《王陽明全集（新編本）卷三》〔M〕，吳光等編校，杭州：浙江古籍出版社，2010年，第103～104頁。

〔註126〕（明）王陽明，《王陽明全集（新編本）卷二十六》〔M〕，吳光等編校，杭州：浙江古籍出版社，2010年，第1030頁。

其浮誇式的似是而非吸引人的眼球，若不加思索極有可能信以爲眞，其弊害不小。陽明學簡易直接，其旨在於致良知而存天理去人欲，錢德洪說「是書孟源、伯生得之金陵。時聞滁士有身背斯學者，故書中多憤激之辭。後附問答語，豈亦因靜坐頑空而不修省察克治之功者發耶？」〔註127〕陽明學最爲關鍵的一點在於敬之心，即省察克治、收放心，除此之外學問並沒有捷徑可循，「此心即理，可信不可疑；近名即僞，可惡不可好。沈擇於斯，必有事焉，存其誠，厥用力在勿正勿忘勿助，藥隨病，勿執並所開邪也。道在邇，勿求諸遠；事在易，勿求諸難。」〔註128〕

　　省察克治即是致良知。錢穆先生說，其實陽明「所說的省察克治，便已是致良知，或問知行合一，他答道『此須識我立言宗旨。……需要徹根徹底，不使那一念不善潛伏胸中，此是我立言宗旨。』可見，他所講知行合一，宗旨還在省察克治，還在致良知。」〔註129〕不錯，正如錢穆先生所見，在陽明學這裡，省察克治就是存心誠身，就是敬道，陽明說：「平日徒知存心之說，而未嘗實加克治之功，故未能動靜合一，而遇事輒有紛擾之患。今乃能推究若此，必以漸悟往日之墮空虛矣。故曰純甫近來用功得力處在此。然已失之支離外馳而不覺矣。」〔註130〕陽明告誡弟子，作爲學說和知識的良知之學，在沒有成爲個人身體力行之前，都僅僅是外在的事物而已，如果把不把它內在化，不把它變成自己生命的意義，那就永遠不可能眞正瞭解生命的價值所在。世間從來不缺乏支離外馳的所謂學者，也從來不缺乏高倡某種學說的哲人，但人們心底何嘗不曾明白其中的道理，此心即是良知。良知的內在超越並不意味著超越於六經所述之日用人倫，而是以此使吾心覺之、警之，即敬道焉。

　　省察克治即是心即理。陽明說：「夫在物爲理，處物爲義，在性爲善，因所指而異其名，實皆吾之心也。心外無物，心外無事，心外無理，心外無義，心外無善。吾心之處事物，純乎理而無人僞之雜，謂之善，非在事物有定所

〔註127〕（明）王陽明，《王陽明全集（新編本）卷二十六》〔M〕，吳光等編校，杭州：浙江古籍出版社，2010年，第1031頁。

〔註128〕錢明編校，《徐愛錢德洪董澐集・橫山遺集》〔M〕，南京：鳳凰出版社，2007年，第66頁。

〔註129〕錢穆，《宋明理學概述》〔M〕，北京：九州出版社，2011年，第245頁。

〔註130〕（明）王陽明，《王陽明全集（新編本）卷四》〔M〕，吳光等編校，杭州：浙江古籍出版社，2010年，第168頁。

之可求也。處物爲義，是吾心之得其宜也，義非在外可襲而取也。格者，格此也；致者，致此也，必曰事事物物上求個至善，是離而二之也。伊川所云才用彼即曉此，是猶謂之二。性無彼此，理無彼此，善無彼此也。」〔註131〕世間道理，往往一意而多名，故理義善之名義，究其實皆指向吾之心。心乃本心，非一外在與吾人身心之外有一道理，故此心學於道的探尋並不在於建構一渾一完整的哲學體系，而在於心的教化、擴充和完善。「夫舊習之溺人，雖已覺悔悟，而其克治之功，尙且其難若此，又況溺而不悟，日益以深者，亦將何所抵極乎！以謙之精神力量，又以有覺於良如，自當如江河之注海，沛然無復能有爲之障礙者矣！默成深造之餘，必有日新之得，可以警發昏惰者，便間不惜款款示及之。」〔註132〕以良知之自覺，警省克治，勇猛提撕，日新有得，方可內在超越，此即敬以直內之眞義，即修己以敬之心銓，乃是孔孟仁道之心銓。敬本人心之良知，即人心之仁，仁乃人與人間之眞情厚意，孔子言禮必兼言樂，禮主敬樂主和，二者兼容，乃可表達人心到一恰好處。〔註133〕陽明加以重新紓解以回應當時學者支離、空虛之弊，重在使人重塑其恭敬之心，重歸孔孟之眞義。當然，也有學者認爲，陽明學的這種教化思想一方面促進了平民教育的興起，促進了知識分子與平民對達成道德的完善性有了自信，此一自信促使他們以嚴格的紀律精神全力地追求道德之完善，甚至不惜自我犧牲。另一方面以嚴格的規訓來看待倫理道德，有意無意地推動了追求社會控制的威權性格的滋長，而這正是政府所喜聞樂見的。〔註134〕

小結

　　對於「陽明學何以成爲陽明學」這個問題，劉咸炘曾嘗試以學風的角度來理解之。雖然陽明學在明代很興盛的觀點幾近常識，但實際上陽明學在當時飽受攻擊，其門人弟子也未曾顯用。那麼何以陽明學成其爲陽明學？劉氏

〔註131〕（明）王陽明，《王陽明全集（新編本）卷四》〔M〕，吳光等編校，杭州：浙江古籍出版社，2010年，第168頁。

〔註132〕（明）王陽明，《王陽明全集（新編本）卷六》〔M〕，吳光等編校，杭州：浙江古籍出版社，2010年，第219頁。

〔註133〕錢穆，《論語新解（3版）》〔M〕，北京：生活・讀書・新知三聯書店，2015（2002／2005／2012），第49頁。

〔註134〕李弘祺，《學以爲己：傳統中國的教育》〔M〕，香港：香港中文大學出版社，2012年，第326～327頁。

《王派學風論》似未完成，只是一則讀書筆記，但他提出了以下幾個頗有見地的想法：第一，與陳獻章白沙學的靜退比較而言，陽明學更加注重動與進，所謂動與進就是注重經濟（經世濟民）；第二，陽明學崇尚權謀，用兵應變之術爲後來權謀家所尊；第三，陽明學人多遊士，謀士、辯客等彙集一門；第四，陽明學人尙講學且常聚徒多者至於數千之眾，多不爲權勢者所喜，甚至被視爲僞學而身遭其禍；第五，陽明學人敢於直言，有獨立見解，勇於反對權勢者說。〔註135〕以上構成了陽明學風，也成就了陽明學。吾人認爲，劉氏從學風角度理解陽明學的確是一睿智之見。但尙未能解決根本之問題，即陽明學的基點何在？據前文所論可知，陽明學之所以風起雲湧，與陽明學講求執事敬有莫大關係。首先是，陽明學之著述求對時弊之懲治，故其言說多因事而發，但絕非簡單的書生之論而是以歷史的眼光看待現實生活中的問題，因此其言說得以成立並得到諸友人、門弟子的贊同和推廣；其次是，陽明學之活動不鶩高遠，而是立足於學者本人的身份地位以其身心之修養加以擴充和展示，使得其行爲處事就有強烈的進取姿態，即便是其論敵也不得不認同；第三，陽明學人相互之間因爲共同的學術理念，產生了一種類似文人共和國（republic of letters）的思想共同體，這一群體自覺以斯道自任，具有較強的社會性，學派成員之間的積極互動，進一步促進了學術的發展。

錢德洪在今本《傳習錄》卷二序說了陽明學的經歷和志向，陽明「平生冒天下之非詆推陷，萬死一生，遑遑然不忘講學，惟恐吾人不聞斯道，流於功利機智，以日墮於夷狄禽獸而不覺。」〔註136〕人們之所以並不能信奉陽明學，甚至以其學說爲異端並加以詆斥，一方面表明了眞正意義上的契合人心的學術並不見得就能在當時當世取得立竿見影的效果，所謂眞理並不會自動成爲人們所接受所遵循的準則，必須有其學人以熱忱、奉獻和無畏的精神與行動，方能得到人們的尊奉、信仰，而口耳之學，雖然在一時有口吐蓮花之感，有無數擁躉，但在時間的考驗之中，或許即將隨風逝去，因爲無根的學術和無根的思想必定開不出燦爛的花實。另一方面，作爲行動者的自我觀照，儒學並不以他人的接受和評判爲最主要的準則，其首先追求的是自洽與自用，所謂自洽是指所講明的學術範疇於聖賢之道相互融合爲一體，既可以

〔註135〕劉咸炘，《劉咸炘學術論集・哲學編・王派學風論》〔M〕，廣西師範大學出版社，2010 年，第 720 頁。

〔註136〕（明）王陽明，《王陽明全集（新編本）卷二》〔M〕，吳光等編校，杭州：浙江古籍出版社，2010 年，第 44 頁。

從先賢的教益出發引發出後學的基本主張，同時又可以以後者來充實前者的內涵；所謂自用是指學說本身不是爲他人立準則，不是爲社會爲自然立法，而是認同基本的社會準則和遵循基本的道德規範的同時，對自我有一種超越性的追求，不流於俗不媚於世，乾淨純潔正直，不缺乏生活的樂趣和生活的率眞。

　　陽明說：「聖賢論學，無不可用之功，只是『致良知』三字，尤簡易明白，有實下手處，更無走失。近時同志亦已無不知有致良知之說，然能於此實用功者絕少，皆緣見得良知未眞，又將『致』字看太易了，是以多未有得力處。雖比往時支離之說稍有頭緒，然亦只是五十步百步之間耳。就中亦有肯精心體究者，不覺又轉入舊時窠臼中，反爲文義所牽滯，工夫不得灑脫精一，此君子之道所以鮮也。此事必須得師友時時相講習切劘，自然意思日新。」〔註137〕則陽明主張在知曉良知二字的基礎上眞切地用實際工夫，又主張教化之道在師友間時時講習箴規切劘，即其良知之學最終落腳點在教化，是爲第三章。

〔註137〕（明）王陽明，《王陽明全集（新編本）卷二》〔M〕，吳光等編校，杭州：浙江古籍出版社，2010 年，第 236～237 頁。

第三章　敬德修業：教化之路徑

　　如今欲問如何立國致用，則告之曰：汝且立身行己。立身行己
之道，即從「言忠信、行篤敬」做起。言行是日用不離的，忠信篤
敬是工夫，亦即是本體。忠是懇切深摯，信是真實不欺，篤是厚重
不輕忽，敬是收斂不放肆。〔註1〕

　　　　　　　　　　　　　　　　　——馬一浮《泰和宜山會語》

　　夫子說「執事敬」，就是教人做一件事要鄭重去做，不可以苟且，
他又說「出門如見大賓，使民如承大祭」，都是敬事的意思。〔註2〕
　　　　　　　　　　　　　　　　　——胡適《治學與方法》

　　儒家的學說以生命為中心展開，故偏重於教育方面。「為什麼要教育？為
的是人性可以受教育；如何實施教育？以人性的善惡作標準。無論教人或者
教自己，非先把人性問題解決，教育的問題沒有法子解決。」〔註3〕儒家教育
講以身作則，以身作模範人格，作榜樣。宋明儒者之學，所以影響深遠，就
在於其所樹立的禮教和教育上的權威，支配著中國人的信仰和道德禮儀生活
〔註4〕，王陽明的教育哲學亦是如此。

　　陽明學內涵著多重詮釋的可能性。以教育史的視域而言，王陽明的教化
哲學涉及「學－教」的基本問題，在學的起點和方法，教的原則和理想等方

〔註1〕　吳光，《中國近代思想家文庫·馬一浮卷》〔M〕，北京：中國人民大學出版社，
　　　　2015年，第35頁。
〔註2〕　胡適，《胡適文集（第12冊）卷二·治學與方法》〔M〕，歐陽哲生編，北京：
　　　　北京大學出版社，2013年，第127頁。
〔註3〕　梁啟超，《孔子與儒家哲學》〔M〕，北京：中華書局，2016年，第187頁。
〔註4〕　賀麟，《文化與人生》〔M〕，北京：商務印書館，2015年，第210頁。

面均有其獨特的學派特色。以良知的人性觀為基礎，王陽明主張教化不是抽象的本體範疇，也不是了無頭緒的工夫，而是有入處的實工夫，就分限的巧提撕，以及自覺覺人、自立立人的真教化。王陽明在教育哲學上有其獨特的貢獻，如何理解並評價王陽明的教育哲學？通過文本和詮釋的方式，吾人可見陽明將儒學的生活哲學、是非規矩引入教育哲學，彰顯了使人心復歸性善、使教化歸於良知的儒學教育宗旨。

教化作為一種理念，淵源久矣。王夫之說：「悅（荀悅）之言曰：『教化之廢，推中人而墜於小人之域；教化之行，引中人而納於君子之途。』是也。」〔註5〕所謂教化是禮樂制度之教之化，陽明說：「有紀綱政事之設焉，有禮樂教化之施焉，凡以裁成輔相、成己成物，而求盡吾心焉耳。心盡而家以齊，國以治，天下以平。故聖人之學不出乎盡心。」〔註6〕興學的意義就在於興起教化，講學的意義即在於興起盡心之學。《說文解字》釋教之義為：「上所施下所效也」〔註7〕，釋化為：「教行也」〔註8〕。如此，則教化可用陽明之語釋之：「夫惟有賢人君子以為之養，則義理之學，足以克其私心也；剛大之氣，足以消其邪心也；正直之論，足以去其惡心也；擴其公而使之日益大，扶其正而使之日益強，作其善而使之日益新，夫是之謂匡直輔翼之道，而所以養其心者有所賴。……若夫自養之功，則惟在於存養省察，而其要又不外乎持敬而已。」〔註9〕則教化之道其歸結點乃是性理學的基本主張——「敬」。這是有識之士的共識。

有明一代重視教化，特別是學校教化，教育史上是突出的。皇室編纂並頒發《四書五經大全》《性理大全》，其目的也在於教化，故有儒者胡儼說：「夫學校教化所自出，其興廢實守令之責。然所以為教化者，豈專以廟堂為美觀哉？要之，有其本也。苟敝壞不治則無以將事，既撤而新之，此為政者知修齊職也。至於務本則吾黨之士當以勉之。昔我太祖高皇帝既定天下，首崇學校之政教，育人材作新士，習詒謀於萬世者，遠矣。至我皇帝繼承大統繼志

〔註5〕 （清）王夫之，《讀通鑒論》〔M〕，舒士彥點校，北京：中華書局，2015（2013），第242頁。

〔註6〕 （明）王陽明，《王陽明全集（新編本）卷七》〔M〕，吳光等編校，杭州：浙江古籍出版社，2010年，第274頁。

〔註7〕 （漢）許慎，《說文解字》〔M〕，北京：中華書局，2016（2013），第64頁。

〔註8〕 （漢）許慎，《說文解字》〔M〕，北京：中華書局，2016（2013），第166頁。

〔註9〕 （明）王陽明，《王陽明全集（新編本）卷二十二》〔M〕，吳光等編校，杭州：浙江古籍出版社，2010年，第896～897頁。

述事，表彰儒術，深念天下學者務科目進取，致力於章句文辭之間而忘修己治人之實，乃命儒臣取六經四書與諸先儒之奧論，所以發明聖學、維持斯道者，聚類成書，賜名《性理大全》，頒之天下學校而嘉惠學者，使之務本之意。所謂天祐下民，作之君師，德教之隆，超軼前古。天下之爲師徒者當知此書（《性理大全》），美教化而序彝倫，一道德而同風俗，需此焉出，非徒科目進取之事也。」〔註 10〕陽明所以孜孜講學，發明斯道，揭致良知，其目的仍在將自己的觀察和探求與學者分享，促進學者務本，所謂務本即是「美教化而序彝倫，一道德而同風俗」。教育事關學術之倡明、風俗之轉變和政治社會秩序之安定，其重要性自不待言。故本章集中陽明教化哲學的主旨，始於學之起點，迄於人倫教化。

第一節　教育主張

「修己以敬」作爲儒家教化哲學的基本主張，一方面是要將五倫的原則運用於日常生活，一方面是要將禮樂秩序來重塑公共與私人生活。教育的目的就是以德行和文化需要自己，通過提升自己領導能力和品質影響他人生活，並以此改善社會。此一教育主張在中國歷史發展中歷經千百年未曾有根本性的改變。〔註 11〕

作爲中國教育思想發展歷程中的第二個高峰〔註 12〕的典範之一，王陽明的教育思想深得現代教育家和教育史家的推崇。陽明曾言願終身從事講學，盡除卻文章、政事、氣節和勳烈，亦無愧爲全人。〔註 13〕唐文治對陽明致良知之學三復致意，並於 1930 年編《陽明學術發微》七卷，發明陽明學，他以爲「今日欲救中國之人心，必自致良知始矣。」〔註 14〕又謂「陽明立教以易

〔註 10〕　〈天一閣藏明代方志選刊第 13 冊・弘治句容縣志卷九・胡儼重修戟門記〉〔M〕，上海：上海書店，1981 年，第 594～595 頁。
〔註 11〕　郭秉文，《中國教育制度沿革史》〔M〕，儲朝暉譯，北京：商務印書館，2014年，第 21 頁。
〔註 12〕　張瑞璠等教育史學家認爲，中國教育思想的嬗變經歷了兩個高峰、一次轉折，即春秋戰國的諸子學和孔孟儒學、宋明的程朱陸王理學兩次高峰和近代以來從傳統到現代的教育的轉折。（張瑞璠，《中國教育哲學史（第 1 卷）・前言》〔M〕，濟南：山東教育出版社，1999 年，第 3～4 頁）
〔註 13〕　郤守益，《陽明先生文錄序》〔M〕，（明）王陽明，《王陽明全集（新編本）卷五十二》〔M〕，吳光等編校，杭州：浙江古籍出版社，2010 年，第 2082 頁。
〔註 14〕　唐文治，《陽明學術發微》〔M〕，林慶彰，《民國時期哲學思想叢書（第一編

簡覺悟為主，……所謂變學為覺，天下實則救之以虛。與時消息，尤為教育家之名論。《禮記‧樂記篇》曰：教也者，民之寒暑也。教不時，則傷世。今日之人心必救之以良知乎？世有能三不朽者，微斯人吾誰與歸？」〔註15〕如今，其人其學其事，業已成為不朽傳奇。〔註16〕唐氏浸潤理學有年，淹貫四部而著述繁富，何以獨揭陽明良知之教以為救人心之途轍？鄙意以為，吾人須從陽明教育思想談起。因為，陽明所謂良知並不是生理學上所謂人人生來就有的「天賦觀念」，而是理性之知、德性之知，是通過教養生活的體驗和文化陶養，更能促進良知的清明銳敏，也可說是經過格物窮理不斷學習的過程。〔註17〕

一、學的起點

「敬」是學的起點。具體而言，則可謂之立志。凡是立志求學的人都希望有一切己的為學起點，即入手處，這在古今並無二致。對於性理學而言，所謂入手處的問題更為急迫，因為事關學者進德修業的緊要處、切要處，陳獻章自述說，他才不及人，「年二十七，始發憤從吳聘君學。其於古聖賢垂訓之書，蓋無所不講，然未知入處。比歸白沙，杜門不出，專求所以用力之方。既無師友指引，惟日靠書冊尋之。」〔註18〕陽明求學歷程也歷經艱辛，從百死千難中得來。而一旦悟道，則云其學為易簡之學，「此道至簡至易的，亦至

第91冊)》〔M〕，臺中：文聽閣圖書有限公司，2010年，第2頁。

〔註15〕唐文治，《陽明學術發微》〔M〕，林慶彰，《民國時期哲學思想叢書（第一編第91冊)》〔M〕，臺中：文聽閣圖書有限公司，2010年，第12頁。

〔註16〕唐氏乃清末民初教育名家，官至部級（清廷農工商部左侍郎兼署理尚書），丁憂後不復從政，而是從教辦學，先後任上海高等實業學堂、郵傳部高等商船學堂（1907）監督，後者於1911年更名為南洋大學，1920年唐氏離任，1921年中央定名為交通大學。隨後，唐先生任無錫國學專修館館長，1927年更名為無錫國學專門學院，育英才無數。吳湉南，《無錫國專與現代國學教育》〔D〕，華東師範大學，2006年；張晶華，《唐文治學術思想研究》〔D〕，山東師範大學，2006年；李文娜，《唐文治教育理念及其當代意蘊》〔D〕，蘇州大學，2010年；呂成冬，《唐文治家族研究（1841～1954）》〔D〕，華東師範大學，2010年；茆萌，《唐文治年譜新編》〔D〕，蘇州大學，2013年；陸陽，《唐文治年譜》〔M〕，上海：上海三聯書店，2013年。

〔註17〕賀麟，《五十年來的中國哲學》〔M〕，北京：商務印書館，2002年，第205頁。

〔註18〕（清）黃宗羲，《明儒學案（修訂本）》〔M〕，沈芝盈點校，北京：中華書局，2013（2008），第80頁；（明）陳獻章，《陳獻章集卷二‧覆趙提學僉憲》〔M〕，北京：中華書局，1987年，第145頁。

精至微的。」〔註19〕良知即爲道，故其所述「此道」，即是良知之教。換句話說，良知易簡，致良知精微。後世學者也多以易簡二字爲陽明學的主要特徵，易簡、精微意味著爲學有其下手處和著力處，一講即明，由此朔源而上，自能自見其明而自得成。以教育史視域觀之，陽明繼承和豐富了我國教育思想的優良傳統，反對道學對當時教育的禁錮，頗有革新風格和求實精神〔註20〕。教育要解決的問題，是人如何應付人生生活的問題，這是教育不能承受之重，卻著實是教育家自覺擔當。教育史家苦究過往歷史，所期待的非爲所謂歷史眞實、眞相的細緻刻畫，毋寧是通過歷史的洞見，爲人們找到一絲親近現實的力量，使人性的光輝在現實生活中得以充實。

作爲儒者的陽明，追求的是好的生活和好的社會。無論孔夫子還是陽明，都歷經百死千難，苦苦尋覓，方有其心得，即找到了人生爲學的起點，即陽明所謂的入手處和著力處。陽明說：「必有事焉者，只是時時去集義。……今卻不去必有事上用工，而乃懸空守著一個勿忘勿助，此正如燒鍋煮飯，鍋內不曾漬水下米，而乃專去添柴放火，不知畢竟煮出個甚麼物來。吾恐火候未及調停，而鍋已先破裂矣。近日一種專在勿忘勿助上用工者，其病正是如此。終日懸空去做個勿忘，又懸空去做個勿助，濟濟蕩蕩，全無實落下手處；究竟工夫只做得個沉空守寂，學成一個癡騃漢，才遇些子事來，即便牽滯紛擾，不復能經綸宰制。此皆有志之士，而乃使之勞苦纏縛，擔閣一生，皆由學術誤人之故，甚可憫矣」！〔註21〕

陽明學者往往將陽明學視爲直指本心的說玄說妙，即便最爲名著的黃宗羲《明儒學案》亦不例外。如黃氏雖然一再反對陽明學者的意見糾纏，但他所引《師說》中對說：「良知爲知，見知不囿於聞見；致良知爲行，見行不滯於方隅。即知即行，即心即物，即動即靜，即體即用，即工夫即本體，即下即上，無之不一。」〔註22〕他又認爲陽明「致良知三字，默不假坐，心不待澄，不習不慮，出之自有天則。蓋良知即是未發之中，此知之前更無未發；

〔註19〕（明）王陽明，《王陽明全集（新編本）卷三》〔M〕，吳光等編校，杭州：浙江古籍出版社，2010 年，第 137 頁。

〔註20〕沈善洪、王鳳賢，《王陽明哲學研究》〔M〕，杭州：浙江人民出版社，1981 年，第 1 頁。

〔註21〕（明）王陽明，《王陽明全集（新編本）卷二》〔M〕，吳光等編校，杭州：浙江古籍出版社，2010 年，第 90 頁。

〔註22〕（清）黃宗羲，《明儒學案（修訂本）》〔M〕，沈芝盈點校，北京：中華書局，2013（2008），第 7 頁。

良知即是中節之和，此知之後更無已發。此知只能發散，不須更期於發散；此知自能發散，不須更期於發散。」〔註 23〕這種論斷理學家氣勢十足，對後世學者也多有啓發，如邱椿《王陽明的教育思想》中即似有對此說的迴響，他認爲致良知說是陽明教育哲學基礎，「所謂致良知，是不分內外、動靜、人我，隨時、隨地、隨事，都忠實地執行固有的良知之命令。」〔註 24〕黃與邱均認爲陽明的致良知是某種混沌融貫狀態，無法用嚴格的條理分析和清晰可分的邏輯來詮釋，所不同的僅僅是，邱椿先生將黃氏「天則」一詞改爲「命令」。又如高攀龍說：「以本體爲工夫，以工夫爲本體，不識本體皆差工夫也，不做工夫皆假本體也。惟誠敬即工夫即本體，誠無爲，敬無適，以識本體，故未嘗費纖毫之力也。起因如此，結果如此，未有假因成眞果者。」（《高子遺書卷八下・答薛用章一》）高氏與黃氏的不同是將良知替換爲誠敬。實際上，在陽明學那裡，誠敬即良知。這種理解對於我們理解陽明教育主張及其哲學理念，當然有其貢獻，然而在當下的語境中，吾人似不可重複之。

熊十力服膺陽明之學，他說：「兩宋諸大師奮起，始提出堯舜至孔孟之道統，令人自求心性之地，於是始知有數千年道統之傳而不惑於出世之教，又皆知中夏之貴於夷狄、人道之遠於禽獸，此兩宋諸大師之功也。然其道嫌不廣，敬愼於人倫日用之際甚是，而過於拘束便非。其流則模擬前賢行跡，循途守轍，甚少開拓氣象。逮有明陽明先生興，始揭良知，令人掘發其內在無盡寶藏，一直擴充去，自本自根，自肯自肯，自發自闢，大灑脫，大自由，可謂理性大解放時期。（理性即是良知之發用。）程朱未竟之功，至陽明而始著，此陽明之偉大也。」〔註 25〕熊先生此語可謂明斷。陽明良知之學，首先在於振奮人心，促其自力，故可謂之理性。而所謂大解放即是不再拘束於某一既定思想，包括理學本身。因爲在理學語彙體系中，已發未發、發散收斂、動靜等均是基本概念，意味著對於所謂本體工夫的基本認識。這種話語體系，隨著理學思潮的退卻，不再爲學人熟知，漸漸淪爲專家的高深學問，執守者也往往尋跡而已，與創造發明無涉，與身心修養亦無所助益。

〔註23〕 （清）黃宗羲，《明儒學案（修訂本）》〔M〕，沈芝盈點校，北京：中華書局，2013（2008），第 178 頁。

〔註24〕 邱椿，〈王陽明的教育思想〉〔J〕，《北京師範大學學報》，1957 年第 02 期，第 62 頁。

〔註25〕 熊十力，《十力語要初續》〔M〕，上海：上海書店出版社，2007 年，第 5～6 頁。

實際上，現實生活中眞實的陽明講學是了無虛言的。他善喻善譬，取諸日常生活，何其簡易之極。就陽明所言，則教育如同生火做飯，人生是自我製作、自我成就的過程，要得飯菜可口，離不開各色菜譜，研究精當，技藝精湛，或是最高的追求。可是，若無米下鍋，卻於糾結中大生起火，禍且不遠矣。陽明此說與朱子實有同感，朱子說：「學者欲知忠恕一貫之指，恐亦當自違道不遠處著力，方始隱約得一個氣象，豈可判然以爲二物而不相管耶？……且如今爲此學而不窮天理、明人倫、講聖言、通世故，乃兀然存心於一草木、一器用，此是何等學問？如此而望有所得，是炊沙而欲起成飯也。」〔註 26〕無論是朱子還是陽明，對於教育的基本問題即學的問題有深刻的見解，在他們看來首先是「必有事焉」。所謂必有事焉，來自孟子學，當公孫丑請教孟子何以成就自身時，孟子無非是善養浩然之氣而已。公孫丑復問何謂浩然之氣？孟子說，之所以浩然，在於它充塞天地宇宙，它是正義之道、公正之道、自然之道，它「是集義所生者，非義襲而取之也。行有不慊於心，則餒矣。……必有事焉而勿正，心勿忘，勿助長也。」〔註 27〕陽明對孟子的這一必有事焉的詮釋和朱子的論說並無二至，朱子章句云：「必有事焉，有所事也。……言養氣者，必以集義爲事，而勿期其效果。其或未充，則但當勿忘其所有事，而不可作爲以助其長。」〔註 28〕均指向時時事事的集義，即必有事焉的眞義所在。因此，陽明說：「博學只是事事學存此天理，篤行只是學之不已之意。」〔註 29〕然而，如何集義？

二、學的方法

「敬」基於事，無事則無敬。陽明學所揭櫫的「事上磨練」即本於「必有事焉」，並以之爲爲學的起點。這就意味著在教學中以成德爲務，而爲學之法則是在心地上著實用工夫。這並不意味著整齊劃一的教學方法，而是具體

〔註 26〕 （宋）朱熹，《晦庵先生朱文公文集卷三十七》〔M〕，朱傑人等主編，《朱子全書（修訂本）22 冊》〔M〕，上海：上海古籍出版社；合肥：安徽教育出版社，2010 年，第 1756 頁。

〔註 27〕 （宋）朱熹，《四書章句集注・孟子集注卷三》〔M〕，北京：中華書局，2014（2011），第 215～216 頁。

〔註 28〕 （宋）朱熹，《四書章句集注・孟子集注卷三》〔M〕，北京：中華書局，2014（2011），第 216 頁。

〔註 29〕 （明）王陽明，《王陽明全集（新編本）卷三》〔M〕，吳光等編校，杭州：浙江古籍出版社，2010 年，第 132 頁。

於教學的內容和方式根據年齡、職業而有所不同：對於初學入門者，是以小學工夫啓發、教導、誘導，即歌詩、禮儀等等，使其明於親、義、別、序、信的父子、君臣、夫婦、長幼、朋友的人倫秩序原則。對於成人，則根據其職業而使其各究心本職所在並使之自覺遵循人倫秩序，以在事上磨練的準則關注當下，立足當下的具體境遇，在禮樂制度中踐履人之所以爲人的責任和義務，回復人的良知本心。同時，也要根據各自的天賦秉性有所取捨抉擇，「才能之異或有長於禮樂、長於政教、長於水土播植者，則就其成德，而因使益精其能於學校之中。」〔註30〕

先賢講學，不務虛辭，注重實行。在教育的方法上要旨均不外乎指點學者用心用功，這種方法在儒學經典盛行的時代則是通過對經典的體悟心得而切中學者之心。陽明最善於此道，故其教育思想源自經典的詮釋，他的詮釋方法和教學之道值得我們反覆深味。《傳習錄》第113條記載了陽明門人黃宗賢〔註31〕求教陽明經學問題時陽明的開示，由此我們或可窺其教的方法之一斑。黃氏問《論語・公冶長第五》第八章「子謂子貢曰：『女與回也，孰愈？』對曰：『賜也何敢望回？回也聞一知十，賜也聞一以知二』。子曰：『弗如也，吾與女弗如也。』」〔註32〕應如何解讀？陽明以簡練的言語詮釋之：「子貢多學而識，在聞見上用功；顏子在心地上用功，故聖人問以啓之。而子貢所對又只在知見上，故聖人歎惜之，非許之也。」〔註33〕

對此章的詮釋，陽明與朱子不同。朱子在《論語集注》中引用了胡氏的說法：「夫子以其（子貢）自知之明，而又不難於自屈，故既然之，又重許之。此其所以終聞性與天道，不特聞一知二而已也。」〔註34〕朱子所同意的是子貢博學多聞，多見多識，最終亦此得以體悟到夫子之言性與天道，因此夫子雖然並不以之爲求道的合適途徑，但也表示認可。這裡，朱子實際上是在論證性與天道的得聞與否，關鍵在於能否有自知之明，各自以其自身條件加以充實、涵養，

〔註30〕　（明）王陽明，《王陽明全集（新編本）卷二》〔M〕，吳光等編校，杭州：浙江古籍出版社，2010年，第59頁。

〔註31〕　黃宗賢（卒於嘉靖十五年，～1536）字誠甫、號致齋。

〔註32〕　（宋）朱熹，《四書章句集注・論語集注卷三》〔M〕，北京：中華書局，2014（2011），第76頁。

〔註33〕　（明）王陽明，《王陽明全集（新編本）卷一》〔M〕，吳光等編校，杭州：浙江古籍出版社，2010年，第35頁。

〔註34〕　（宋）朱熹，《四書章句集注・論語集注卷三》〔M〕，北京：中華書局，2014（2011），第76頁。

則聞道亦爲可期之事。顯然，陽明並不認可朱子集注中所引胡氏經義疏解，在陽明看來，用功是儒學的基本工夫，而教的方法在於指點學者在心地上用功，若非心地上著實用工夫，則夫子亦要歎息之。正如徐階在《王文成公全書序》中所說，「惟文成公奮起聖遠之後，慨世之言致知者求知於見聞，而不可與酬酢，不可與祐神，於是取《孟子》所謂良知合諸《大學》，以爲致良知之說。其大要以謂人心虛靈莫不有知，唯不以私欲蔽塞其虛靈者，則不假外索，而於天下之事自無所感而不通，無所措而不當。蓋誠意、正心、修身、齊家、治國、平天下必先致知之本旨，而千變萬化，一以貫之之道也。」〔註35〕徐階被視爲是私淑陽明之人，其推崇陽明可見一斑，由此亦可徵其人深得陽明學旨。

　　然而，陽明學的良知宗旨，王門弟子就已經有各自心得和銓解，也因此有了所謂王門後學派系的無窮爭議。在陽明學者的視野中，何謂良知更爲繁雜，梳理出良知的七十二種定義似不爲難事，如鄧艾民《朱熹王守仁哲學研究》〔註36〕列六種，最高的本體、客觀的理、是非之心、虛靈明覺的本心、七情自然流行、德性之知；牟宗三《從陸象山到劉蕺山》〔註37〕列五種：本心、眞誠惻坦、天理（道德法則）、存有論的創發原則、雖主觀亦客觀；韋政通《中國思想史》〔註38〕列六種：善心善性、仁、判斷善惡、心之虛靈明覺、中、道（道德的律則）；陳來《有無之境》〔註39〕列七種：是非之心、意念、獨知、聖（聖人）、天理、明德、自慊；張學智《明代哲學史》〔註40〕列四種：天理之昭明靈覺、是非之心、造化的精靈、思是良知的發用；耿寧《人生第一等事：王陽明及其後學論致良知》〔註41〕將良知詮釋爲本原知識，並區分其爲三個概念：向善的秉性（稟賦）、對本己意向中的倫理價值的直接意識（道

〔註35〕 （明）王陽明，《王陽明全集（新編本）卷五十二》〔M〕，吳光等編校，杭州：浙江古籍出版社，2010 年，第 2079 頁。

〔註36〕 鄧艾民，《朱熹王守仁哲學研究》〔M〕，華東師範大學出版社，1989 年，第 178～181 頁。

〔註37〕 牟宗三，《從陸象山到劉蕺山》〔M〕，牟宗三全》第 8 冊，臺北聯經，2003 年，第 178～181 頁。

〔註38〕 韋政通，《中國思想史》〔M〕，長春：吉林出版集團有限責任公司，2009 年，第 892～893 頁。

〔註39〕 陳來，《有無之境》〔M〕，北京：北京大學出版社，2013 年，第 154～163 頁。

〔註40〕 張學智，《明代哲學史》〔M〕，北京：中國人民大學出版社，2012 年，第 102～111 頁。

〔註41〕 耿寧，《人生第一等事：王陽明及其後學論致良知》〔M〕，北京：商務印書館，2014 年，第 241 頁。

德意識）、始終完善的良知本體；張立文《宋明理學研究》〔註42〕列七種：心之本體、造化的精靈、統攝有無動靜、天理、至善、是非之心、致知。

在上述當代哲學史家、思想史家們對於陽明良知概念的疏解中，我們不難看到，良知本身具有無窮的詮釋可能性，甚至內涵著理論的緊張關係，這或許是陽明所說的「乾坤萬有基」的意涵。從哲學思想和知識理論層面來說，諸多良知的解說無疑具有其意義，擴展並深化了良知概念所具有的意義。但從教化的視域來看，我們似乎應該跳出這些複雜且往往互相對峙的解說中解脫出來，回歸於歷史語境和現實處境中的陽明及陽明學，以教育史的眼光重新審視陽明學，故吾人以為徐階所引陽明「良知之外更無知，致知之外更無學。」〔註43〕（《王陽明全集卷六‧與馬子莘》）為陽明學教育思想的核心命題。這並不意味著，陽明學教育思想是良知哲學的邏輯展開，毋寧說良知為教化的意義所在，而致良知則是教育的目的和歸宿。為學求知，則當尊崇陽明的教導：「在孟子言必有事焉，則君子之學終身只是集義一事。義者宜也，心得其宜之謂義。能致良知，則心得其宜矣，故集義亦只是致良知。」〔註44〕如此，為學方才能得其法，日進於道。

三、教的原則

「敬」首先是一種對於先聖先賢的敬仰。後世學者中批駁陽明學的往往有批判陽明學者束書不觀，遊談無歸者。此種論說或以陽明《稽山書院尊經閣記》中「六經者，吾心之記籍也」一語推演至極而言，並據此以為依憑本心勿用經書，更不用經說。此乃厚誣之辭，凡深味陽明學者均心知其非，勿庸駁斥。那麼，陽明如何看待經典及經說呢？首先，學者要以心求之，陽明說：「其得者不能出於《四書》之外，失者遂有毫釐千里之繆，故莫如專求之《四書》。《四書》之言簡實，苟以忠信進德之心求之，亦明白易見。」〔註45〕如前文所述，陽明學只是給學者點出可著力處，故其為學之方在於「就

〔註42〕 張立文，《宋明理學研究》〔M〕，北京：中國人民大學出版社，2016 年，第 455～461 頁。

〔註43〕 （明）王陽明，《王陽明全集（新編本）卷五十二》〔M〕，吳光等編校，杭州：浙江古籍出版社，2010 年，第 2079 頁。

〔註44〕 （明）王陽明，《王陽明全集（新編本）卷二》〔M〕，吳光等編校，杭州：浙江古籍出版社，2010 年，第 79 頁。

〔註45〕 （明）王陽明，《王陽明全集（新編本）卷八》〔M〕，吳光等編校，杭州：浙江古籍出版社，2010 年，第 292 頁。

學者本心日用事爲間，體究踐履，實地用功。」〔註 46〕讀經亦是如此。正如陽明《朱子晚年定論》第 12 條引朱子話語說：「前輩所謂『下士晚聞道，聊以拙自修』者，若充擴不已，補復前非，庶其有日。……漢儒可謂善說經者，不過只說訓詁，使人以此訓詁萬索經文。訓詁經文不相離異，只做一道看了，直是意味深長。」唐文治詮釋按語曰：「以拙自修，正是求放心之法，並非空談於冥漠之中也。因訓詁以求道，尤爲讀經要旨，足救漢學支離破碎之弊。如鄭君講學，近道之處甚多。曾子言君子所貴乎道者三，道即禮也，視聽言動一於禮，而《中庸》戒懼、《大學》誠意，不外是矣。」〔註 47〕

　　儒者注重經典的傳承和詮釋，正是在此尊經重道的傳統中，尊德性和道問學成爲理學家的共同話語，也是後世學者區分朱陸異同的重要指標。陽明說：

> 如今講習討論，下許多工夫，無非只是存此心，不失其德性而已。豈有尊德性，只空空去尊，更不去問學？問學只是空空去問學，更與德性無關涉？如此，則不知今之所以講習討論者，更學何事！〔註 48〕

學者講習之，往往承襲舊說以爲方便法門，每每不問其緣由，更談不上反躬自省，如論者或以陽明曾說過「滿街都是聖人」，推而極之則任何人若照著自己的心去行動就毫無問題，這顯然不是陽明學的眞知灼見。故陽明說空空而尊、空空而學，都不是儒者講習之道。爲學的眞義在於人通過學的過程瞭解自我，擴充良知，更好地成就自我、安頓社會，因此講學的意義在於使學者能夠存其心而不失其德性，即是陽明所謂「夫學，貴得之於心。」「夫君子論學，要在得之於心。」而要有所得必然就需要在心地上下著實的工夫，即是用心去做，否則就是世俗學者的章句學、記誦學，雖明瞭章句，包本記誦，仍無濟於事，甚或使經書成爲一種外在的負擔，這因爲求學者、教學者沒有走心，更談不上存心，無論是經典教育還是實用教育均將成爲誤人子弟的歧途之說，不可不慎。

〔註 46〕　（明）王陽明，《王陽明全集（新編本）卷二》〔M〕，吳光等編校，杭州：浙江古籍出版社，2010 年，第 45 頁。

〔註 47〕　唐文治，《紫陽學術發微卷十》〔M〕，樂愛國點校，上海：華東師範大學出版社，2014 年，第 270～271 頁。

〔註 48〕　（明）王陽明，《王陽明全集（新編本）卷三》〔M〕，吳光等編校，杭州：浙江古籍出版社，2010 年，第 133 頁。

　　唐文治說：「爲朱學者，誠不免空空而小小也。此心體之不能盡精微廣大有以致之也。吾嘗謂：自漢唐以來，講學之大弊有二，曰有我，曰好爭。以孔子窮理盡性，且曰毋我，而後世講學者輒挾有我之私以凌轢當世，惟我獨是，他人皆非。執此心以讀書爲學，挾此心以處事接物，其心疾以深，其辭愈倍，積之久焉。於是移易世風，相訟相讎而不知所止。……講學先務息爭，而息爭則必自講學者爲始。」〔註49〕宋明學者多以講學爲樂，大概是孟子「得天下英才而教育之」的意思。杜維明認爲：「儒者……不僅是位文人（literatus），而且也是位知識分子。儒家知識分子是行動主義者。」〔註50〕儒者一方面對現實的權力政治世界保持著批判態度，一方面希望通過以其所知所詮的儒者之道重整世道人心，後者的關鍵在於教育，它因此不僅僅是一種知識技藝的傳授，更重要的是重新樹立儒者以修身爲核心課程的爲己之學，因此道問學必須納入尊德性的範圍之中而不是互相對立的兩極。從歷史發展來看，陽明學得以成立，其中一個最主要的因素是陽明學人的不斷講學，吸引了眾多學者，形成了獨具特色的學派風格。這一風格用陽明致良知之教來概括應無疑問。

　　問題的關鍵在於，陽明學所教之對象並非毫無辨明的無知無識之輩，而是被審慎地納入到具有內在良知且能維護社會秩序的人們之上。知識不再是特權階層的獨享禮物，因爲社會秩序的整合依賴於參與者的集體行動。在此，尊德性和道問學的矛盾極有可能成爲爲學方案的阻礙，所以陽明學者依據經典儒學的論述，自覺地《大學》《中庸》等經典儒學範式中所具有的內在聯繫以新的方式加以詮釋，這種詮釋之學是根據本人艱辛努力得來的心得，「孔聖欲無言，下學從泛應。君子勤小物，蘊蓄乃成行。」〔註51〕對此，即便陽明門人也存有疑惑，如《傳習錄》第212條記載陳九川〔註52〕向陽明求證，程頤門人認爲其「體用一源，顯微無間」之說是洩露天機，實際上即是對其學說與孔孟之說並不完全合一的另外一種含蓄的表述，對於陽明的致良知之

〔註49〕 唐文治，《紫陽學術發微卷十》〔M〕，樂愛國點校，上海：華東師範大學出版社，2014年，第281～282頁。

〔註50〕 杜維明，《靈根再植・宋儒教育觀念的前景》〔M〕，北京：北京大學出版社，2016年，第67頁。

〔註51〕 （明）王陽明，《王陽明全集（新編本）卷十九》〔M〕，吳光等編校，杭州：浙江古籍出版社，2010年，第717頁。

〔註52〕 陳九川（弘治五年至嘉靖四十年，1492～1561）字惟濬、號竹亭、又號明水，江西臨川人。

說，陳氏亦有同感，陽明十分明瞭其詢問背後的疑惑，故說：

> 聖人已指以示人，只爲後人掩匿，我發明耳，何故說泄？此是
> 人人自有的，覺來甚不打緊一般。然與不用實功人說，亦甚輕忽，
> 可惜彼此無益；與實用功而不得其要者，提撕之，甚沛然得力。
> 〔註53〕

陽明明確表示良知之學，並非獨創而是源自久已湮沒的聖賢之學，「致知二字，是千古聖學之秘。」（《全書卷五·寄薛尙謙》）同時，聖人所指也只是從人本心本心而說，良知之道內本於人心人性。陽明的這種學術自信並非虛辭，的確，陽明學的一個重要來源就是孔孟所代表的經典儒學范氏，同時也接續了宋明儒者的諸多關於人生教育的理念和學術主張，因此可以說陽明學是對包括理學在內的儒學系統的時代迴響。

　　從教育史來看，陽明學術接續了經典儒學和宋明儒者的傳統並進行了必要的改造和詮釋。他的這一詮釋又對陽明學人和後世學者產生了同樣的影響，如劉宗周《答葉潤山三》云：「體用一原之說，乃先儒卓見道體而後有是言。……惟其無微非顯，是以無體非用；惟其顯微無間，是以體用一原。然則吾儕學道，只從微字討消息，可乎？」〔註54〕在劉宗周，天理流行於心中，體即用，用即體，若分而言之，則可見的部分爲用，不可見者爲體，但這種權宜的分類並不意味著體用的截然二分。問題的關鍵並不在於區分何爲體而何爲用，而是要在日用之間把持遵循，即所謂下學而上達，即反身而誠。因此，爲學就是不論顯微動靜，均應著實用力用功。這就意味著，儒者的生活學問實際上是貫串人生整個過程的不懈努力，通過生活事務的磨煉，貫通動靜，它絕不是脫離社會的孤身自守，也不是淪於世俗的隨波追流，它應是一種良知的堅守，內心的嚮往，和不懈的追求，如此方能在生命歷程的最後道出「吾心光明亦復何求」的坦坦蕩蕩。當然，這種要求無法指向所有人，實際上也無此可能，對此陽明又清醒的認識，他說：「吾儕從事於學，顧

〔註53〕（明）王陽明，《王陽明全集（新編本）卷三》〔M〕，吳光等編校，杭州：浙江古籍出版社，2010年，第103頁。此本此處點校爲「無實用功而不得其要者提撕之甚，沛然得力。」陳榮捷《王陽明傳習錄詳注集評》（華東師範大學出版社，2009年，第175頁）、蕭無陂校釋《傳習錄校釋》（嶽麓書社，2012年，第134頁）、鄧艾民《傳習錄注疏》（上海古籍出版社，2012年，第190頁。）

〔註54〕（明）劉宗周，《劉宗周全集第5冊·文編三》〔M〕，吳光主編，杭州：浙江古籍出版社，2012年，第328頁。

隨俗同污，不思輔仁之友，欲求致道，恐無是理矣。非笑詆毀，聖賢所不免。伊川有涪州之行，孔子尚微服過宋。今日風俗益偷，人心日以淪溺，苟欲自立，違俗拂眾，指謫非笑紛然而起，勢所必至，亦多由所養未深，高自標榜所至。學者便不當自立門戶，以招謗速毀；亦不當故避非毀，同流合污。」〔註55〕在流俗之下，追名逐利者，顯然不是輔仁之友，對於詆毀者、苛責者、譏諷者，甚至是看熱鬧者，妄想提撕之，即便聖人也無解，何況普通教育者，故可論的對象只能是實用功者，可教的對象也只能是實用功而不得其要者。

四、教學理想

儒學是一種以情意為本的「意義－感通」之學〔註56〕，是一種切近而實際的生活原則和教育理想。故而，作為一場持久的社會思想運動，宋明理學（新儒學）風潮所及，影響了整個社會的思想觀念，如錢穆《理學與藝術》說，畫論以為作畫者「必於畫中寓意，有義理，有意趣，造化萬象皆從胸中吐出，作畫不盡於作畫，畫家不限定是一畫家，此始是技而進乎道，始是畫藝不朽。外於此則是畫工俗品，談不上於人生中有不朽。……重人品，重心胸，重性理，重修養，畫不僅止乎技，而必上進於道，大率如是。」〔註57〕實際上，整個社會教化均被這種立足於現實的理想追求的儒者之學所籠罩，教化理想亦不例外，「予聞教學之法本於人性，磨揉遷革，使趨於善。其勉於人者勤，其入於人者漸。善教者以不倦之意須遲久之功，至於禮讓興行而風俗純美，然後為學之成。」〔註58〕

宋儒歐陽修〔註59〕所述教學之說是宋明儒者的共識，即根據儒家學者在實際經驗中所確認的人的秉性，主張教育乃是我們所追求的好的生活和好的社會的保障手段。對此現代學者也有共識，如馮友蘭《中國哲學簡史》在論述

〔註55〕（明）王陽明，《王陽明全集（新編本）卷八》〔M〕，吳光等編校，杭州：浙江古籍出版社，2010年，第292頁。

〔註56〕于述勝，〈「意義－感通」之學以情意為本——以《禮記・大學》為中心的義理闡釋〉〔J〕，《北京大學教育評論》，2014年第03期，第81頁。

〔註57〕錢穆，《中國學術思想論叢（六）・理學與藝術》〔M〕，合肥：安徽教育出版社，2004年，第230頁。

〔註58〕（宋）歐陽修，《居士集卷三九・吉州學記》〔M〕，《歐陽修集編年箋注第三冊》〔M〕，李之亮箋注，成都：巴蜀書社，2007年，第83頁。

〔註59〕歐陽修（真宗景德四年至神宗熙寧五年，1007～1072）字永叔、號六一居士、諡文忠。

陽明學說時，就採用了明德、良知、正事、用敬等關鍵詞來說明，這是馮氏研究中國哲學史的心得之說，對我們理解陽明學有所助益。據馮氏研究，陽明學建立在《大學》的新詮釋之上，陽明將《大學》解釋爲學作大人之學〔註60〕。所謂大人之學並非脫離個人秉性和職業的可能世界或想像世界，而是以修身爲本的現實生活，因此性與天道不是遙不可及的天國，「聖人氣象，何有認得？自己良知，原與聖人一般。若體認得自己良知明白，即聖人氣象不在聖人，而在我。」〔註61〕如何體認得明白？陽明以爲學宜務本原，不能貪求速效，猶不能望新生之嬰兒即爲成人之事然，須漸次培育其元氣，方能望其聰明日開；又猶種樹，初植根時，不能即有花實之想，必須栽培得宜，始能開出美麗之花，結出豐碩之果。由此可知，凡知識不長進，讀書不能明，宜先反省，是否已在本原上用功。〔註62〕如前所述，實用功者以致良知提撕自我，用必有事焉的方法去除人的私欲蔽障，日新又日新，則爲明白。若念茲在茲的仍是各種概念之間的無窮差異，只能是裹足不前或是支離虛無。

在陽明，教化之道是擴充人性光輝，安頓自我，以至於優入聖域。「問君何事日憧憧，煩惱場中錯用功。莫道聖門無口訣，良知兩字是參同。」〔註63〕正如前述錢穆所說，人品、心胸、性理、修養，成爲教化成功與否的評判準則，而教化的最終目標則絕非以知識技能的掌握爲唯一的標準，而是要衡量是否是學者上進於道，換句話說就是致良知，如此方能「益堅爲善之心，共享太平之樂」〔註64〕。

這絕非陽明學者的想像。不過如何使學者上進於道？這絕非空言可達成者，也並非後世所述「開口即得本心（良知）」。教學往往是一個複雜而漫長的過程，哲學思想則抽離出一些概念，使之成爲信息的知識圖景。如果我們回到陽明講學，我們會發現，陽明「在越數年，門人日進。上自縉紳，下至

〔註60〕 馮友蘭，《中國哲學簡史》〔M〕，趙復三譯，北京：中華書局，2015 年，第 374 頁。
〔註61〕 （明）王陽明，《王陽明全集（新編本）卷二》〔M〕，吳光等編校，杭州：浙江古籍出版社，2010 年，第 64 頁。
〔註62〕 戴瑞坤，《陽明學說對日本之影響》〔M〕，臺北：中國文化大學，1981 年，第 51 頁。
〔註63〕 （明）王陽明，《王陽明全集（新編本）卷二十》〔M〕，吳光等編校，杭州：浙江古籍出版社，2010 年，第 826 頁。
〔註64〕 （明）王陽明，《王陽明全集（新編本）卷十八》〔M〕，吳光等編校，杭州：浙江古籍出版社，2010 年，第 691 頁。

藝術，莫不畢聚。每入見，各以類從，不相混雜。」（嘉靖四十三年刻本《陽明先生年譜》）考之年譜，陽明於嘉靖元年（1522）二月丁憂，至嘉靖六年（1527）五月受命兼都察院左都御史，出征思田。在這數年間，除了養病之外，在越講學不輟，先後在稽山書院、龍泉寺中天閣、陽明書院，以及其家中、旅途與門人弟子講學論道，多有走千里而前往聆聽陽明論道者。士子前往聽講，往往數月方才返回，這顯然與陽明講課內容的豐富性和授課藝術有著密切關係，否則即便有七十二種良知概念，幾節課也能全部講授完畢。這段時間陽明講學內容有那些？從《年譜》和相關書信中，我們發現，陽明先後論及者有《孟子》《大學》《中庸》《論語》《繫辭》諸書，另外還為劉元道推薦過程顥《定性書》，又與鄒守益論及禮書《文公家禮》等，此亦或為其講學所用文本。其講學語錄及書信在今本陽明全集中多有收錄。吾人今日已無法還原陽明講學盛況，也不知其講學具體情形，只能以文獻推測當年講學時應該是以經典為範本的解說，同時也應該包括了嘉靖三年南大吉續刻《傳習錄》五卷。雖然如此，從這些提及的經典著述可徵，致良知的闡發正是在經典的解讀和詮釋過程中不斷應證、完善和完成的，這也從另外一個側面說明了儒者之學的包容性和創造力。

以教育史的眼光回視陽明學，我們會發現，陽明學所關注的焦點在於人的自我塑造的可能性及其具體路徑問題。然而正如世界上沒有兩片完全一樣的樹葉一樣，人的複雜性更加難以把捉，如何使處於社會分工的不同職業從業者、不同年齡階段，有著不同智力和理解力人們更好的生活，在道德倫理、行為處事、人格修養等諸多面向更為完善，實現更好的社會秩序，成為陽明學能否成立的關鍵。一個學派之所以流行於世，絕不僅僅是因為它有幾句響亮的口號，或者有一兩位卡里斯瑪的英雄旗手和舵手，更重要的可能是它本身揭示了某種真理，在一定程度上契合了某一社會人生的內在的多樣性需要。陽明認為，良知即道，道即天理，它是世界運行的保障和法則，也是人性挺立的理則，因此，任何人只要有志於學，均有可能通過教化而成為更好的人，《傳習錄》第225條云：

> 我輩致知，只是各隨分限所及。今日良知見在如此，只隨今日
> 所知擴充到底；明日良知又有開悟，便從明日所知擴充到底。如此
> 方是精一工夫。與人論學，亦須隨人分限所及。如樹有這些萌芽，
> 只把這些水去灌溉。萌芽再長，便又加水。自拱把以至合抱，灌溉

之功皆是隨其分限所及。若些小萌芽，有一桶水在，盡要傾上，便浸壞他了。〔註65〕

教化的理想並不在於使人明瞭良知為吾人之固有，而是要讓人根據各自的不同去擴充其固有良知。這種理想並沒有憑空創造一個烏托邦，而是告訴他的信徒，通過師友相助，同志相規，自立立人，從容涵養，相感以誠，足以應對俗世的卑污，足以不負如許光陰，如此則為不惑不憂，達命灑落。故，陽明立教，非徒讀書識字獲取文本知識而已，須是以身踐之，即今日所謂生活教育。正是在此種教育理念之下，人日察其言行心術，謹守忠信篤敬，潛移默化，自然至於聖賢的境界。因為聖人之學，至簡至易，易知易從，常人均可能知之行之。

第二節　教化智慧

在陽明學人的思想中，如何理解陽明學並不是一個外在的問題，而是學者內心的困惑，所以王畿贊陽明夫子小像時說：「孰肖夫子之形？孰傳夫子之神？形有涯而有盡，神無方而無垠。孰亡孰存？孰疏孰親？」〔註66〕在王畿看來，陽明學絕非一個簡單的知識問題（形）而是一個教化問題（神），如果沒有瞭悟陽明學之精神所在，孰亡孰存即不言自明。顯然，今日吾人理解並進入性理學須對此問題加以回應和紓解，正如錢穆所說，「宋學最先姿態，是偏重在教育的一種師道運動」，是一種以大師的人格修養及其教育精神為本的經術教授運動，因此「並不是文字的、理論的，而更要者是人格的、教育的」，在這方面，陽明是宋學的繼承人，儒學精神的繼承人，是性理學的集大成者。他「一生實是以身教身，以心教心，最具體到家的一實例。」

一、生活的哲學

作為儒學的自覺傳承者，王陽明最重要的學術工作是以敬道之心將格物和良知的概念重新引入性理學，使儒學的人文精神重新回到生活哲學。然而，一旦現實生活成為歷史考察的背景後，性理學成為哲學的對象後，陽明學的

〔註65〕（明）王陽明，《王陽明全集（新編本）卷三》〔M〕，吳光等編校，杭州：浙江古籍出版社，2010年，第106頁。
〔註66〕（明）王守仁，《王陽明集》〔M〕，王曉昕等點校，北京：中華書局，2016年，第2頁。

面貌也出現了多重色調和偏離。中國的現代哲學家在建構新的學說時，無不或多或少地從陽明學中汲取營養，其方式與陽明所期待的並不一致。我們看到，陽明一再聲稱，格物和良知的哲學（換句話說即是良知的格物和格物的良知）首先是一種生活，人只有在這種生活樣態下方才能夠成為孔孟所期待的儒行，其講學生涯中的一項重要內容就是指出朱子學並沒有實現真正意義上的生活，因為它沒有從良知的角度提出生活的問題。性理學在現代的復興，某種程度上是陽明學的弔詭。新儒學（新理學、新心學）試圖將格物和良知建立在哲學（主要是西方哲學）邏輯基礎之上，而不是生活之上，即拋棄了格物和良知的生活性，使之成為一種哲學體系，所以馮友蘭《新理學》（1938年）說「心是實際底，形下底；心之理是形上底。……有心之物有某種實際底結構，以實現心之理，發生心之功用；此某種結構即心所依據之氣質或氣稟。……所謂某種結構或氣稟，完全是邏輯底觀念。」〔註67〕賀麟《儒家思想的新展開》（1941）說「必須以西洋的哲學發揮儒家的義理。……使儒家的哲學內容更為豐富，體系更為嚴謹，條理更為清楚，不僅可作道德可能的理論基礎，且可奠定科學可能的理論基礎。」〔註68〕以西方的現代融匯理學的思潮在某種意義上實現了陽明學生活意義的懸置而力圖使之成為一種新生活的哲學，其最終的目標則仍然指向了哲學家的具體的生活世界而非其他，因此我們必須首先認識到的一個基本事實是：由陽明學所設想、建構的性理學是生活的真正實現，是心學可能實現的途徑，是實現格物和良知的不二途轍。

事實上，良知的觀念意味著生活的改善。一方面，良知看似是一種被視為道德原理或者天理而被規定為原理：是非以良知為先決條件，在此基礎上，格物方才成為可能（正其不正）。另一方面，更具洞見的觀念：格物和格物的工夫才是良知的先決條件，後者自身的可能是從前者那裡呈現的。生活的問題被轉化為致良知的問題，致良知則是格物和良知在生活上的統一性的展開，因而心學格物說必然否認「事事物物上求至善」〔註69〕的外在於生活之中的格物說。將格物和良知統攝於生活之中，意味著知是知非的良知本身就是一種判斷的準則，生活的眼光，和內在的統一。「是非」究其本質不是良知，

〔註67〕 馮友蘭，《新理學》〔M〕，北京：生活‧讀書‧新知三聯書店，2007 年，第104 頁。

〔註68〕 賀麟，《文化與人生》〔M〕，北京：商務印書館，1996（1988），第 8 頁。

〔註69〕 （明）王陽明，《王陽明全集（新編本）卷一》〔M〕，吳光等編校，杭州：浙江古籍出版社，2010 年，第 2 頁。

而是仁義禮智之智，是「性之表德」（《傳習錄》第 38 條）。「朱熹以仁義禮智爲未發，王守仁以仁義禮智爲性之表德，故王守仁以心即性，性即理，而理爲本心之顯現，包括未發與已發，這個觀點比朱熹更好地表達了作爲最高主體的性所具有的特點。」〔註 70〕性並不是超越於生活的外在，更不是超越於人的信息，而是內在於人的身心生活的存在方式，因此它必定是一種人之性（人的基本規定也是最高主體之性）。這就是爲什麼在不同的人的生活中或在不同的生活處境中我們總會擁有屬於自己的是非之知，也就有其信念、情感和志向。只要生活在繼續，格物和良知就將存有且活動；只要是非是瑣屑的，格物就是瑣屑的，人就不可能超越於生活而存在。

將人的生活納入正常的合理秩序之中是源自自然的格物之學。首先，「格」字源於對自然的觀察：「《說文》：『格，木長貌。』凡木之兩枝相交而午錯者謂之格。以其枝條交互，故格字有相交之意焉；以其兩枝禁架，故格字有相拒之義焉；以其長條直暢，故格字又有整齊之義焉。是三者皆從本義引申之者。朋友曰交友，男女曰交媾，商賈曰交易，陰陽相合曰交孚。木之枝格兩相交際，亦猶是也。」〔註 71〕曾國藩爲清代儒學中心之標杆，從此可見其一斑。人亦爲自然，學術不能離此自然。

其次，人處於社會群體生活之中，由於在世生活的複雜，人情世故的多變，使得良知往往被欲望之私所左右，是非之良知必然處於一種永續的在世，即是一種無時而可間的良知省察。若以爲通過一事一物的積累而達致至善的明覺之境，只能是一種理想的烏托邦，其結果必然是絕望。生活的希望則在於知行合一能夠使人找到生活的意義所在，通過格物和良知使一切事物返回生活，並讓生活不再迷茫無助。

第三，「格者，正也，正其不正以歸於正之謂也。正其不正者，去惡之謂也。歸於正者，爲善之謂也。夫是之謂格。」〔註 72〕陽明學在此成爲一種淑世救人的學說。一方面，它反對那些使人逃離人倫責任的二氏之說，這些人滿足於心的孤立自守和潔身自好，或者以夢幻的來世來應付現實的苦悶，不

〔註 70〕 鄧艾民，《傳習錄注疏》〔M〕，上海：上海古籍出版社，2013（2012），第 37 頁。

〔註 71〕 曾國藩，《曾國藩全集（修訂版）第 14 冊·詩文》〔M〕，長沙：嶽麓書社，2011 年，第 418 頁。

〔註 72〕 （明）王陽明，《王陽明全集（新編本）卷二十六》〔M〕，吳光等編校，杭州：浙江古籍出版社，2010 年，第 1019 頁。

能發現生活的戲劇性樂趣；另一方面，它反對那些淪於世俗功利的學說，他們試圖從所謂的心與理、心與性、已發與未發的嚴格區分中找尋某種辯護之辭，或者以辭章訓詁的考究找尋永恆的眞理卻日漸與之疏離。

所以，在性理學的脈絡中，儒者所追求的道統也必然要以生活秩序的重建爲旨歸。程頤至朱熹的理論企圖是重建道統，認爲「道在天下，萬世永存，然而堯舜以至孔孟的聖人之道卻不復見著於世，所以周程出來自覺地承擔起重新恢復孔孟之學、聖人之道的責任，以重建天下有道的理想社會。」〔註73〕其根本的問題仍在生活之中，而不在於生活之外。這就意味著，聖人必然是現實的活生生的人，而不是遙不可及的理想。陽明用格物和良知替代了虛無、支離和誕妄，而主張「只是著實去做這件事。」〔註74〕即是要求格物落在生活之中，如林木藩矣枝條交錯之中自有秩序，而人在生活中自能彰顯良知之道。

心學既指向生活之體，又指向生活之用。它反對絕對的道德（往往是一種指向他人而非自我的話語），又不贊同功利主義或投機主義的生活。心學意指生活於現實的時空之中的人們在格物過程中，保持和恢復其良知本心，保持生活的情趣和追求。因此，心學意味著良知的堅守，同時也意味著格物的落實。它一方面對於人的良善保持著樂觀，同時並不否認現實的污濁；一方面又帶著自身的批判性和創造性給人的未來生活指出了光明的前景，同時也並不輕易地放棄對於學者自身的責任，即在修己以敬的同時安人。陽明對心學的賦予了新的意義，認爲它是對儒學，特別是理學的重新詮釋，是未來生活的指引。心學源自生活，不散其志，心不苟慮，行不苟動，必依於道，必依於禮〔註75〕。道是生活之路，禮是生活秩序，均不離人的良知，而心學則

〔註73〕 吳震，《傳習錄精讀》〔M〕，上海：復旦大學出版社，2012（2011），第8頁。

〔註74〕 （明）王陽明，《王陽明全集（新編本）卷六》〔M〕，吳光等編校，杭州：浙江古籍出版社，2010年，第222頁。

〔註75〕 呂思勉《讀史箚記》第226條「心學之原」曰：「《禮記‧禮運》：『故宗祝在廟，三公在朝，三老在學。王前巫而後史，卜巫瞽侑，皆在左右。王中，心無爲也，以守至正。』此言帝王治心之學之最早者也。竊謂心學之元，與宗教殊有關係。《祭統》曰：『齊之爲言齊也，齊不齊以致齊也。是故君子非有大事也，非有恭敬也，則不齊。不齊，則於物無防也，嗜欲無止也。及其將齊也，防其邪物，訖其嗜欲，耳不聽樂。故《記》曰：齊者不樂。言不敢散其志也。心不苟慮，必依於道；手足不苟動，必依於禮。是故君子之齊也，專致其精明之德也。故散齊七日以定之，致齊三日以齊之。定之謂之齊。齊者，精明之至也，然後可以交於神明也。』夫心學之精微，原不盡繫於形體。

是要提醒人們重新識檢其身心的積極創造性，因此《傳習錄》（第 3 條）說：「只是有個頭腦，只是就此心去人欲、存天理上講求。」因為理（天理）內在於心，內在於生活，因此生活的安頓成為心學指歸。將格物和良知引入理學，即是將生活重新納入儒者的理想之中，它既不是一種逃遁的冷靜，也不是一種學究的考據，而是某種積極生活的表述，它因而具有不懈怠的進取性，這樣，它一方面導致了後世沖決名教藩籬的放蕩，一方面也開啟了在人性樂觀態度下的嚴格的道德自律〔註 76〕。

二、是非的規矩

　　是非在現代學者看來似乎不是一哲學的概念，因此在當今流行的《哲學大辭典》〔註 77〕中並沒有它的位置。然而，當我們回到傳統哲學的脈絡，賢者的教益卻一再提醒：是非問題不僅僅是一個重要的哲學問題，而且是一個生活問題，所以陽明說「是非兩字是個大規矩，巧處則存乎其人。」（《傳習錄》下，第 288 條）為何「是非」乃「大規矩」？何謂巧處？何謂「存乎其人？」由於《傳習錄》下卷為陽明學人所錄陽明講學之語，在剝離其講學情境之後，往往會給人理解帶來一定的困難。對此，不得不借助學者的詮釋。陽明學者但衡今的解釋是：「陽明學術約理之精，自宋以來，無有出其右者。然大匠能予人以規矩，不能予人巧。學者又當循其規矩，而勿輕事其巧，則巧在其中矣。」〔註 78〕但氏從學者自身的理解出發，認為陽明此處所說規矩即是賢者對於學人的指點，在陽明學則此規矩是良知。因此良知即是對人

然齊莊於外者，必能精明於內。至於心不苟慮，手足不苟動，而精明有不待致而致者矣。《祭儀》述齊之效曰：『齊三日，乃見其所以為齊者。』專精如是，又何求而不得哉。推所求於思其居處，思其笑語，思其志意，思其所樂，思其所嗜之外，而鬼神來告之矣。」（呂思勉，《呂思勉讀史箚記》〔M〕，上海：上海古籍出版社，2006（2005），第 488～489 頁）

〔註76〕王汎森，《權力的毛細管作用（修訂版）·明末清初的人譜與省過會》〔M〕，北京：北京大學出版社，2015 年，第 198～200 頁。

〔註77〕如金炳華《哲學大辭典（修訂本）》（上海辭書出版社，2001 年）有詞條 14210 條，收錄「是而不然」「是而然」「是 / 否問句」「是與異」等 4 個與「是」有關的詞條；張岱年《中國哲學大辭典（修訂版）》（上海辭書出版社，2014 年）收錄「是而不然」「是而然」「是非無定質」「是非之心」「是心是佛」等 5 個與「是」有關的詞條。

〔註78〕陳榮捷，《王陽明傳習錄詳注集評》〔M〕，上海：華東師範大學出版社，2009 年，第 204 頁。

心對於是非的理解和把握，如果正確且合理把握是非則爲巧，巧處的關鍵不再於他人的講述而在於人自身。因此陽明說：「學者眞見得良知本體昭明洞徹，是是非非莫非天則，不論有事無事，精察克治，俱歸一路，方是格致實功，不落卻一邊。故較來無出致良知話頭，無病何也？良知原無間動靜也。」〔註79〕是非爲天則，所謂天則即是生活之道，即是生存之理，此理並非空洞的理想而是現實的生活本身。

生活不能無是非，它不僅僅是一個道德問題或知識問題，所以是非二字是大規矩。「是非之心，人皆有之。」〔註80〕若我們對於事物或關係的是是非非毫無所知（實際上決無可能），就無法發現事物的眞理，因爲眞理往往就在這是是非非之中。如果能解決習俗的私欲，或者超越私心，則是非自然不成其爲問題。在此，是非並不是簡單的對與錯，它不是生活的幻象，也不是語言的遊戲，而是眞實的生活，是一種我們內在的情感和理智的評判。同格字一樣，是非是一個含義豐富的概念。教化和爲學無非是爲了人們在生活中找回其明覺的智慧，因此「君子之論學，要在得之於心。衆皆以爲是，苟求之心而未會焉，未敢以爲是也；衆皆以爲非，苟求之心而有契焉，未敢以爲非也。心也者，吾所得之於天之理也，無間於天人，無分於古今。苟盡吾心以求焉，則不中不遠矣。學也者，求以盡吾心也。」〔註81〕盡心即是在生活中致良知，即是格物。通過良知的智慧擴充和涵養，人能在生活中愈加體驗到生活的樂趣而非苦悶，它既不是隨波追流、人云亦云的是非不分，也不是故作姿態強爲奇說的索隱行怪，而是以良知爲準繩的嚴謹、審愼和智慧。吾人不能「將自己所屬之民族語言、歷史、文化、社會風習、以及其原來的生活方式等等，都全部化爲一客觀外在的東西來看，而視爲種種外在而客觀之社會歷史文化之原因與法則所決定者。」〔註82〕因爲這其中有一難定的是非準則和價值標準，對此是非的認識於常人來說具有多重意涵，一方面確定了其生活所在的歷史文化、社會風習及其他生活方式的價值，即不離即爲是，離

〔註79〕（明）王守仁，《王陽明集卷之二》〔M〕，王曉昕等點校，北京：中華書局，2016年，第8頁。

〔註80〕（明）王守仁，《王陽明集卷之五》〔M〕，王曉昕等點校，北京：中華書局，2016年，第169頁。

〔註81〕（明）王陽明，《王陽明全集（新編本）卷二十一》〔M〕，吳光等編校，杭州：浙江古籍出版社，2010年，第846頁。

〔註82〕唐君毅，《中華人文與當今世界》〔M〕，桂林：廣西師範大學出版社，2005年，第6～7頁。

之而為非；一方面確定了其對於生活價值的自覺，或為自用而不知，或為自圓其說。

陽明學的研究者首先必須避免以任何是非的託辭將陽明學的教化理念和實踐加以「理學化」或者「心學化」，即便這種觀點在現代學術話語中往往是常識性的理解。貫穿於陽明學的教化哲學、生活哲學和人生哲學中的一個重要的洞見是對是非審慎，這種審慎的是非洞見意味著什麼？學者講學的目的旨在使人明是非，在儒者看來，人內在的良知使人可以明是非，或者說良知本身即是知是非之心，「是非之心人皆有之，不假外求。請求亦只是體當自心所見，不成去心外別有個見。」（《傳習錄》第 98 條）「孟子之是非之心，知也，是非之心人皆有之，即所謂良知也。」〔註83〕對於朱子學來說，是非之心並不具有根本性的意義，「四者（惻隱、羞惡、恭敬、是非）之心，人皆有之，但人自不思而求之耳，所以善惡相去之遠，由不思不求而不能擴充以盡其才也。」〔註84〕在朱子學的詮釋中，是非是人的氣質稟於人性之理，「氣質所稟雖有不善，而不害性之本善；性雖本善，而不可無省察矯揉之功。」〔註85〕也就是說，講學區分性理與氣質比是非之明辨更為關鍵，因為性理至善，其是毋庸置疑，而在現實生活中的任何人都將不免有其氣質之偏，這一偏私導致了是非的遮蔽。錢穆先生認為「朱子舉理氣二字，兼包宇宙人生兩界通而言之。人生固已包於宇宙之內，然理氣二字之於人生界，終嫌有空廓不親切之感。」〔註86〕對此，陽明亦深有同感，對於世俗朱子學的意見，他自覺「有相牴牾，恒疚於心，竊疑朱子之賢，而豈其於此尚有未察。」〔註87〕這裡，陽明並未立即對朱子學加以辯駁，而是走向內自省，唯有從此出發，學問才能成為一門真正的為己之學。無論從歷史的觀點還是從考據的路徑出發，經典的學說都因其對人的本性的深刻洞見而成其為典

〔註83〕（明）王守仁，《王陽明集卷之五》〔M〕，王曉昕等點校，北京：中華書局，2016 年，第 169 頁。

〔註84〕（宋）朱熹，《四書章句集注・孟子集注卷十一》〔M〕，北京：中華書局，2014（2011），第 307 頁。

〔註85〕（宋）朱熹，《四書章句集注・孟子集注卷十一》〔M〕，北京：中華書局，2014（2011），第 308 頁。

〔註86〕錢穆，《錢賓四先生全集（第 11 冊）》〔M〕，朱子新學案（一）》〔M〕，臺北：聯經出版事業公司，1998 年，第 393 頁。

〔註87〕（明）王守仁，《王陽明集卷之三》〔M〕，王曉昕等點校，北京：中華書局，2016 年，第 118 頁。

範，而現實的世界卻存在著多重可能性，特別是個體本身的差異性造成了對是非的差異性判斷，進而對於典範的詮釋呈現歧義。因此，審慎首先是一種對於常識意見的有所保留的審視。

「心無體，以天地萬物感應之是非為體。」（《傳習錄》第 277 條）這裡所謂的是非「當指理言。所謂惡人之心，失其本體，自然及時失其理了。」〔註88〕理不是普遍的抽象。從常識來看，人的生命不是（也不能）依照抽象的道德或可能而存在，而只能依照真正的現實而存在，現實的生活即是人所存在的世界，人在此世界得其教養，得其自覺，得成其人。因此，是非就是一個闡釋的問題，是一個評價問題，更是一個本體問題。所謂闡釋是對人的自我認知和確認；所謂評價即是判斷，對生活本身的判斷；所謂本體是內含體用關係之體，它是源自天性的稟賦，需要人通過闡釋、評價加以內在化並彰顯呈現的過程。為了更好的生活，人必須要對世界有一真確地認識，這種認識意味著是非，它是格物的組成部分，同時也是良知。在複雜的世界中，每一是非無不需要人心去衡斷，心的基本屬性即是人的基本屬性，唯有如此才能感知並認識世界，如此方能有萬物皆備於我的可能，否則人與物就將毫無區別，顯然人不能淪為物。問題在於，如果是非是愚夫愚婦所共有且可與及的道理，為何在常人的生活中並未真正實現是其所是並非其所非的秩序井然？是教養的匱乏還是是非的缺憾？或者兩者兼而有之？陽明認為：

> 孟子云：「夫道若大路然，豈難如哉？人病不由耳！」良知良能，愚夫愚婦與聖人同。但惟聖人能致其良知，而愚夫愚婦不能致，此聖愚之所由分也。節目時變，聖人夫豈不知？但不專以此為學。而其所謂學者，正惟致其良知，以精察此心之天理，而與後世之學不同耳。〔註89〕

所謂致其良知、精察義理即是陽明學的知行合一之說的指歸所在。陽明並不認為是非外在於人而存在，如果說是非之心是良知，那麼人毫無例外均具有此種本體的人性。儒者講求生活哲學無非是使這種良知的哲學覺醒而已，作為行動的生活哲學，必然要求學者用其心。

〔註88〕 容肇祖，《明代思想史》〔M〕，莞城圖書館編，《容肇祖全集》〔M〕，濟南：齊魯書社，2013 年，第 1014 頁。

〔註89〕 （明）王守仁，《王陽明集卷之二》〔M〕，王曉昕等點校，北京：中華書局，2016 年，第 46 頁。

生活邏輯與哲學圖式有著根本性的差異。是非即是一種邏輯也是一種方法，它同時包含著時間和空間，是一種融貫的情境性理解和行動，它也就不再是一種生活的可能性而是生活的本身。在其中，典範的傳統是人內在的動力因素和行動根據，因爲典範在某種程度上揭示並塑造了生活邏輯，處於此種生活樣式之中的人們必然要按照它的某些指示來應對生活的複雜性。朱子《答陳廉夫》說：「但爲學工夫不在日用之外，檢身則動靜語默，居家則事親事長，窮理則讀書講義。大抵只是要分別一個是非，而去彼取此耳。無他玄妙可言也。論其至近至易，則即今便可用力；論其至急至切，則即今便當用力。莫更遲疑，且隨深淺，用一日之力便有一日之效。」〔註90〕在此，教化成爲學的自覺過程，「切莫遲疑」，學則成爲生活的構成和生命意義之所在，「至近至易，至急至切」。同時，教化亦是自然之道，因爲「凡人之學，不日進者必日退。譬諸草木，生意日滋，則日益暢茂；苟生意日息，則亦日就衰落矣。」〔註91〕通過一種熟悉的感知過程，學習者在不知不覺中將知識技能和處世原則轉化爲自身生命的一部分，任何社會的秩序的達成均有賴於處於群體中的人對這一既主觀又客觀的良知自覺。相比較而言，朱子更加強調人在具體生活場景中的具體路徑，而陽明則更加強調人在自然生意中的進取。彼此心意相通、學術相承則無可質疑。「後之人不務致其良知，以精察義理於此心感應酬酢之間，顧欲懸空討論此等變常之事，執之以爲制事之本，以求臨事之無失，其亦遠矣！」〔註92〕爲學無非是求一生活之道，生活即在於感應酬酢之間。正如王恕〔註93〕《石渠意見》解《論語・食無求飽章》（1.14）云：「無求飽求安者，志在敏事慎言也。就有道而正者，正其所言、所行之是非，是者行之，非者改之。蓋古之學者皆以言行爲學也。」〔註94〕

〔註90〕　（宋）朱熹，《朱子全書（修訂本）第 23 冊・晦庵先生朱文公文集卷五十八》〔M〕，朱傑人等主編，上海：上海古籍出版社；合肥：安徽教育出版社，2010年，第 2757 頁。

〔註91〕　（明）王陽明，《王陽明全集（新編本）卷四》〔M〕，吳光等編校，杭州：浙江古籍出版社，2010 年，第 189 頁。

〔註92〕　（明）王守仁，《王陽明集卷之二》〔M〕，王曉昕等點校，北京：中華書局，2016 年，第 47 頁。

〔註93〕　王恕（永樂十四年至正德三年，1416～1508）字宗貫、號介庵、又號石渠老人、諡端毅，正統十三年進士，官至吏部尚書。

〔註94〕　（清）黃宗羲，《明儒學案（修訂本）》〔M〕，沈芝盈點校，北京：中華書局，2013（2008），第 160～161 頁。

所謂是非，即是知是知非之良知，「是者行之，非者改之」，以求人生責任的達成，以求儒者在世之行無憾，學就不只是一種知識上的滿足，更有修養上的需要。因此，格物必然歸結於執事、制事之中。這是宋明理學家的共識，其解經的自覺。

是非的規矩，說到底，是其所是，非其所非。「每個哲學家總覺得有需要他發揮闡明的眞理，也有須他鞠躬盡瘁，生死以之，去堅持、去維護的眞理。王陽明說：『爾自己心中一點良知，就是爾自己的準則。』有準則就可說是有定論，有準則有定論，行爲就有了指針。」〔註95〕有了行爲的準則和指針，就要將之貫徹在日常生活之中，即是在行動中學習。

三、行動中學習

《傳習錄》從《大學》開始有其歷史的淵源。「儒家的各種經典的目的在於教育、指導、說服人去這樣做，從這個意義上來說，經典、言說是手段，修德、實踐是目的。」〔註96〕性理學從四書五經中汲取了智慧，但自宋儒開始，學者就自覺地反思經典的教育意義問題。經義治事若分二途，則經義極有可能成爲純粹的知識問題，這就必然與儒者的生活觀念出現緊張。王安石說：「世之不見全經久矣。讀經而已，則不足以知經。……致其知而後讀，有所去取，故異學不能亂。惟其不亂，故有所去取者，凡以明吾道而已。」(《答曾子固》)錢穆評論說：「此處所重，在致我之知以盡聖，然後於經籍能有所去取。此見解，竟可謂是宋人開創新儒學的一條大原則。」〔註97〕從《大學》的「致知」，王安石的「致其知」，王陽明的「致良知」到錢穆的「致我之知」，其間有著話語的差異和內在邏輯的變化，有一點則是共同的，即致知之學在其根本意義上即是建立和豐富人的精神生活。精神生活是人類教化的基點，而經典則是人類精神財富的精華。從本質來說，我們可以認爲儒學是一種注重實踐理性的學說〔註98〕，儒學的根本目的則在於促使人在道德修養方面不斷提升。從孟子開始，道德的實踐性被視爲

〔註95〕賀麟，《文化與人生》〔M〕，北京：商務印書館，2015 年，第 297 頁。

〔註96〕張豈之，《中國思想學說史（明清卷)》〔M〕，桂林：廣西師範大學出版社，2007 年，第 53 頁。

〔註97〕錢穆，《宋明理學概述》〔M〕，北京：九州出版社，2011 年，第 20～21 頁。

〔註98〕李澤厚認爲，血緣基礎是中國傳統思想的本源根基；而實用理性是中國傳統思想在自身性格上所具有的特色。(李澤厚，《中國古代思想史論》〔M〕，北京：生活・讀書・新知三聯書店，2008 年，第 320 頁)

是衡量學者的重要尺度，即強調道德倫理的自覺〔註 99〕和實踐理性的自明。「世儒既叛孔孟之說，昧於《大學》格致之訓，而徒務博乎其外，以求益乎其內，皆入污以求清，積垢以求明者也，弗可得已。」〔註 100〕後世學者以陽明學直接孟子學，自有其學理的依據。

　　由敬道之心展開的教化哲學是一種精神的感化和人生的追求。高瀨武次郎（1869～1950，號惺軒）《王陽明詳傳》〔註 101〕將陽明一生劃分爲早期的少年時代、志向動搖時代和龍場悟道，悟道之後則分爲講學時期和靖亂時期交替。「大體看來，王陽明先生的人生階段可分爲自我修養時期、專事門人教育時期、一心征討時期和專心講學時期，總共四個階段。當然，各個時期的劃分併沒有嚴格的界限。」〔註 102〕惺軒的這種區分對學者頗有啟發，即不再以所謂五溺三變之說爲唯一論說的依據。就事實而言，陽明事功與學說正是在自我修養、戡亂和講學中逐漸形成的，自我修養、戡亂與講學，構成了陽明思想成熟之後的生活主軸，其學說則由敬道之心展開，最終形成了致良知之教，所謂致良知即是由內而外的教化。「孔子告顏淵克己復禮爲仁，孟軻氏謂萬物皆備於我、反身而誠。夫己克，而誠固無待乎其外也。」〔註 103〕由此則心外無學，一切學問最終目的，一切教育的最終目標均指向倫常，即明人倫之學。若一心追求外在於人的虛幻之道，不淪於狂妄則淪於無知，這與好的生活和好的社會何干？人倫之學意味著教化之事的重要性凸顯。性理學家們多是親身參與教育實踐的教育學家，從實踐中積累了豐富的教育經驗並得以驗證和完善其教育思想。「他們博覽群書和嚴謹治學的學風，對後世也影響很大。」〔註 104〕其中，陽明的格言「在事上磨練」就是其講學的經驗總結。

　　所謂「在事上磨練」就是「在行動中學習」，就是格物，就是在事事物物

〔註 99〕 李澤厚，《中國古代思想史論》〔M〕，北京：生活・讀書・新知三聯書店，2008年，第 322 頁。

〔註 100〕 （明）王陽明，《王陽明全集（新編本）卷七》〔M〕，吳光等編校，杭州：浙江古籍出版社，2010 年，第 248 頁。

〔註 101〕 （日）高瀨武次郎，《知行合一：王陽明詳傳》〔M〕，趙海濤等譯，北京：北京時代華文書局，2013 年。該書 1904 年日本東京文明堂初版，1915 年東京廣文堂 2 版，原題《王陽明詳傳》，中譯本增題「知行合一」。

〔註 102〕 （日）高瀨武次郎，《知行合一：王陽明詳傳》〔M〕，趙海濤等譯，北京：北京時代華文書局，2013 年，第 73 頁。

〔註 103〕 （明）王陽明，《王陽明全集（新編本）卷七》〔M〕，吳光等編校，杭州：浙江古籍出版社，2010 年，第 248 頁。

〔註 104〕 黃濟，《教育哲學通論》〔M〕，太原：山西教育出版社，2014 年，第 11 頁。

上致吾心之良知。這是一種實踐性的原則。〔註105〕致知不能懸空進行，而必須在事上磨練。所謂在行動中學習，是說一切學習都是在行動中進行的，在行動中學習是最好的學習法。「欲致其良知，亦豈影響恍惚而懸空無實之謂乎？是必實有其事矣。故致知必在於格物。物者，事也，凡意之所發必有其事，意所在之事謂之物。」〔註106〕這裡，陽明的致良知說抱負並不在於如何建構一套系統的倫理學體系以作爲知識的積累，而毋寧說是透過自我修身學到知識並由此入道的一個途徑。正是在應事的過程中，而絕非應試的壓力下，人自覺地將其內在的善性、良知彰顯。「在凡人爲學，終身只爲這一事，自少至老，自朝至暮，不論有事無事，只是做得這一件，所謂『必有事焉』者也。若說寧不了事，不可不加培養，卻是尚爲兩事也。必有事焉而勿忘勿助，事物之來，但盡吾心之良知以應之，所謂忠恕違道不遠矣。」〔註107〕因此，學將是一個永無止境的過程，只要人在行動之中，就將永無停歇式地在路上。終身有事，終身修行而已。而這樣的在路上的磨煉過程也就是儒學的體證過程，因爲儒學從來沒有確定無疑的內容，有的只是一個善的追求，所以它不是我們通過學習或者實驗就能證實或者證僞的眞理，或者說不是運用某種邏輯就能推演出來的證明，而且即便是孔孟也不能給人一個固定不變的永恆路徑，任何人致力於儒學之道，就只能以聖經賢傳爲典範，也就是說在人的具體生活情境中實踐它的眞理性。總之，致良知不是鑿空而行，它必須在事件的生發中由人去體證、感悟和提升；同時，它也是不斷與經典相互感通的過程。

由此，對於《大學》之類的性理學經典，儒者也自然產生了詮釋的歧義。存在歧義並不意味著正統與異端的對立，相反，它正說明了求道之路的艱辛，說明了學習過程的不易。正如王天宇致書陽明時所說「《大學》一書，古人爲學次第。朱先生謂『窮理之極而後意誠』，其與所謂『居敬窮理』、『非存心無以致知』者，固相爲矛盾矣。蓋居敬存心之說補於傳文，而聖經所指，直謂其窮理而後心正。初學之士，執經而不考傳，其流之弊，安得不至於支

〔註105〕邱椿，《古代教育思想論叢（中冊）》〔M〕，北京：北京師範大學出版社，1985年，第 20 頁。

〔註106〕（明）王陽明，《王陽明全集（新編本）卷二十六》〔M〕，吳光等編校，杭州：浙江古籍出版社，2010 年，第 1019 頁。

〔註107〕（明）王陽明，《王陽明全集（新編本）卷一》〔M〕，吳光等編校，杭州：浙江古籍出版社，2010 年，第 65 頁。

離邪！」〔註108〕陽明並未如其所想批判朱子，而是對此持保留態度〔註109〕。陽明認爲朱子之詮釋並無大矛盾處，關鍵在於後世之朱子學者自身出了問題，所以他特別強調「晦庵之言，曰『居敬窮理』，曰『非存心無以致知』，曰『君子之心常存敬畏，雖不見聞，亦不敢忽，所以存天理之本然，而不使離於須臾之頃也。』是其爲言雖未盡瑩，亦何嘗不以尊德性爲事？而又烏在其爲支離者乎？」〔註110〕

　　支離是宋明學者數落與其學術主張有差異的其他學者的常用之詞。所謂支離，就是遠離了論者理解和詮釋的孔孟之道。朱子學者會走向支離的弊病根本原因在於外物的遮蔽，在功令程式之下，學者或以名，或以利，或以執，其求學之志之心難以一於道，何談立有本源？陽明提出簡易直截的致良知教義，一方面是他苦苦探尋體證的心得，一方面也是陽明學的下手處和立足點。歸結於一點則仍是儒學，即君子之學。「君子之學以明其心。其心本無昧也，而欲爲之蔽，習爲之害。故去蔽與害而明復，匪自外得也。心猶水也，污入之而流濁；猶鑒也，垢積之而光昧。」〔註111〕陽明認爲如果依據世儒對大學的詮釋，將無法達致君子之學，他自己花費了二十餘年沒有成功就是一個明顯的例證。他認爲世儒對《大學》的詮釋之所以有誤，並不在於尊奉朱子學，而是在於向外求索，將經典僅僅作爲在外於我的經典而非詮釋聖人之道的經典，最後導致的結局必然是君子之學不可得。因此有必要排除世儒毒素，也即用克己、反身的方式重新詮釋大學之道，使人弘道。

四、教之以人倫

　　儒者嚮往的精神家園在聖賢所經歷的古往而非虛幻的未來，以之爲針對現實困境的力量則是聖賢的教化之道。「舜使契爲司徒，而教以人倫，教之以此達道也。當是之時，人皆君子，而比屋可封，蓋教者以是爲教，而學者惟

〔註108〕（明）王陽明，《王陽明全集（新編本）卷四》〔M〕，吳光等編校，杭州：浙江古籍出版社，2010年，第176頁。

〔註109〕黃進興先生認爲，在理學的黃金時代，《大學》成爲理學家最高的道德綱領，陽明與朱子的根本差異在於對大學的詮釋，「約言之，陽明與朱子的牴牾，總在《大學》一書」。（黃進興，《從理學到倫理學：清末民初道德意識的轉化》，北京：中華書局，2014年，第46頁）

〔註110〕（明）王陽明，《王陽明全集（新編本）卷二十一》〔M〕，吳光等編校，杭州：浙江古籍出版社，2010年，第845頁。

〔註111〕（明）王陽明，《王陽明全集（新編本）卷七》〔M〕，吳光等編校，杭州：浙江古籍出版社，2010年，第248頁。

以是爲學。」〔註112〕人需要理想的力量，而三代的教化就是儒者的典型。三代真正存在有否並不重要，重要的是在五經中有聖賢的懿行嘉言，教人如何正心，何以止於至善。現實的困局終將擺脫，建立於理想之上的教化將洗滌人的心靈。人倫達道無非良知，教之以良知，而學以良知，則教化自然在其中矣。在陽明，「一切學問都是致良知之學，除此之外，便無所謂學問。所謂致良知之學，及時發展道心或明倫之學。所謂致良知之教，亦即是發展道心或明倫之教。」〔註113〕教育史家認為，陽明的教育思想體系，將天理「一開始即賦予主體之中，並與吾心融合爲一，提出心即理和知行合一說，引行入知，客服離行言知之失；以致良知的教育，復歸心與理一的本來狀態，從而克服功利之見的蔽染。這就解決了人們的主題內在意願在行爲中的作用，將外在的道德律令與個體的內在道德意識融合爲一，在肯定了個體各自的特點與意願的前提下進行教育，把道德教育的重點放在培養與啓發主體的內在良知上，企圖達到明學術而身修國治天下安的目的。」〔註114〕

朱子、陽明都是教育家，二人在教育哲學上的認同多於歧見。朱子《玉山講義》說：「聖賢教人爲學，非是教人綴輯言語、造作文辭，但爲科名爵祿之計。須是格物致知誠意正心修身，而推之於齊家治國，可以平天下，方是正當學問。」〔註115〕陽明《答羅整庵少宰書》說：「夫德之不修，學之不講，孔子以爲憂。而世之學者稍能傳習訓詁，即皆自以爲知學，不復有所謂講學之求，可悲矣！夫道必體而後見，非已見道而後加體道之功也；道必學而後明，非外講學而復有所謂明道之事也。然世之講學者有二：有講之以身心者；有講之以口耳者。講之以口耳，揣摸測度，求之影響者也；講之以身心，行著習察，實有諸己者也，知此則知孔門之學矣。」〔註116〕綴輯言語、

〔註112〕（明）王陽明，《王陽明全集（新編本）卷七》〔M〕，吳光等編校，杭州：浙江古籍出版社，2010 年，第 273 頁。

〔註113〕邱椿，〈王陽明的教育思想〉〔J〕，《北京師範大學學報》，1957 年第 01 期，第 62 頁；邱椿，《古代教育思想論叢（中冊）》〔M〕，北京：北京師範大學出版社，1985 年，第 11 頁。

〔註114〕孫培青、李國鈞，《中國教育思想史（第二卷）》〔M〕，上海：華東師範大學出版社，1995 年，第 320 頁。

〔註115〕（宋）朱熹，《朱子全書（修訂本）24 冊‧晦庵先生朱文公文集卷七十四》〔M〕，朱傑人等主編，上海：上海古籍出版社；合肥：安徽教育出版社，2010 年，第 3588 頁。

〔註116〕（明）王陽明，《王陽明全集（新編本）卷二》〔M〕，吳光等編校，杭州：浙江古籍出版社，2010 年，第 82 頁。

造作文辭，即是陽明所說的傳習訓詁和講之口耳，也就是知識的傳授與學習。值得注意的是，這裡並不是反對知識的反智主義〔註117〕，而是認爲對於人來說，口耳之學、利祿之學絕非儒者之學，作爲一個眞正的儒者，必是言篤信行篤敬之輩，是眞的爲學。所謂正當學問，所謂明道之事，均是爲己之學。然而，賢如朱子陽明，亦從困學勉行中來，陽明說：「只是從前大段未曾實落用力，虛度虛說過了。自今當與諸君努力鞭策，誓死進步，庶亦收之桑榆耳。」〔註118〕如此方是正學，方爲致良知。

　　陽明《朱子晚年定論》云：「學問根本在日用間。持敬集義工夫，直是要得念念省察。讀書求義，乃其間之一事耳。」〔註119〕朱子《答周舜弼》：「前此所示別紙條目雖多，然其大概只是不曾實持得敬，不曾實窮得理，不曾實信得性善，不曾實求得放心。而乃緣文生義，虛非說詞。其說愈長，其失愈遠。此是莫大之病。……若果是實曾下得工夫，即此等處自無可疑。縱有商量，亦須有著實病痛，不應如此泛泛矣。……且須虛心涵泳，未要生說，卻且就日用間實下持敬工夫，求取放心，然後卻看自家本性元是善與不善，自家與堯舜元是同與不同。」〔註120〕讀書不是生命目的，更不是生活的唯一。它只是使生活更好的途徑之一，若以方法取代生活本身，其困惑之大，勿庸論也。「不但勤勞於詩禮章句之間，尤在致力於德行心術之本。務使禮讓日新，風俗日美。」〔註121〕爲何根本在日用間？爲何要念念省察？持敬集義又有何價值？實持得敬，實窮得理，實信得性善，實致得良知，才是良知教化的眞義所在。這不僅是朱子學，也是陽明學的教育哲學的最爲要妙之處。

　　性理學家用「體貼」二字來形容其自家學問，其體貼之基點顯然是在人倫日用間，期間反覆求索，處困養靜，上合於聖賢之道，下啓後學之途。學者往

〔註117〕詳余英時《反智論與中國政治傳統》，載：余英時，《余英時文集（第2卷）·中國思想傳統及其現代變遷》〔M〕，沈志佳編，桂林：廣西師範大學出版社，2014年，第334～380頁。

〔註118〕（明）王陽明，《王陽明全集（新編本）卷四》〔M〕，吳光等編校，杭州：浙江古籍出版社，2010年，第184頁。

〔註119〕（明）王陽明，《王陽明全集（新編本）卷三》〔M〕，吳光等編校，杭州：浙江古籍出版社，2010年，第148頁。

〔註120〕（宋）朱熹，《朱子全書（修訂本）22冊·晦庵先生朱文公文集卷卷五十》〔M〕，朱傑人等主編，上海：上海古籍出版社；合肥：安徽教育出版社，2010年，第2333頁。

〔註121〕（明）王陽明，《王陽明全集（新編本）卷十七》〔M〕，吳光等編校，杭州：浙江古籍出版社，2010年，第647頁。

往將朱子學之敬與陽明學之良知割裂而論，其實大可不必。對此，有著宗教背景的西方漢學家理解更為透徹，狄百瑞即提出了「如何在道德生活即宗教的敬畏與接受之中保持平衡或協調」的重要問題。在他看來，程朱之學以敬（虔敬，reverent；嚴肅，serious）來平衡，即以符合人的良知的自然方式來結合道德工夫與宗教信持。君子之學，在敬的語境下，是一種自得之學，即無入而不自得。〔註122〕吾人雖未有宗教之體驗，然並非意味著吾人無法體味敬的真義所在。在朱子，生活之所以要有敬字做主持，就在於現實中的為己之學不是一旦獲致即不用修行之學，它須是「苟日新，日日新，又日新」者。正如朱子說：「所論『敬字工夫於應事時用力為難』，此亦常理。觀聖賢說行篤敬、執事敬，則敬字本不為默然無為時設。須向難處力加持守，庶幾動靜如一耳。克己亦別無巧法，譬如孤軍猝遇強敵，只得盡力捨死向前而已，尚何問哉。」〔註123〕求動靜如一即是使良知做主持，或者如朱子所說敬字。在此意義上，良知即是敬。所謂敬是心之純於天理，一於善，而吾心之良知亦復如此，故陽明說「吾心之處事物，純乎理而無人偽之雜，謂之善，非在事物有定所之可求也。處物為義，是吾心之得其宜也，義非在外可襲而取也。格者，格此也；致者，致此也，必曰事事物物上求個至善，是離而二之也。」〔註124〕

陽明《朱子晚年定論》云：「夫所貴乎聖人之學，以能全天之所以與我者爾。天之與我，德性是也，為仁義禮智之根株，是為形質血氣之主宰。捨此而他求，所學何學哉？」（元儒草廬吳澄語）〔註125〕在性理學，德性修養，良知之致，最為關鍵。然而近代以來，史學、哲學往往被各種意識形態的需要所裹挾，對於歷史的真實或許染上多重色調，這種層層點染的顏色看似靚麗，亦有其動人處，然於吾人理解陽明學本身並進而將其良知教化之道歸於修己治人似有緊張處。何良俊〔註126〕《四友齋叢說》卷四（第130條）載：「我

〔註122〕狄百瑞，《中國的自由傳統》〔M〕，李弘祺譯，北京：中華書局，2016年，第61頁。

〔註123〕（宋）朱熹，《朱子全書（修訂本）22冊・晦庵先生朱文公文集卷五十》〔M〕，朱傑人等主編，上海：上海古籍出版社；合肥：安徽教育出版社，2010年，第2335頁。

〔註124〕（明）王陽明，《王陽明全集（新編本）卷四》〔M〕，吳光等編校，杭州：浙江古籍出版社，2010年，第168頁。

〔註125〕（明）王陽明，《王陽明全集（新編本）卷三》〔M〕，吳光等編校，杭州：浙江古籍出版社，2010年，第154頁。

〔註126〕何良俊（正德元年至萬曆元年，1506～1573）字元朗、號柘湖居士。呂迺基，

朝薛文清、吳康齋、陳白沙諸人，亦皆講學，然亦只是同志。……唯陽明先生，從遊者最眾。然陽明之學，自足聳動人。況陽明不但無妨於職業，當桶岡、橫水用兵之時，敵人偵知其講學，不甚設備，而我兵已深入其巢穴矣。蓋用兵則因講學而用計，行政則講學兼施於政術。若陽明者，真所謂天人，三代以後，豈能多見？」〔註127〕陽明學之所以在近代日本和晚清以來造成偌大聲勢，學者孜孜以求其學說，其中一個重要的因素就是陽明及其學說啓迪了人心，讓人自我興發本性之善，足以鼓動人之良知，足以撼除物欲之遮蔽。漂洋過海的陽明學，在日本的近代化過程中起到了激勵日人提升人格修養，健全心性的作用，吉田和男說：「日本的儒學基本上是武士用來修身的思想，它是社會領導者的修行方法，其重點是通過完善人格從而擁有作爲士農工商的領導者應該具備的學識見解。在這一點上，不僅朱子學如此，陽明亦如此。」〔註128〕而民國大儒之一的唐文治亦高倡：「夫今日欲救中國人之人心，必自致良知始矣。」〔註129〕可見，學不分地域，學之宗旨可跨越時空，吾人若以此聖賢爲典範，孜孜以求之，是爲教育哲學也，否則即爲教育信息。

如何學而至於聖人？教化的哲學認爲，「敬則無失，誠則無間。」「《說命》曰：『敬遜務時敏，厥修乃來。』程子曰：『敬之一字，聰明睿智皆由此出。』君子進德修業欲及時也，諸生遠來不易，當念所爲何事。敬之哉。毋怠毋忽。若於此能循而行之，可與適道矣。」〔註130〕

小結

王陽明的哲學與教育思想中的積極因素很多，其中對涵養道德品性和參預社會生活的關係的細緻說明，鼓勵獨立思考，揭示實踐性和量力性的教學

《何良俊〈四友齋叢書之研究〉》〔M〕，潘美月，《古典文獻研究輯刊4編（第30冊）》〔M〕，臺北：花木蘭文化出版社，2007年。

〔註127〕何良俊，《四友齋叢說卷四》〔M〕，上海古籍出版社編，《明代筆記小說大觀》〔M〕，上海：上海古籍出版社，2005（2013），第891頁。

〔註128〕（日）吉田和男，《塑造日本人心性的陽明學》〔M〕，張靜等譯〔M〕，北京：九州出版社，2016年，第153頁。

〔註129〕唐文治，《陽明學術發微卷四》〔M〕，林慶彰主編，《民國時期哲學思想叢書第一編（第91冊）》〔Z〕，臺中：文聽閣圖書有限公司，2010年，第2頁。

〔註130〕吳光，《中國近代思想家文庫·馬一浮卷》〔M〕，北京：中國人民大學出版社，2015年，第66頁。

原則，強調適應個性的道德教育等等，最具陽明學的風格。〔註131〕今日，吾人可在此基礎上進一步提出，陽明學不僅是性理學的集大成者，也是傳統教育哲學中最具原創性者，透過陽明學的教育哲學主張，依據其內在理路和學術的歷史視野，我們可以重新認識性理學傳統，儒學傳統以及時代精神的變遷。這在某種意義上也是一種詮釋的藝術和生活。

清同治五年（1866）八月十三日，曾國藩〔註132〕致書朱蘭〔註133〕：

> 承示閱《明人學案》，講道多膠於一偏。大率明代論學，每多空談，惟陽明能發爲事功，乃後儒掊擊不遺餘力。陽明與朱子指趣本異，乃取朱子語之相近者，攀附以爲與己同符，指爲晚年定論。整庵、高林楊園、白田諸公盡發其覆，誠亦不無可議，乃並其功業而議之，且謂明季流寇禍始於王學淫詖，豈其然哉。彼一是非，此一是非，天下無定論久矣。〔註134〕

曾氏所感慨的「天下無定論久矣」，非虛辭。陽明學由於政治、學術、教育和社會思潮的變遷，遭遇到不同的待遇，乃是歷史的眞實。今日，陽明學研究若是仍停留在「彼一是非，此一是非」的牢籠中，則未免有失爲學之旨。曾國藩從事功（政治成就、政治哲學）的角度強調了陽明學的意義，吾人則認爲，以教育史的眼光回溯陽明學，不僅僅是一種可行的學術方案，更是一種切於歷史情境的考察方式。

我們認爲，陽明學關於「學－教」問題有其獨特的學派詮釋範式，它以良知的人性觀、以致良知的實踐力爲基礎，主張教化不是抽象的本體範疇，也不是不可捉摸的工夫語彙，而是有其入處的實工夫，是就學者分限的巧提撕。故唐文治《陽明學術發微》專述陽明良知之學說，曰：「良知之爲用，窮天地亘古今，兼本末，賅始終，豈拘墟一端而已。余之分類也，凡十，一曰德性之良知，二曰聞見之良知，三曰好惡之良知，四曰事物已往之良知，五曰臨事警覺之良知，六曰事物未來之良知，七曰深沉涵養之良知，八曰歷練

〔註131〕邱椿，《古代教育思想論叢（中冊）》〔M〕，北京：北京師範大學出版社，1985年，第20頁。

〔註132〕曾國藩（嘉慶十六年至同治十一年，1811～1872）字伯涵、號滌生、諡文正，湖南湘鄉人，道光十八年（1838）進士。

〔註133〕朱蘭（嘉慶五年至同治十二年，1800～1873）字信芳、心如，號久香、耐庵，浙江餘姚人，道光九年（1829）進士。

〔註134〕（清）曾國藩，《曾國藩全集（修訂版）第29冊・覆朱蘭》〔M〕，長沙：嶽麓書社，2011年，第340～341頁。

精密之良知，九曰爲學知類之良知，而良知昏昧之由則列於第十，則以爲警醒人心之鐸。當世研究經學者，倘能心知其意而通以虛救實之方乎？」〔註135〕陽明學以自覺覺人、自立立人的眞教化，吸引了學派中人，具有超越歷史的教育意涵；教育史家唐文治心懷世教，闡明陽明學立教眞精神，希冀學者回歸良知之學，不亦明且哲乎！

　　至此，吾人從「敬」的概念出發，對陽明學的教化思想進行了初步的梳理，認爲作爲性理學的陽明學，延續了朱子學關於「敬」的基本主張，同時根據時代的變遷提出了新的詮釋，是一種心的銓衡，而非新的抗衡，這是儒學內在的發展，當然更是陽明充滿憂患意識的「敬」德。所謂「敬」德，即是知其義而敬守之，即是敬以直內，即是知是知非的人倫教化。由此進入本論結論部分。

〔註135〕唐文治，《陽明學術發微》〔M〕，林慶彰，《民國時期哲學思想叢書（第一編第91冊）》〔M〕，臺中：文聽閣圖書有限公司，2010年，第48頁。

結　論

　　小心翼翼，昭事上帝。上帝臨汝，無貳爾心，戰戰兢兢。

　　　　　　　　　　　——陸九淵《象山語錄》下，第 107 條

　　學者要自得。六經浩渺，乍來難盡曉。且見得路徑後，各自立
得一個門庭，歸而求之可矣。

　　　　　　　　　　　　　　——朱子《近思錄》卷三，第 23 條

　　聖人必可學而至，這是性理學公論。張栻說：「本朝河南君子始以居敬窮
理之方開示學者，使之於致知力行有所循守，以入與堯舜之道。然近歲以來，
學者又失其旨，積極求所謂知，而於躬行則忽焉。本之不立，故其所知特出
於臆度之見，而無以有諸躬，識者蓋憂之。」〔註1〕所謂立本，即是要挺立人
的精神，由敬而入。陽明問學於當世儒者婁諒，所得啟示即此，故能深契之。
陽明說：「君子之學，淵靜而精專，用力與人所不知之地，以求夫自慊，故能
篤實輝光，久而益宏，愈挹而愈不可盡。」〔註2〕何以篤實而輝光？從求自慊
而來，由敬而來。這是成德之教的關鍵：

　　　半江趙先生，早歲以文學顯召當時，自成化以來，世之知工文
　　藝者，即知有先生。其為詩文宏贍清麗，如長谷之雲，幽溪之瀨，
　　人望之漠然無窮，悠然玩而樂之，而不忍去也。自先生始入仕，即
　　為刑曹劇司，交四方之賢。然居常從容整暇，其於詩文未或見其有

〔註1〕（宋）張栻，《張栻集・論語解序》〔M〕，鄧洪波，長沙：嶽麓書社，2010 年，
　　　第 3 頁。
〔註2〕束景南、查明昊，《王陽明全集補編》〔M〕，上海：上海古籍出版社，2016 年，
　　　第 141 頁。

—175—

　　苦心極力之功，遂皆以為得之天分則爾。先生與家君龍山先生為同
　　年進士，故守仁辱通家之愛，亦以是為知先生矣。其後告病歸陽明，
　　先生方董學政，校士於越。邀宿行臺間，得窺其詩稿，皆重複刪改，
　　或通篇無遺字。取其傍校士卷繙之，盡卷皆批竄點抹。以為此偶其
　　所屬意，則亂抽十數卷，無不然。又見一小冊，履歷所至，山川風
　　俗，道途之所聞，經史之所疑，無不備錄。聞其侍童云：公暇即拂
　　案展帙，焚香靜對，或檢書已夜分，猶整衿默坐，良久始臥。然後
　　知先生生平，日之所養，若是之深。雖於政務猥瑣之末，亦皆用心
　　精密若此也。夫然後歎先生之不可盡知，而世之以文詞知先生者，
　　猶未見其杜權也。〔註3〕（《半江趙先生文集序》，正德十年，1515）
陽明在給趙寬〔註4〕的文集做序時，對世俗之見和他自己的觀察作了對比。世
俗學者只見成功，即以為渾然天成，而陽明卻看到了一個人成就背後的故事。
趙寬之所以留下文字之名，得到學者公認，實際上乃是他不懈努力的結果。
這就是敬的不苟且的精神。陽明是否由此探究朱子學，已經無從考察。但這
篇序文給我們留下了深刻地印象，即從事任何一門學問，都離不開學者對這
一學問的敬道。世人多以為性理學家對於文字不重視，只是講求心性道理，
如果文字工夫都需要不苟且的敬道精神，生活難道能以苟且過去？

　　聖賢必可學而至，如何學則是一個關鍵的問題，在陽明是「朱子學何以
成為朱子學」的問題，在吾人則是「陽明學何以成為陽明學」的問題。歸根
結底即是成人之教的問題。對這樣的問題的解答，意味著我們能夠從找到聖
賢可學而至的方法。從陽明學那裡，我們看到，敬道乃是他的方法，這一方
法就如同他在《半江趙先生文集序》中所說的：「其平生用心之密，充養之深，
雖其子若壻，亦皆未之能盡之也。先生之於斯學，其亦可謂淵靜精專，用力
於人所不知之地，以求其自慊者矣。」〔註5〕陽明所說的「淵靜精專」即吾人
所謂之「敬道」。

〔註3〕 束景南、查明昊，《王陽明全集補編》〔M〕，上海：上海古籍出版社，2016年，
　　　　第142頁。
〔註4〕 趙寬（天順元年至弘治十八年，1457～1505）字栗夫，號半江，江蘇吳江人。
　　　　成化十七年（1481）進士。歷任刑部郎中、浙江提學副使，辛於廣東按察使
　　　　任上。著《半江趙先生文集》。
〔註5〕 束景南、查明昊，《王陽明全集補編》〔M〕，上海：上海古籍出版社，2016年，
　　　　第142頁。

司馬遷說在《孔子世家》中說：「《詩》有之：高山仰止，景行行止。雖
不能至，然心嚮往之。余讀孔氏書，想見其為人。」〔註6〕所謂聖人必可學
而至，莫不在是乎？讀陽明之書，想見其人，如何成人？以「敬」為方法，
為行動，為信仰。故此，陽明的教化哲學是一種心學，也是一種希聖希賢
之學。

性理之學是成德之教。儒者講學的中點和重點最終的落腳點和起點就在
道德的本心與道德創造，他們的學說首先是一種自覺的探究，即以自身的生
命自覺地作道德實踐，念茲在茲而講習之，自覺地作聖賢工夫以發展其德性
人格，實現了生命意義的無限而圓滿〔註7〕。在此，他們以「敬」的方式實現
了他們的生命價值，成就了他們的生命意義。這是德行上的光輝，價值、生
命、精神世界的榮光，人的生命在這裡光暢、挺立；在個人的生活中踐仁而
表現其德行，所以他們的生命意義彰顯而挺立，他們的學說精神朗現而貞定。
「在陽明學是生活之道、生命之道，其中的心與理、心與物、知與行，以及
格物致知、致良知等等，都是在切己相關的動態過程中展開的，從而處處都
有著切身的直接可領會性。在人與天的相交相構，氣韻盎然。」〔註8〕儒者的
學問不會把某些信條或教義強加於任何現存的政治力量，並依賴它們來傳播
自己的思想。〔註9〕它之所以歷久不衰的原因就在於一代代學者之間的充溢著
敬意的傳承，這種傳承是一種精神的啟示，是一種信仰的力量，也是一種典
範的啟示。朱子如此，陽明如此。在學者看來，儒學的內涵極為豐富：它作
為一種信仰體系，為個人生活行為和集體意識提供了一種全面且深刻的指導
原則；作為一種思想流派，它為政府管理和社會控制提供了必要的處方；作

〔註6〕　（漢）司馬遷，《史記卷四十七》〔M〕，北京：中華書局，2015（2011），第
　　　　1741頁。

〔註7〕　牟宗三，《心體與性體（上）》〔M〕，長春：吉林出版集團有限責任公司，2013
　　　　年，第7～9頁。

〔註8〕　林丹，《日用即道：王陽明哲學的現象學闡釋》〔M〕，北京：光明日報出版社，
　　　　2012年，第4頁。

〔註9〕　徐梵澄，《孔學古微》〔M〕，李文彬譯，上海：華東師範大學出版社，2015年，
　　　　第46頁。學者認為陽明學之所以成功，並不在於其哲學的創見性，而是明代
　　　　嘉靖時期的意識形態：王陽明的思想無論如何必須取勝，以便配合在大禮議
　　　　事件中支持嘉靖皇帝的一派。王陽明現象和陳白沙現象的出現都非偶然，也
　　　　不純粹是思想運動。那是與一個具有強大南方關係的政治集團的得勢齊頭並
　　　　進的政治意識形態。（科大衛，《明清社會和禮儀》〔M〕，北京：北京師範大
　　　　學出版社，2016年，第273頁）

爲一種學術範式，它爲學者和大衆提供了不可或缺的審美標準和道德判斷準則。〔註 10〕對於我們個人的生活來說，更多的是一種哲學智慧的追尋，「哲學的基本問題就是人與世界的關係問題，人對世界萬物的態度問題，說的具體一點，就是人生在世的在世結構問題，是人怎樣在世的問題，是人怎樣生活在世界上的問題。」〔註 11〕這即是陽明學所教導學者的人之生生具有內在的倫理價值，「不外於身心性情之德、人倫日用之常」〔註 12〕，追隨賢哲的智慧，省察克治、師友砥礪，即通過個體和群體的力量能使仁心得以顯現，而天理的和諧亦將不再是一空洞的理想。

舊學皆新學，經學皆心學〔註 13〕，「敬」之以成。

賈誼（前 200～前 168）《新書》記載古聖先王修正語，其中帝舜說：「吾盡吾敬而以事吾上，故見謂忠焉；吾盡吾敬以接吾敵，故見謂信焉；吾盡吾敬以使下，故見謂仁焉。是以見愛親於天下之人，而樂歸於天下之民，而見貴信於天下之君。故吾取之以敬也，吾得之以敬也。」賈誼評論道：「欲明道而論教，惟以敬者爲忠必服之。」〔註 14〕王應麟以爲「此帝王大訓存於漢者。若高帝能挾書之律，蕭相國能收秦博士官至書，則倚相讀者不墜矣。幸而緒言尚在，知者鮮矣。好古之士盍玩繹於斯。」〔註 15〕恭敬虔誠，斯乃所以成之者；愛敬忠信，斯乃所以明道論教也。此乃古聖先王之教化，亦爲後世儒者所繼承、所闡發，故「敬」之一字實爲吾儒學術之樞機也。

舊邦新命，繼往開來。唐宋以來，性理學日漸成爲儒學大宗，教化之學漸次成爲學術中心。其學說宗旨契合時代風潮，以五經四子爲鵠的，以人倫

〔註 10〕 （美）芮沃壽，《中國歷史中的佛教》〔M〕，常蕾譯，北京：北京大學出版社，2009 年，第 70 頁。

〔註 11〕 張世英，《新哲學講演錄（2 版）》〔M〕，桂林：廣西師範大學出版社，2008 年，第 34 頁。

〔註 12〕 束景南、查明昊，《王陽明全集補編》〔M〕，上海：上海古籍出版社，2016 年，第 143 頁。

〔註 13〕 于師述勝 2016 年 4 月 2 日講授。林慶彰先生的提法是陽明學的經學思想之旨爲「經學即心學」。「就《稽山書院尊經閣記》和《重修山陰縣學記》二文來說，其主旨無非在闡釋『經學即心學』的道理。這也是陽明經學思想的總綱領。陽明所有有關經學的言論，幾乎都收攝在這一句話的概念內涵中。」（林慶彰，《明代經學研究論集》〔M〕，臺北：文史哲出版社，1994 年，第 75 頁）

〔註 14〕 （漢）賈誼，《新書校注卷第九·修政語上》〔M〕，閻振益等點校，北京：中華書局，2000 年，第 360～361 頁。

〔註 15〕 （宋）王應麟，《困學紀聞卷二》〔M〕，樂保群等校點，上海：上海古籍出版社，2015 年，第 28～29 頁。

教化爲主旨，以敬爲方法，以性、理、心爲主軸，敬仰先賢之道，詮釋時代的價值，撿拾精神的理想，重建文化的自信，其人其學，莫不偉岸可觀；其風其氣，莫不獨出心裁。

陽明說：「子閩也，將閩是求，而予言子以越之道路，弗之聽也；予越也，將越是求，而子言予以閩之道路，弗之聽也。夫久溺於流俗，而驟語以求聖人之事，其始也必將有自餒而不敢當；已而舊習牽焉，又必有自眩而不能決；已而外議奪焉，又必有自沮而或以懈。夫餒而求有以勝之，眩而求有以信之，沮而求有以進之，吾見立志之難能也已。志立而學半，四子之言，聖人之學備矣。苟志立而於是乎求焉，其切磋講明之益，以吉自取之，尚其有窮也哉？」〔註16〕陽明以閩越殊途形容的不是學術分歧，非是要閩走越，越歸閩，而是警醒吾人是否確立了立志求知的人生的目標。閩越各以其途，均有其實際的指向，故求閩求越者均能不惑於歧說。聖人之學業已成爲故事和傳說，閩越不再，茫茫人海，無所歸依。夫陽明之學備矣，自餒乎？目眩乎？意沮乎？抑以求之乎？求之道，自「敬」道始，何謂也？「修己以敬」而已矣。

陽明《龍潭夜坐》詩云：

> 何處花香入夜清，石林茅屋隔溪聲。幽人月出每孤往，棲鳥山空時一鳴。

> 草露不辭芒履濕，松風偏與葛衣輕。臨流欲寫猗蘭意，江北江南無限情。〔註17〕

此詩爲陽明居滁州時所作，是時（正德八年，1513）陽明至滁州督馬政。按吾人之理解，我國哲人往往具有詩人之慧眼，在生活的困窘中找尋、發現並理解人生意義所在。細雨潤物之時，靜中能品花香之沁，敬中可悟溪流之聲。「子在川上曰：逝者如斯乎。」此非無端之感慨，乃是聖賢對於自身生命價值的一種體悟。

茅屋何其陋，君子居之則有萬物一體論；草露何其微，君子感之則有無限情懷；猗蘭何其潔，有情方能味其神。敬意無處不在，則能與古聖先賢相感。傳聞昔日孔子曾作《猗蘭操》，後世大儒韓愈作《琴操十首》繼之，其《猗

〔註16〕　（明）王陽明，《王陽明全集（新編本）卷七》〔M〕，吳光等編校，杭州：浙江古籍出版社，2010年，第244頁。

〔註17〕　（明）王陽明，《王陽明全集（新編本）卷二十》〔M〕，吳光等編校，杭州：浙江古籍出版社，2010年，第768頁。

蘭操》云：「蘭之猗猗，揚揚其香。不採而佩，於蘭何傷。今天之旋，其曷為然。我行四方，以日以年。雪霜貿貿，薺麥之茂。子如不傷，我不爾覯。薺麥之茂，薺麥有之。君子之傷，君子之守。」〔註18〕古注云：「自修古人之道。」〔註19〕紛紛之世，君子何以修古聖賢之道？敬而已。

　　是為結論。

〔註18〕屈守元、常思春，《韓愈全集校注・詩・元和十四年》〔M〕，成都：四川大學出版社，1996年，第797頁。

〔註19〕屈守元、常思春，《韓愈全集校注・詩・元和十四年》〔M〕，成都：四川大學出版社，1996年，第803頁。

參考文獻

一、古籍文獻

1. （晉）郭象注、（唐）成玄英疏，《莊子注疏》〔M〕，曹礎基等點校，北京：中華書局，2011 年。

2. （宋）陳淳，《北溪字義》〔M〕，熊國禎等點校，北京：中華書局，2009（1983）。

3. （宋）程顥、程頤，《二程集》〔M〕，王孝魚點校，北京：中華書局，2006（1981）。

4. （宋）陸九淵，《陸九淵集》〔M〕，鍾哲點校，北京：中華書局，2008（1980）。

5. （宋）陸九淵，《象山語錄》〔M〕，楊國榮導讀，上海：上海古籍出版社，2013（2000）。

6. （宋）朱熹、呂祖謙，《朱子近思錄》〔M〕，嚴佐之導讀，上海：上海古籍出版社，2012（2000）。

7. （宋）朱熹，《晦庵先生朱文公文集》〔M〕，朱傑人等主編，《朱子全書（修訂本）21 冊》〔Z〕，上海：上海古籍出版社；合肥：安徽教育出版社，2010 年。

8. （宋）朱熹，《四書章句集注》〔M〕，北京：中華書局，2014（2011）。

9. （宋）朱熹，《朱子語類》〔M〕，朱傑人等主編，《朱子全書（修訂本）》〔Z〕，上海：上海古籍出版社；合肥：安徽教育出版社，2010 年。

10. （明）陳龍正，《幾亭外書》〔M〕，//續修四庫全書第 1133 冊〔Z〕，上海：上海古籍出版社，2002 年。

11. （明）費宏，《費宏集》〔M〕，吳長庚等點校，上海：上海古籍出版社，

2007 年。

12. （明）馮夢龍，《古今譚概》〔M〕，欒保群點校，北京：中華書局，2007
    年。

13. （明）高攀龍，《高子遺書》〔M〕，《文淵閣四書全書集部六》〔Z〕，臺北：
    臺灣商務印書館。

14. （明）耿定向，《耿定向集》〔M〕，傅秋濤點校，上海：華東師範大學出
    版社，2015 年。

15. （明）顧應祥，《靜虛齋惜陰錄》〔M〕，北京圖書館古籍出版編輯組，《北
    京圖書館古籍珍本叢刊 64 冊》〔Z〕，北京：書目文獻出版社，2000 年。

16. （明）何良俊，《四友齋叢書》〔M〕，//《明代筆記小說大觀第二冊》〔Z〕，
    李劍雄點校，上海：上海古籍出版社，2005 年。

17. （明）胡廣、楊榮等，《四書大全校注》〔M〕，周群等校注，武漢：武漢
    大學出版社，2009 年。

18. （明）胡直，《衡廬精舍藏稿》〔M〕，清文淵閣四庫全書本。

19. （明）胡直，《胡直集》〔M〕，張昭煒編校，上海：上海古籍出版社，2015
    年。

20. （明）黃綰，《黃綰集》〔M〕，張宏敏編校，上海：上海古籍出版社，2014
    年。

21. （明）劉宗周，《陽明傳信錄》〔M〕，吳光主編，《劉宗周全集第 7 冊》
    〔M〕，杭州：浙江古籍出版社，2012 年。

22. （明）劉宗周，《原學》〔M〕，吳光主編，《劉宗周全集第 3 冊》〔M〕，
    杭州：浙江古籍出版社，2012 年。

23. （明）劉宗周，《證學雜解》〔M〕，吳光主編，《劉宗周全集第 3 冊》〔M〕，
    杭州：浙江古籍出版社，2012 年。

24. （明）陸柬，《〔隆慶〕寶慶府志》〔M〕，明隆慶元年刻本。

25. （明）陸深，《儼山集》〔M〕，清文淵閣四庫全書補配清文津閣四庫全書
    本。

26. （明）羅僑，《羅先生潛心語錄》〔M〕，明萬曆三十六年刻本。

27. （明）羅欽順，《困知記續》〔M〕，閻韜點校，北京：中華書局，2013
    年。

28. （明）錢德洪，《錢德洪語錄詩文輯佚》〔M〕，錢明編校，《徐愛錢德洪
    董沄集》〔M〕，南京：鳳凰出版社，2007 年。

29. （明）宋儀望，《華陽館文集》〔M〕，四庫全書存目叢書集部第 116 冊，
    濟南：齊魯書社，1997 年。

30. （明）萬廷言，《萬廷言集》〔M〕，北京：中華書局，2015 年。

31. （明）王畿，《王畿集》〔M〕，吳震編校整理，南京：鳳凰出版社，2007年。

32. （明）王時槐，《王時槐集》〔M〕，錢明等編校，上海：上海古籍出版社，2015年。

33. （明）王世貞，《弇州四部稿》〔M〕，文淵閣四庫全書 1283 冊，臺北：臺灣商務印書館，1982年。

34. （明）王守仁，《陽明先生集要》〔M〕，（明）施邦曜輯評，王曉昕、趙平略點校，北京：中華書局，2008（2009）。

35. （明）王廷相，《王廷相集》〔M〕，王孝魚點校，北京：中華書局，1989年。

36. （明）王陽明，《王陽明全集（新編本）》〔M〕，吳光等編校，杭州：浙江古籍出版社，2010年。

37. （明）王陽明，《王陽明集》〔M〕，王曉昕、趙平略點校，北京：中華書局，2016年。

38. （明）夏良勝，《東洲初稿》〔M〕，清文淵閣四庫全書補配清文津閣四庫全書本。

39. （明）謝東山，《〔嘉靖〕貴州通志》〔M〕，明嘉靖刻本。

40. （明）徐愛，《橫山遺集附錄》〔M〕，錢明編校，《徐愛錢德洪董沄集》〔M〕，南京：鳳凰出版社，2007年。

41. （明）徐象梅，《兩浙名賢錄》〔M〕，明天啓刻本。

42. （明）薛侃，《薛侃集》〔M〕，陳椰編校，上海：上海古籍出版社，2014年。

43. （明）薛侃，《薛侃集》〔M〕，陳椰編校，上海：上海古籍出版社，2014年。

44. （明）薛應旂，《方山先生文錄》〔M〕，明嘉靖東吳書林刻本。

45. （明）周汝登，《周汝登集》〔M〕，張夢新等點校，杭州：浙江古籍出版社，2015年。

46. （明）朱麟，《〔嘉靖〕廣德州志》〔M〕，明嘉靖十五年刊本。

47. （明）鄒守益，《鄒守益集》，董平編校，南京：鳳凰出版社，2007年。

48. （清）戴震，《孟子字義疏證（2版）》〔M〕，何文光整理，北京：中華書局，2008年。

49. （清）鄂爾泰，《〔乾隆〕貴州通志》〔M〕，清乾隆六年刻嘉慶修補本。

50. （清）耿文光，《萬卷精華樓藏書記》〔M〕，民國排印本。

51. （清）黃宗羲，《明儒學案（修訂本）》〔M〕，沈芝盈點校，北京：中華

書局，2013（2008）。

52. （清）李紱，《朱子晚年全論》〔M〕，吳長庚，《朱陸學術考辨五種》〔Z〕，南昌：江西高校出版社，2000 年。

53. （清）錢謙益，《列朝詩集小傳》〔M〕，上海：上海古籍出版社，2008 年。

54. （清）全祖望，《全祖望集彙校集注》〔M〕，朱鑄禹彙校集注，上海：上海古籍出版社，2000 年。

55. （清）王夫之，《讀四書大全說》〔M〕，北京：中華書局，1975 年。

56. （清）王懋竑，《朱子年譜》〔M〕，臺北：臺灣商務印書館，1982 年。

57. （清）蕭管，《〔道光〕貴陽府志卷》〔M〕，清咸豐刻本。

58. （清）徐鼒，《小腆紀傳》〔M〕，北京：中華書局，1958 年。

59. （清）永瑢等，《四庫全書總目》〔M〕，北京：中華書局，2003（1965）。

60. （清）俞正燮，《癸巳存稿》〔M〕，清連筠簃叢書本。

61. （清）張履祥，《楊園先生全集》〔M〕，陳祖武點校，北京：中華書局，2002 年。

62. （清）張廷玉等，《明史》〔M〕，北京：中華書局，2011（1974）。

63. （清）朱彝尊，《經義考新校》〔M〕，林慶彰等主編，上海：上海古籍出版社，2010 年。

64. 翟鳳奎、向輝，《陽明文獻彙刊》〔Z〕，成都：四川大學出版社，2015 年。

二、現代文獻

1. 北京大學哲學系中國哲學教研室，《中國哲學史（第二版）》〔M〕，北京：北京大學出版社，2015（2003）。

2. 畢誠，《儒學的轉折：陽明學派教育思想研究》〔M〕，北京：中國發展出版社，2010 年。

3. 蔡龍九，《朱子晚年定論之相關探究》〔D〕，臺灣大學文學院哲學系博士論文。

4. 蔡仁厚，《王陽明哲學》〔M〕，北京：九州出版社，2012 年。

5. 曾珍，《宋儀望詩集校注》〔D〕，湘潭大學碩士論文，2012 年。

6. 陳來，《迴向傳統：儒學的哲思》〔M〕，北京：北京師範大學，2011 年。

7. 陳來，《宋明理學（2 版）》〔M〕，上海：華東師範大學出版社，2004 年。

8. 陳來，《有無之境：王陽明哲學的精神》〔M〕，北京：北京大學出版社，2013（2006）。

9. 陳來，《中國近世思想史研究》〔M〕，北京：商務印書館，2003 年。

10. 陳來,《朱子書信編年考證（增訂本）》〔M〕,北京：生活・讀書・新知三聯書店,2007年。

11. 陳來,《朱子哲學研究》〔M〕,北京：生活・讀書・新知三聯書店,2010年。

12. 陳立勝,《王陽明萬物一體論：從身一體的立場看,上海：華東師範大學出版社,2007年。

13. 陳榮捷,《近思錄詳注集評》〔M〕,上海：華東師範大學出版社,2007年。

14. 陳榮捷,《宋明理學之概念與歷史》〔M〕,臺北：秀威信息科技股份有限公司,2004（1996）。

15. 陳榮捷,《王陽明傳習錄詳注集評》〔M〕,上海：華東師範大學出版社,2009年。

16. 陳榮捷,《王陽明與禪》〔M〕,臺北：臺灣學生書局,1984年。

17. 陳榮捷,《中國哲學文獻選編》〔M〕,楊儒賓等譯,南京：江蘇教育出版社,2006年。

18. 崔建英,《明別集版本志》〔M〕,賈衛民等參訂,北京：中華書局,2006年。

19. 戴健,《明下葉吳越城市娛樂文化與市民文學》〔D〕,揚州大學,2004年。

20. 鄧艾民,《傳習錄注疏》〔M〕,上海：上海古籍出版社,2012年。

21. 鄧艾民,《朱熹王守仁哲學研究》〔M〕,上海：華東師範大學出版社,1989年。

22. 鄧志峰,《王學與晚明的師道復興運動》〔M〕,北京：社會科學文獻出版社,2004年。

23. 杜維明、盧風,《現代性與物欲的釋放：杜維明先生訪談錄》〔M〕,北京：中國人民大學出版社,2008年。

24. 杜維明,《青年王陽明》〔M〕,朱志方譯,北京：生活・讀書・新知三聯書店,2013年。

25. 杜信孚等,《全明分省分縣刻書考》〔M〕,北京：線裝書局,2001年。

26. 樊樹志,《明史講稿》〔M〕,北京：中華書局,2012年。

27. 樊樹志,《晚明大變局》〔M〕,北京：中華書局,2015年。

28. 方東美,《中國哲學精神及其發展》〔M〕,孫智燊譯,北京：中華書局,2012年。

29. 方爾加,《王陽明心學研究》〔M〕,長沙：湖南教育出版社,1989年。

30. 方國根,《王陽明評傳》〔M〕,南京：南京大學出版社,1996年。

31. 馮友蘭，《新理學》〔M〕，北京：生活‧讀書‧新知三聯書店，2007 年。

32. 馮友蘭，《中國哲學簡史》〔M〕，趙復三譯，北京：生活‧讀書‧新知三聯書店，2009 年。

33. 馮友蘭，《中國哲學史（上下）》〔M〕，北京：生活‧讀書‧新知三聯書店，2009 年。

34. 葛兆光，《中國思想史（第二卷）》〔M〕，上海：復旦大學出版社，2007（2001）。

35. 龔鵬程，《生活儒學的面向》〔M〕，杭州：浙江大學出版社，2009 年。

36. 龔鵬程，《中國文學史》〔M〕，北京：東方出版社，2014 年。

37. 韓林合，《虛己以遊世：莊子哲學研究（修訂本）》〔M〕，北京：商務印書館，2014 年。

38. 何懷宏，《選舉社會：秦漢至晚清社會形態研究》〔M〕，北京：北京大學出版社，2011 年。

39. 侯外廬等，《宋明理學史（下）》〔M〕，北京：人民出版社，2005（1987／1997）。

40. 胡吉勳，《大禮儀與明廷人事變局》〔M〕，北京：社會科學文獻出版社，2007 年。

41. 胡美琦，《中國教育史》〔M〕，臺北：三民書局，1986（1978）。

42. 胡適，《胡適文集》〔M〕，歐陽哲生編，北京：北京大學出版社，2013 年。

43. 黃濟，《教育哲學通論》〔M〕，太原：山西教育出版社，2014 年。

44. 黃進興，《從理學到倫理學：清末民初道德意識的轉化，北京：中華書局，2014 年。

45. 黃仁宇，《萬曆十五年（經典版）》〔M〕，北京：中華書局，2015（2014）。

46. 姜廣輝，《中國經學思想史（第三卷）》〔M〕，北京：中國社會科學出版社，2010 年。

47. 蔣慶，《政治儒學：當代儒學的專項、特質與發展》〔M〕，北京：生活‧讀書‧新知三聯書店，2003 年。

48. 科大衛，《皇帝和祖宗》〔M〕，卜永堅譯，南京：江蘇人民出版社，2009 年。

49. 勞思光，《中國哲學史（三上）》〔M〕，北京：生活‧讀書‧新知三聯書店，2015 年。

50. 黎業明，《湛若水年譜》，上海：上海古籍出版社，2009 年。

51. 李國鈞、金林祥，《中國教育思想通史（第四卷）》〔M〕，長沙：湖南教育出版社，1994 年。

52. 李澤厚,《歷史本體論·己卯五説(增訂本)》〔M〕,北京:生活·讀書·新知三聯書店,2008 年。

53. 李澤厚,《論語今讀》〔M〕,北京:中華書局,2015 年。

54. 李澤厚,《由巫釋禮釋禮歸仁》〔M〕,北京:生活·讀書·新知三聯書店,2015 年。

55. 李澤厚,《哲學綱要·倫理學綱要》〔M〕,北京:中華書局,2015 年。

56. 李澤厚,《中國古代思想史論》〔M〕,北京:生活·讀書·新知三聯書店,2008 年。

57. 梁啓超,《清代學術概論》〔M〕,朱維錚導讀,上海:上海古籍出版社,2000(1998)。

58. 梁漱溟,《梁漱溟全集(第 3 冊)·中國文化要義》〔M〕,濟南:山東人民出版社,1990 年。

59. 林安梧,《當代新儒家哲學史論》〔M〕,臺北:明文書局股份有限公司,1996 年。

60. 林丹,《日用即道:王陽明哲學的現象學闡釋》〔M〕,北京:光明日報出版社,2012 年。

61. 林慶彰,《明代考據學研究》〔M〕,上海:華東師範大學出版社,2015 年。

62. 林月惠,《良知學的轉折:聶雙江與羅念庵思想之研究》〔M〕,臺北:臺灣大學出版中心,2005 年。

63. 劉海峰、張亞群,《科舉制的終結與科舉學的興起》〔C〕,武漢:華中師範大學出版社,2006 年。

64. 劉述先,《朱子哲學思想的發展與完成》〔M〕,長春:吉林出版集團有限公司,2014 年。

65. 劉咸炘,《劉咸炘學術論集·哲學編》〔M〕,廣西師範大學出版社,2010 年。

66. 劉小楓等,《經典與解釋的張力》〔C〕,上海:上海三聯書店,2003 年。

67. 劉笑敢,《老子古今:五種對勘與析評引論》〔M〕,北京:中國社會科學出版社,2006 年。

68. 劉笑敢,《詮釋與定向:中國哲學研究方法之探究》〔M〕,北京:商務印書館,2009 年。

69. 羅光,《中國哲學史·元明篇》〔M〕,羅光全書冊十二》〔Z〕,臺北:學生書局,1996 年。

70. 呂妙芬,《陽明學的士人社群:歷史、思想與實踐》〔M〕,臺北:中研院近代史研究所,2003 年;北京:新星出版社,2006 年。

71. 蒙培元，《理學的演變：從朱熹到王夫之》〔M〕，福州：福建人民出版社，1984 年。

72. 蒙文通，《經學抉原》〔M〕，上海：上海人民出版社，2006 年。

73. 蒙文通，《儒學五論》〔M〕，劉夢溪，《中國現代學術經典・廖平蒙文通卷》〔M〕，石家莊：河北教育出版社，1996 年。

74. 孟森，《明史講義》〔M〕，商傳導讀，上海：上海古籍出版社，2010 年。

75. 繆詠禾，《中國出版通史（明代卷）》〔M〕，北京：中國書籍出版社，2008 年。

76. 牟鍾鑒，《儒學價值的新探索》〔M〕，濟南：齊魯書社，2001 年。

77. 牟宗三，《道德理想主義的重建》〔M〕，鄭家棟編，北京：中國廣播電視出版社，1992 年。

78. 牟宗三，《牟宗三先生全集》〔Z〕，臺北：聯經出版事業股份有限公司，2003 年。

79. 牟宗三，《宋明儒學的問題與發展》〔M〕，臺北：聯經出版事業股份有限公司，2003 年。

80. 牟宗三，《心體與性體》〔M〕，長春：吉林出版集團有限責任公司，2013 年。

81. 錢明，《王陽明及其學派論考》〔M〕，北京：人民出版社，2009 年。

82. 錢明，《陽明學的形成與發展》〔M〕，南京：江蘇古籍出版社，2002 年。

83. 錢穆，《國史大綱（修訂本）》〔M〕，北京：商務印書館，2008（1996）。

84. 錢穆，《論語新解（3 版）》〔M〕，北京：生活・讀書・新知三聯書店，2015（2002／2005／2012）。

85. 錢穆，《錢賓四先生全集》〔M〕，臺北：聯經出版事業股份有限公司，1998 年。

86. 錢穆，《宋明理學概述》〔M〕，北京：九州出版社，2011 年。

87. 錢穆，《晚學盲言》〔M〕，北京：九州出版社，2011 年。

88. 錢穆，《陽明學述要》〔M〕，北京：九州出版社，2010 年。

89. 錢穆，《朱子學提綱（3 版）》〔M〕，北京：生活・讀書・新知三聯書店，2014（2002／2005）。

90. 秦家懿，《王陽明》〔M〕，北京：生活・讀書・新知三聯書店，2015（2011）。

91. 任文利，《心學的形上學問題探本》〔M〕，鄭州：中州古籍出版社，2005 年。

92. 束景南，《陽明佚文輯考編年》〔M〕，上海：上海古籍出版社，2012 年。

93. 孫奇逢，《孫奇逢集》〔M〕，張顯清主編，鄭州：中州古籍出版社，2003

年。

94. 唐君毅，《中國哲學原論・導論篇》〔M〕，北京：中國社會科學出版社，
    2005 年。

95. 唐君毅，《中國哲學原論・原教篇》〔M〕，北京：中國社會科學出版社，
    2005 年。

96. 唐文治，《唐文治文選》〔M〕，王桐蓀等選注，上海：上海交通大學出版
    社，2005 年。

97. 田建榮，《科舉教育的傳統與變遷》〔M〕，北京：教育科學出版社，2009
    年。

98. 汪暉，《現代中國思想的興起（2 版）》〔M〕，北京：生活・讀書・新知三
    聯書店，2008 年。

99. 王傳龍，《陽明心學流衍考》〔M〕，廈門：廈門大學出版社，2015 年。

100. 王汎森，《權力的毛細管作用：清代的思想、學術與心態（修訂版）》
    〔M〕，北京：北京大學出版社，2015 年。

101. 王曉昕，《王陽明與陽明文化》〔M〕，北京：中華書局，2011 年。

102. 韋政通，《中國思想史》〔M〕，長春：吉林出版集團有限公司，2009 年，
    第 881 頁。

103. 吳宣德，《中國教育制度通史第 4 卷・明代》〔M〕，濟南：山東教育出版
    社，1999 年。

104. 吳長庚，《朱陸學術考辨五種》〔Z〕，南昌：江西高校出版社，2000 年。

105. 蕭公權，《中國政治思想史》〔M〕，北京：新星出版社，2010 年。

106. 蕭萐父，《吹沙紀程》〔M〕，上海：上海文藝出版社，1998 年。

107. 蕭無陂，《傳習錄校釋》〔M〕，長沙：嶽麓書社，2012 年。

108. 熊十力，《體用論》〔M〕，上海：上海書店，2009 年。

109. 熊十力，《新唯識論（壬辰刪定本）》〔M〕，北京：中國人民大學出版社，
    2006 年。

110. 熊十力，《原儒》〔M〕，上海：上海書店，2009 年。

111. 徐梵澄，《孔學古微》〔M〕，李文彬譯，上海：華東師範大學出版社，2015
    年。

112. 徐梵澄，《陸王學述》〔M〕，徐梵澄文集卷一》〔Z〕，上海：上海三聯書
    店、華東師範大學出版社，2006 年。

113. 徐復觀，《兩漢思想史》〔M〕，北京：九州出版社，2013 年。

114. 徐復觀，《中國人性史論先秦篇》〔M〕，北京：九州出版社，2013 年。

115. 徐復觀，《中國思想史論集續編》〔M〕，北京：九州出版社，2013 年。

116. 許紀霖等編，《現代中國思想的核心觀點》〔M〕，上海：上海人民出版

社，2010 年。

117. 薛仲三、歐陽頤，《兩千年中西曆對照表》〔M〕，北京：生活・讀書・新知三聯書店，1956 年。

118. 閻步克，《品位與職官：秦漢魏晉南北朝官階制度研究》〔M〕，北京：中華書局，2011 年。

119. 閻雲翔，《禮物的流動：一個中國村莊的互惠原則與社會網絡》〔M〕，李放春等譯，上海：上海人民出版社，2000 年。

120. 楊國榮，《心學之思：王陽明哲學的闡釋》〔M〕，北京：中國人民大學出版社，2009 年。

121. 楊正顯，《覺世之道：王陽明良知說的形成》〔M〕，北京：北京師範大學出版社，2015 年。

122. 于述勝，〈「意義一感通」之學以情意為本──以《禮記・大學》為中心的義理闡釋〉〔J〕，《北京大學教育評論》，2014 年第 03 期。

123. 于述勝，《中國現代教育學術史論》〔M〕，北京：中國社會科學出版社，2012 年。

124. 于述勝，《朱熹與南宋教育思潮》〔M〕，濟南：山東大學出版社，1996 年。

125. 余英時，《論天人之際：中國古代思想起源試探》〔M〕，臺北：聯經出版事業股份有限公司，2014 年；北京：中華書局，2014 年。

126. 余英時，《宋明理學與政治文化（余英時文集第 10 卷）》〔M〕，沈志佳編，桂林：廣西師範大學出版社，2014 年。

127. 余英時，《中國思想傳統及其現代變遷（余英時文集第 2 卷）》〔M〕，沈志佳編，桂林：廣西師範大學出版社，2014 年。

128. 余英時，《中國文化通釋》〔M〕，北京：生活・讀書・新知三聯書店，2012（2010）。

129. 余英時，《朱熹的歷史世界》〔M〕，北京：生活・讀書・新知三聯書店，2011 年。

130. 俞樟華，《王學編年》〔M〕，長春：吉林大學出版社，2010 年。

131. 張東蓀，《思想與社會》〔M〕，左玉河整理，長沙：嶽麓書社，2010 年。

132. 張君勱，《王陽明：中國十六世紀的唯心主義哲學家》〔M〕，江日新譯，臺北：東大圖書股份有限公司，1991 年。

133. 張瑞璠，《中國教育哲學史（第 1～4 卷）》〔M〕，濟南：山東教育出版社，1999 年。

134. 張世英，《新哲學講演錄（2 版）》〔M〕，桂林：廣西師範大學出版社，2008 年。

135. 張祥浩，《王守仁評傳》〔M〕，南京：南京大學出版社，1997 年。

136. 張新民，《陽明精粹卷一·哲思探微》〔M〕，貴陽：孔學堂書局，貴州人民出版社，2014 年。

137. 張學智，《明代哲學史（修訂版）》〔M〕，北京：中國人民大學出版社，2012 年。

138. 趙汀陽，《論可能生活（第 2 版）》〔M〕，北京：中國人民大學出版社，2015（2010）。

139. 鄭也夫，《知識分子研究》〔M〕，北京：中國青年出版社，2004 年。

140. 朱鴻林，《儒者思想與出處》〔M〕，北京：生活·讀書·新知三聯書店，2015 年。

141. 朱維錚，《章太炎與王陽明》〔A〕，《中國哲學（第 5 輯）》〔C〕，北京：生活·讀書·新知三聯書店，1981 年。

142. 朱維錚，《走出中世紀》〔M〕，上海：復旦大學出版社，2007 年。

143. 朱曉鵬，《王陽明與道家道教》〔M〕，北京：中國人民大學出版社，2009 年。

144. 左東嶺，《明代文學思想研究》〔M〕，北京：商務印書館，2013 年。

145. （奧）米塞斯，《人的行為》〔M〕，夏道平譯，臺北：遠流出版事業股份有限公司，1997（1991）；上海：上海社會科學院出版社，2015 年。

146. （法）阿多，《古代哲學的智慧》〔M〕，張憲譯，上海：上海譯文出版社，2012 年。

147. （美）包弼德，《歷史上的理學》〔M〕，王昌偉譯，杭州：浙江大學出版社，2012（2009），第 165 頁。

148. （美）狄百瑞，《儒家的困境》〔M〕，黃水嬰譯，北京：北京大學出版社，2009 年。

149. （美）杜威，《民主與教育》〔M〕，王承緒譯，北京：人民教育出版社，2001 年。

150. （美）富路特、房兆楹，《明代名人傳》〔M〕，北京：北京時代華文書局，2015 年。

151. （美）蓋伊，《啟蒙運動（上卷）：現代異教精神的興起》〔M〕，劉北成譯，上海：上海人民出版社，2015 年。

152. （美）海然熱，《語言人：論語言學對人文科學的貢獻》〔M〕，張祖健譯，北京：北京大學出版社，2012 年。

153. （美）海特，《正義之心》〔M〕，舒明月等譯，杭州：浙江人民出版社，2014 年。

154. （美）賈志揚，《宋代科舉》〔M〕，臺北：東大圖書股份有限公司，1995年。

155. （美）拉斯韋爾，《社會傳播的結構與功能》〔M〕，何道寬譯，北京：中國傳媒大學出版社，2012年。

156. （美）列文森，《儒教中國及其現代命運》〔M〕，鄭大華等譯，桂林：廣西師範大學出版社，2009年。

157. （美）芮沃壽，《中國歷史中的佛教》〔M〕，常蕾譯，北京：北京大學出版社，2009年。

158. （美）舒爾茲，《現代心理學史（第8版）》〔M〕，南京：江蘇教育出版社，2005年。

159. （美）威爾遜，《論人的天性》〔M〕，林和生等譯，貴陽：貴州人民出版社，1987年。

160. （美）周紹明，《書籍的社會史：中華帝國晚期的書籍與士人文化》〔M〕，何朝暉譯，北京：北京大學出版社，2009年。

161. （日）島田虔次，《中國近代思維的挫摺》〔M〕，甘萬萍譯，南京：江蘇人民出版社，2005年。

162. （日）岡田武彥，《王陽明大傳：知行合一的心學智慧》〔M〕，重慶：重慶出版社，2014年。

163. （日）岡田武彥，《王陽明與明末儒學》〔M〕，吳光等譯，上海：上海古籍出版社，2000年。

164. （日）溝口雄三，《中國前近代思想的曲折與展開》〔M〕，龔穎譯，北京：生活·讀書·新知三聯書店，2011年。

165. （日）荒木見悟，《佛教與儒教》〔M〕，杜勤等譯，鄭州：中州古籍出版社，2005年。

166. （日）鏡味治也，《文化關鍵詞》〔M〕，張泓明譯，北京：商務印書館，2015年。

167. （日）永富青地，《王守仁著作文獻學的研究》〔M〕，東京：汲古書院，2007年。

168. （瑞士）耿寧，《人生第一等事：王陽明及其後學論致良知》〔M〕，倪梁康譯，北京：商務印書館，2014年。

169. （意）葛蘭西，《獄中劄記》〔M〕，曹雷雨等譯，鄭州：河南大學出版社，2014年。

170. （英）葛瑞漢，《論道者：中國古代哲學論辯》〔M〕，張海晏譯，北京：中國社會科學出版社，2003年。

附錄一　王陽明研究現狀概述

一、王陽明研究的關注焦點

　　陽明學的研究需要付出堅苦卓絕的努力，它絕不是以一人的「智慧」僅僅閱讀「陽明之書」就能自然生發的，不是以教科書的信息就自然感受到的，不是靠著所謂的良知就自然寫出來的。它是一種生命的學說，教化的哲學，更是一種吾人切身體認的智慧。它是在不斷地探求中，不斷思考，不斷閱讀，不斷體驗的過程。這是本書的立場。

　　從儒學發展史來看，性理學形成了多元的話語體系，呈現出複雜的學術思想體系，開創了儒學發展的新局面。一方面大儒輩出，著述紛呈出精彩學術面貌；一方面諸家學說競爭、彼此擅場。更爲重要的是，它不僅僅在學術意義上產生了深遠的影響，更是通過數代人的努力全面滲入到社會發展之中，特別是通過政治權力、社會運動和學術思想的互動，使之成爲具有鮮明中國特質的文化場域。後世學者對於如何詮釋這一思想與社會關係，特別是如何構建性理學發展史，存在著不同的進路。

　　對近世學者而言，黃宗羲所樹立的範式最爲典型。所謂《明儒學案》〔註1〕的範式是指，用案例的方式，重構思想家的著作和精神主張，指引學者

〔註 1〕 有感於「今日四部之書，汗牛充棟，老死不能遍觀而盡識」的現實情況，清末理學名臣張之洞（道光十七年至宣統元年，1837～1909：字孝達、號香濤、諡文襄）特作《勸學篇‧守約》，舉要開出學校切用之書，其大綱目云：「經學，通大義；史學，考治亂典志，諸子，知取舍；理學，看學案；詞章，讀有實事者；政治書，讀近今者；地理，考今日有用者；算學，各隨所習之事學之；小學，但通大旨大例。」總之，讀書以應用切實爲宗旨，所以對於理

以個人的道德實踐銓衡抉擇，並以之爲人生修行、修養的門徑。〔註2〕自黃宗羲《明儒學案》《宋元學案》確立了宋明儒學研究的典範之後，後世學者多以此爲據加以闡發。錢穆說「平居於兩學案最所潛心」，岡田武彥說「在這四年中，傾全力研讀的是《宋元學案》和《明儒學案》，特別是《明儒學案》。在研讀過程中，深深地體會要理解中國思想的精髓，非體驗並研究中國思想家體驗不可。」〔註3〕《明儒學案》以陽明學爲關注的焦點和中心，所以「研究明代儒學者莫不由此書入門，我自己（劉述先）也不例外。由此可見，梨洲對於陽明思想的闡釋有多麼大的影響力。」〔註4〕

同時，陽明學產生後，傳至東瀛，落地生根，形成了日本的陽明學〔註5〕。日本陽明學是日本學術的一種重要組成部分，經過幾代學人的努力，形成了

學書籍，雖然在《書目答問》中列舉了《性理精義》《近思錄集注》《宋元學案》《明儒學案》《學蔀通辨》《東莞學案》《國朝學案小識》《正誼堂全書》等儒家類理學之屬彙集書，但他主張「讀學案可以兼考學行，甄宗流派。……通此（《明儒學案》《宋元學案》）兩書，其餘理學家專書可緩矣。」〔〔清〕張之洞，《增訂書目答問補正，孫文泱增訂》〔M〕，北京：中華書局，2011年，第677頁〕梁啓超說認爲，中國的完善學術史著作始於黃宗羲的《明儒學案》。他列出了學術史著作的四個標準：第一網羅該時代各個學派，第二用明晰的觀念提點某家之學說，第三忠實於學者的原來面目，第四要對學者的時代和經歷加以簡要的敘述，以彰顯其人格。（梁啓超，《中國近三百年學術史》〔M〕，北京：東方出版社，1996年，第55頁）

〔註2〕 朱鴻林，《明儒學案研究及論學雜著》〔M〕，北京：生活・讀書・新知三聯書店，2016年。

〔註3〕 （日）岡田武彥，〈我的生涯與儒教：追求體認之學的歷程〉〔J〕，《中國文哲研究通訊》第6卷第2期，1996年，第91頁。

〔註4〕 劉述先，《黃宗羲的心學定位・論王陽明的最後定見》〔M〕，杭州：浙江古籍出版社，2006年，第148～149頁。

〔註5〕 關於日本陽明學，詳見：朱謙之，《日本的古學及陽明學》〔M〕，上海：上海人民出版社，1962年；戴瑞坤，《陽明學說對日本之影響》〔M〕，臺北：中國文化大學出版部，1981年；岡田武彥，《簡素的精神》〔M〕，杭州：西泠印社，2000年；戴瑞坤，《中日韓朱子學陽明學之研究》〔M〕，臺北：文史哲出版社，2001年；永富青地，《近十年陽明學研究日文論著目錄（1998～2008）》〔A〕，崔在穆，《東亞陽明學》〔M〕，朴姬福等譯，北京：中國人民大學出版社，2009年；吉田武男，《塑造日本人心性的陽明學》〔M〕，北京：九州出版社，2016年。鄧紅《何謂日本陽明學》一文指出，陽明學不是中國的學問，更不是明代王陽明個人的學問，而是負擔建設日本國家的日本之學，即岡田武彥所說的「高舉陽明學，以此來革新世間風氣，維持國體，發揚國威，也就是持有國際主義思考，主張國粹主義。」（鄧紅，〈何謂日本陽明學〉〔J〕，《華東師範大學學報》（哲學社會科學版），2015年第47卷第4期，第153～166頁）

一種不可忽視的學術力量，並有著深厚的社會影響，使之成爲眞正的具有日本特色的傳統學術。當代日本陽明學研究者如岡田武彥（1908～2004）、荒木見悟（1917～2017）、島田虔次（1917～2000）、溝口雄三（1932～2010）等在既有學術傳承的基礎上，做出了突破性的貢獻。日本陽明學者對傳統學術心存敬仰之意，重視前賢學術積累，追求學術的自得和體認，形成各具風格的學術樣態。〔註6〕在他們的學術成果中最值得我們關注的是他們的研究意識問題。這些學者著書立說、教書育人、身體力行，其著述多有中文譯本，在當代陽明學研究中佔有重要地位。其中岡田氏博士論文主題即陽明學，正式出版名爲《王陽明與明末儒學》〔註7〕提出的派系劃分影響深遠，其《王陽明大傳：知行合一的心學智慧》〔註8〕積三十年學力於一書，將體認之學、培根之學貫徹首尾，中文版出版後一時間洛陽紙貴。岡田氏特注重把握陽明學的精神實質，並以之爲求得內心的自得和體悟的借鏡。正是在前一書中，岡田氏首先敏銳地觀察到：「朱陸異同論者都重視敬」。〔註9〕

荒木氏以佛教研究擅場，提出唐宋以來思想發展脈絡之下哲學人性觀集大成者盡在陽明學，其《佛教與儒教》〔註10〕、《明末清初的思想與佛教》〔註11〕最爲名著，荒木提出的陽明的立言宗旨是知行合一，即「強調知的處理與行的處理應該在同一時間、同一地點進行，支持知的心（主體＝本來性）與支持行的心並非別體而對立存在，而是超越時空，同時又綿延不斷地現在化的一如性（良知）的自我限定與自我發展。像這樣總是在同一時間、同一地點包容知行，並能從容自如地操縱它們，淋漓盡致地發揮出其作用的東西

〔註6〕　（日）吉田公平，《〈傳習錄〉在日本：日本陽明學的素描》〔A〕，吳震、吾妻重二，《思想與文獻：日本學者宋明儒學研究》〔M〕，上海：華東師範大學出版社，2010年，第313～325頁。吉田公平通過《傳習錄》在日本的考察，指出在歐洲學術思想傳入日本時，明治時局的主導權從儒學過渡到西學，只有一人能抗衡西洋新思潮，即陽明學。此時，日本人將陽明學在內的儒學視爲日本傳統的學術，並將陽明學作爲對抗西歐思想的旗手，最明顯表現這一姿態的是井上哲次郎、蟹江義丸所編的《日本倫理彙編》。

〔註7〕　（日）岡田武彥，《王陽明與明末儒學》〔M〕，上海：上海古籍出版社，2000年，重慶：重慶出版社，2016年。

〔註8〕　（日）岡田武彥，《王陽明大傳》〔M〕，重慶：重慶出版社，2015年。

〔註9〕　（日）岡田武彥，《王陽明大傳》〔M〕，重慶：重慶出版社，2015年，第28頁。

〔註10〕　（日）荒木見悟，《佛教與儒教》〔M〕，鄭州：中州古籍出版社，2005年。

〔註11〕　（日）荒木見悟，《明末清初的思想與佛教》〔M〕，上海：上海古籍出版社，2010年。

就非本來人（本來性即現實性者）莫屬。」〔註 12〕這一說法既圓滿又富含情感，既有哲理分析，又包含睿智，論陽明立言宗旨者，此爲的論而力透紙背。正是在《佛家與儒教》一書中，荒木氏明確地提出了要跳出佛家、儒家對立的二元論，而要將明代學術作爲一個整體看待，進而找到本來性和現實性的思想精神的魅力。

島田氏《朱子學與陽明學》〔註 13〕提出陽明學是宋學式儒教（性理學）的最高峰，它歸結於生生，即「良知是與萬物一體之仁合體，是知行統一、自他統一的同時，也成爲自然而然生生不息者。」〔註 14〕至今仍有典範式的意義。該書其他論斷亦勝意迭出，令人感佩。其《中國近代思維的挫折》〔註 15〕（1949）更是提出了陽明學是儒學的極限的論點，即認爲超越心學的儒家思想在本質上已經不屬於儒學。」〔註 16〕作者寫道：「通過陽明到復歸聖學爲止的這個精神探索的足跡，我們不難看到的，是超越卑俗，克服安逸無爲，只顧不停地追求第一等事、第一義事的自我行動，是時間行動的強烈性。正確地認識這種激烈的內心發酵和精神泡沫，恐怕是對理解陽明具有決定性意義的大前提吧！並且那不單是陽明內心的激動吧！民族的精神史、人類的社會史，在它的某個時期，在大小強弱不同的規模上，也經歷過這樣的疾風怒濤。」〔註 17〕這是何等有情感的寫作！島田氏認爲朱子是理一元論，與前述岡田氏不同，這表明了日本陽明學者的獨立判斷。島田氏說：「像這樣一心一意敬慕聖人的熱誠，難以認爲不具有產生什麼的力量。眞正喚起新學問、新思潮的，與其說是精緻的學說，毋寧說是全心全意的熱情。」〔註 18〕這是

〔註 12〕 （日）荒木見悟，《佛教與儒教》〔M〕，鄭州：中州古籍出版社，2005 年，第271 頁。

〔註 13〕 （日）島田虔次，《朱子學與陽明學》〔M〕，西安：陝西師範大學出版社，1986年。

〔註 14〕 （日）島田虔次，《朱子學與陽明學》〔M〕，西安：陝西師範大學出版社，1986年，第 94 頁。

〔註 15〕 （日）島田虔次，《中國近代思維的挫折》〔M〕，南京：鳳凰出版社，2010（2005／2008）。

〔註 16〕 （日）島田虔次，《中國近代思維的挫折》〔M〕，南京：鳳凰出版社，2005 年，第 5 頁。

〔註 17〕 （日）島田虔次，《中國近代思維的挫折》〔M〕，南京：鳳凰出版社，2005 年，第 30 頁。

〔註 18〕 （日）島田虔次，《朱子學與陽明學》〔M〕，西安：陝西師範大學出版社，1986年，第 79 頁。

作者從學術自覺的角度，強調了「敬」的精神和學術發展的關係。

　　溝口氏相較於前幾位則更爲冷靜，所以他提出了「作爲方法的中國」的概念，影響著學界研究，對其學說吾人以身份意識、方法意義、現代意識括之〔註 19〕：所謂身份意識是指對日本陽明學和中國陽明學的區劃中對日本陽明學的獨特性的體認，將日本陽明學的認同化爲研究者的內在身份認同，並在其研究中明確表彰日人特性；所謂方法意識是指在陽明學的詮釋中逐步形成一種以區別於中國陽明學的研究路徑爲特徵的學術取徑，並最終提出了作爲方法的中國這一命題；所謂現代意識是指超越歷史發生的時代限制，將陽明學置於現代語境之中，並將其內化爲學者的精神追求。在溝口氏，宋明理學是一種延續性的發展而非對抗性的斷裂，陽明學並不是朱子學的反對面，不是性向心的發展，毋寧說是從理向理的展開，是理在質的方面的展開，即從本來一元的理向自然本來的性情自然的展開。〔註 20〕

　　上述這些學者的論著多在上世紀八十年代以後被翻譯爲中文，故而其影響多在八十年代以後，時至今日仍有較大影響力。筆者也吸取了上述幾位學者關於陽明學中敬的意義和內涵的有關論斷和方法論的解說。

　　當然，拋開哲學純粹的學術而言，近代以來影響最巨的，當屬日本現代化的成功所造成的巨大衝擊。日本陽明學在近代成爲其維新改革成功的重要思想資源，以其現實的實力影響了學者的心態和眼光。自梁啓超開始，就希望仿傚日本大和魂、武士道，塑造中國魂，以外來學術調適中國傳統思想，尤其是以陽明思想爲中心的尚武精神、致良知、知行合一等理念，建立具有中國固有道德爲基礎的現代國民。〔註 21〕這一調適的傳統，在政治上有諸多擁躉，知行合一之教得以在批判的繼承中發展。同時也影響了學術界如錢穆、賀麟等人，對陽明學進行闡發。

　　這樣，自晚清以來的陽明學，在很長一段時間裏，實際上是黃氏學案式的陽明學和日本陽明學的雜糅。

　　故而，陽明學既是一門傳統的學問，又是具有強烈現代意義的學說。陽

〔註 19〕　向輝，〈主體身份與現代路徑：溝口雄三的陽明學研究意識〉〔J〕，《平頂山學院學報》，2018（03）。

〔註 20〕　溝口雄三，《中國前近代思想的曲折與展開》〔M〕，北京：生活·讀書·新知三聯書店，2011 年，第 126～127 頁。

〔註 21〕　黃克武，《近代中國的思潮與人物》〔M〕，北京：九州出版社，2016 年，第 387 頁。

明學被諸多學者所關注，多有精深的論著，增加並豐富了我們對王陽明的教化哲學及儒學的認識，啓發我們如何更有效地研究其教化哲學。學者也多有較爲細緻的綜述，〔註 22〕前賢的這些細緻爬梳已經足以彰顯陽明學的發展歷程、時代特色和研究方向，毋需再加以贅語。不過，在這些綜述中，我們發現對於陽明學博士論文的關注似乎有所不足。

很明顯地，陽明學是當代國內外諸多博士學位論文的核心主題。其中若干博士論文在出版以後成爲陽明學的經典論述。而且，隨著現代學術的越來越學科式的精耕細作，博士論文成爲了衡量某一個主題研究的最佳路徑。據不完全統計，1955 年至 2013 年美國博士論文 14 篇〔註 23〕；上個世紀九十年代至今日本有 16 篇〔註 24〕。國內自上世紀七十年代至今（2016 年底）有 98

〔註 22〕 對百年來陽明學研究進行綜述的論著參閱：彭國翔，〈20 世紀宋明理學研究的回顧與前瞻（上）〉〔J〕，《哲學動態》，2003 年第 4 期，第 41～44 頁；彭國翔，〈20 世紀宋明理學研究的回顧與前瞻（下）〉〔J〕，《哲學動態》，2003 年第 5 期，第 38～40 頁；廖峰，〈2012 年陽明學研究綜述〉〔J〕，《陽明學刊》，2015 年，第 438～449 頁；畢遊，〈從朱學到王學的歷史演進——二十世紀以來的研究綜述〉〔J〕，《中國史研究動態》，2012 年第 2 期，第 34～42 頁；余懷彥，《王陽明的五百年：中國與世界的王陽明》〔M〕，貴陽：貴州教育出版社，2009 年；俞樟華，《王學編年》〔M〕，長春：吉林大學出版社，2012 年。

〔註 23〕 （美）伊來瑞，〈陽明學在美國的發展與現狀〉〔J〕，《陽明學刊》，2015 年，第 201、207 頁。其中 1955～1973 年間有三篇，1980～2013 年間有十一篇。國內較爲熟知的是杜維明的《青年王陽明》（生活・讀書・新知三聯書店，2013 年；Du Weiming, Neo-Confucian Thought in Action: Wang Yang-ming's Youth (1472~1509), University of California Press, 1976）和秦家懿《王陽明》（生活・讀書・新知三聯書店，2011 年；Julia Ching, To Acquire Wisdom: The Way of Wang Yang-ming, Columbia University Press, 1976）。

〔註 24〕 焦堃，2014 年，陽明學と明の政治，京都大學，博士（文學）；水野實，2014 年，王守仁の思想と明代における『大學』解釋の諸相，早稻田大學，博士（文學）；伊香賀隆，2012 年，陸王心學における「自然」と「工夫」についての研究：陸象山・王陽明・王龍溪，東洋大學，博士（文學）；中純夫，2011 年，初期江華學派の研究：朝鮮における陽明學受容，京都大學，博士（文學）；大場一央，2010 年，心即理：王陽明前期思想の研究，早稻田大學，博士（文學）；森田康夫，2009 年，大塩平八郎と陽明學，立命館大學，博士（文學）；錢明，2008 年，陽明學の成立と展開，九州大學，博士（文學）；永富青地，2004 年，王守仁著作の文獻學的研究，早稻田大學，博士（文學）；鄭址郁，1998 年，陽，良知現成論に関する研究：王龍溪・王心齋を中心にして，九州大學，博士（文學）；蘭明，1997 年，北村透谷研究——思想的形成の多層性を中心に，東京大學，博士（文學）；吳震，1996 年，陽明後學の研究，京都大學，博士（文學）；古川治，1994 年，中江藤樹の綜合的研究，東

篇，其中大陸 69 篇，臺灣 29 篇〔註25〕。以中文寫作的有關陽明學的博士論文，在本世紀有增加的趨勢，大陸 69 篇博士論文中有 51 篇爲 2000 年以後所著，而臺灣亦有 15 篇之多。可見，進入新世紀之後，陽明學研究至少在博士層次得到一定的數量的提升。這些博士論文涉及哲學、歷史學、美學、社會學、教育學等多門現代學科。

　　梳理這些博士論文，對其問題意識、理論建構與史實梳理、寫作方法路徑、學術立足點及其進展性作一番考察後，我們認爲，關於陽明學的博士論文在五個方面有較大的進展，並在史實和概念的梳理〔註26〕、理論體系的重構〔註27〕和方法的辨析〔註28〕三個層面上取得了豐碩成果。這五個方面分別是：

　　（1）從學術資料史的積累梳理逐漸進入到對歷史意義及其價值的探究。

　　（2）從學派的粗放型考辨逐漸深入到心學宗旨的細緻辨析。

　　（3）從歷史的清理和借鑒逐漸轉向對生活世界的反思。

　　（4）從歷史的消解或解構、話語的取代與重建逐漸轉向歷史的合理重構和話語的認同體認。

　　（5）從忽視對儒者之道的敬意、拋棄陽明學的體察逐漸回歸到對歷史的敬畏和進入陽明學多元話語體系。

　　然而，如何使用、借鑒、吸收這些博士論文的成果卻頗費心力，對陽明

　　北大學，博士（文學）：李鳳全，1994 年，中國近世近代社會における陽明心學の展開に関する研究，九州大學，博士（文學）：韓睿嫄，1993 年，何心隱の生涯と思想：その秩序像をさぐる，東京大學，博士（文學）：崔在穆，1991年，東アジアにおける陽明學の展開，築波大學，博士（文學）：吉田公平，1991 年，陸象山と王陽明，広島大學，文學博士。使用日本博士論文檢索數據庫：http://ci.nii.ac.jp/d/（2017 年 2 月 5 日最後檢索）

〔註25〕詳後附錄二。

〔註26〕是以考據的方法論述陽明學的學術發展脈絡，並據此對陽明學加以個別的或整體的闡釋。當然，這種事實的梳理往往與特定的時代風潮有著密切關係。

〔註27〕是以批判重構、邏輯解構和理論反思的方式建構或者發掘陽明學的某些特質，並據此加以改造使之符合某種理論範式。

〔註28〕賀麟在《宋儒的思想方法》一文中提出：「宋儒的思想方法究竟是什麼，論者似尚莫衷一是。消極方面，宋儒的思想方法不是嚴格的科學方法；積極方面，宋儒無論朱陸兩派，其思想均係直覺法。換言之，陸王所謂致知或致良知，程朱所謂格物窮理，皆不是科學方法，而乃是他們所謂心學或理學亦即我們所謂哲學或形而上學的直覺法。」（賀麟，《近代唯心論簡釋》〔M〕，北京：商務印書館，2013 年，第 78 頁）

學者是一個巨大的工作任務。〔註 29〕在筆者看來，學術研究特別是教育史學研究必須對前人的成果加以梳理，否則就會流入陽明學所反對的支離、虛妄和自說自話。畢竟我們在做的是陽明學研究，要做就要真正地做出一個陽明學的樣子來。陽明學從來不是一個人孤寂自守，以一人而超越的，他必須融入到先賢的智慧中，必用全體之光照耀自我。如果陽明這位學派導師面對這近百位陽明學博士該有何種感想？如何分別這些陽明學博士的水準，哪些陽明學博士是陽明學？哪些不是陽明學而只是穿戴上了陽明學的博士服裝？實在是困難。當年，陽明門人數以百計，他能因材施教，因人啟發，著實令後學來者敬佩景仰。我們認識世界往往以熟悉知識為基礎，進而擴展至事實知識和命題知識，思來想去，筆者決定以目錄學的方法對這百餘位陽明學博士論文進行分類，以期作為本研究的一個門徑。當然從學科來看相關研究實為最便捷之方式。

臺灣	共 29 篇	歷史	4
國文	13	文學	2
哲學	9	教育	1

臺灣的系科與專業劃分與大陸、日本不同，從上表可見，陽明學博士論文臺灣主要集中在國文系（或者叫中國文學系、中國文學研究所，為方便起見，全部歸於國文），其次是哲學系或哲學所，其次是歷史系（歷史研究所）。也就是說，日本的陽明學博士均為文學博士，臺灣陽明學博士主要來自中文系和哲學系。大陸的情形如下：

大　陸	共 69 篇						
專　業	篇數	專　業	篇數	專　業	篇數	專　業	篇數
中國哲學	35	中國古代史	2	中國文化史	1	宗教學	1

〔註29〕 陽明學博士呂妙芬曾如是說：首先，大部分關於陽明學研究的成果都是以介紹學者個人生平、分析個別學者思想內涵為主，如此大量的研究成果，我真的能完全不顧嗎？若要兼論理學思想，我要如何提問？我有能力處理和書寫嗎？再者，我如何能夠找到合適的議題，呈現理學與明代政治、社會、文化的互動面貌？若以社會史的角度入手，理學家個人文集內豐富的資料，我要如何運用？這許許多多的問題，今天我仍然覺得困難，深具挑戰性。（呂妙芬，《陽明學士人社群：歷史、思想與實踐》〔M〕，臺北：中研院近史所，2003年，第 3 頁）

美學	5	文藝學	2	外國哲學	1	藝術文化學	1
倫理學	5	中國古典文獻學	2	中國書畫	1	中國語言文學	1
中國古代文學	4	古代哲學史	1	史學理論及史學史	1	中國思想史	1
中國教育史	2	專門史（思想史）	1	中國儒學	1	日語語言文學	1

　　由此可見，大陸陽明學博士主要出自中國哲學專業（哲學系），佔了陽明學博士的半壁江山，其他學科中美學、倫理學、中國古代文學屬於第二梯隊，中國教育史、中國古代史、文藝學中國古典文獻學屬於第三梯隊，各有兩篇。其他有還有諸如中國書畫、中國儒學、中國語言文學等等若干專業亦有陽明學博士。和臺灣陽明學博士以中文和哲學爲主的情況不同的是，大陸主要以哲學系爲主，其他美學、倫理學、中文次之。這意味著，陽明學博士的專業上，多以哲學爲主，畢竟陽明學一直被視爲哲學。而其他學科，諸如倫理學、美學、中文、教育等等，亦從各自不同的學科視野研究了陽明學。因此，我們的研究需要特別關注哲學的、倫理學的、美學的陽明學進展。

　　不過專業的劃分是現代學術的分類方法，在傳統目錄學則講求辨章學術、考鏡源流，從目錄分類最能看出某一個時代的學術狀況。分類目錄學家的看家本領。面對太多的書籍和知識，必須有一定的安排，否則自亂陣腳，根本沒有知識的增加，只能困陷於無邊之書海，何益？陽明學博士論文和傳統的分類顯然大相徑庭，基本上無有可以容納的框架。不過，既然我們做的是歷史的研究，那麼史部的分類法就可以使用。長期以來，困惑於此，一旦得以解脫，豈不快哉。陽明曾云學術乃苦苦究心之事，誠不我欺。

　　傳統目錄學分經、史、子、集、叢五大部類。《四庫全書總目》爲傳統目錄學最佳範本，其中史部分爲十五類，即：正史、編年、紀事本末、別史、雜史、詔令奏議、傳記、史抄、載記、時令、地理、職官、政書、目錄、史評等。四庫館臣說：「史之爲道，撰述欲其簡，考證欲其詳。」又說：「宋明人皆好議論，議論異則門戶分，門戶分則朋黨立，朋黨立則恩怨結。恩怨既結，得志則排擠於朝廷，不得志則以筆墨相報復。其中是非顛倒，頗亦熒聽。然雖有疑獄，合眾證而質之，必得其情。雖有虛詞，參眾說而核之，亦必得其情。」〔註30〕前一段說的是對於史學的總體看法，即理論建構簡約有力爲

〔註30〕　（清）永瑢等，《四庫全書總目》〔M〕，北京：中華書局，1996 年，第 611 頁。

佳，事實考辨周詳無妄爲上。後一段則先對宋明人的學術風格作出了好議論的總體評價，並對這種好議論的後果做了分析，指出了傳統社會中學政不分的後果，最終導致的結局是史部著述眞僞摻雜，要得事實眞相和眞知灼見非簡單之事。解決的辦法就是多參考、合眾說。這一看法對於吾人整理陽明學博士論文頗有啓迪之功。

再看《明史・藝文志》的分類，其中史部分爲十類，即正史、雜史、史抄、故事、職官、儀注、刑法、傳記、地理、譜牒。比起四庫全書總目的類別要少且其中有差異。再看歐陽修《崇文總目序釋》〔註 31〕的分類，其中史部分爲共十二目：正史、編年、實錄、雜史、僞史、職官、儀注、刑法、地理、氏族、歲時、傳記等。由此亦可見，書目分類需要根據具體情形而定。如此，我們可以用類似的分類對這些陽明學博士論文加以分類，進而有助於吾人研究的深入。

鑒於陽明曾主張過經學即史學，而性理學在明代基本上被視爲經學，則我們可以合理的將所有陽明學博士論文歸入史部，當然首先要將陽明本人及其門人全集視爲此歷史的一部分。那麼，類比起來，正史即陽明本人著述，以及陽明門人弟子著述。以下則可分爲以時間爲據的通論類、一時一事爲主旨雜史類、以評騭爲主的史評類，以此使陽明學博士各歸其位，秩序感即將呈現。

（甲）通論類，通論陽明學的博士論文數量較多，或者以考據見長，或者以理論見長，從學派劃分、理論創建、文獻考辨諸面向展現了陽明學的豐富內涵。所謂通論就是在大時段的背景下，重建陽明學何以成爲陽明學的歷史脈絡，要回答「何以」而非「何謂」的問題。雖然學者提出的「何以」的問題有具體性的差異，但在大的方向性上卻存在一致性，即都希望通過歷史的詮釋來理解陽明學，並以之作爲進入陽明學的契機。

從派系劃分角度通論的，有（1）岡田武彥《王陽明與明末儒學》〔註 32〕似爲較早的陽明學博士論文，以通論的方式闡述了自王陽明湛若水至劉宗周的明末心學思潮，該書的主要特點是以分系統（分派的）方法將陽明學納入到（王湛及其後學、批評與復古等）派性範疇中。（2）錢明博士論文《陽明

〔註 31〕 李之亮，《歐陽修集編年箋注（第 7 冊）卷一二五》〔M〕，成都：巴蜀出版社，2007 年。

〔註 32〕 岡田武彥《王陽明與明末儒學》（明末の儒教，九州大學文學博士，1960 年；明德出版社，1970 年；上海古籍出版社，2000 年；重慶出版社，2016 年。

學的形成與發展》〔註 33〕承續師傳，以陽明學的形成、分化和發展爲主題，特別是以陽明的誠意爲主的觀念考察陽明學中的劉宗周、王棟〔註 34〕主意派。（3）吳震《陽明後學研究》〔註 35〕從陽明四句教開始，論及陽明後學錢德洪、聶豹、歐陽德諸人思想，又專章討論陽明後學講學，認爲陽明學的思想展開過程就是一部講學運動史，〔註 36〕並指出講學實際上是一種面向民眾的教化活動。〔註 37〕

從理論建構角度通論的，有（4）楊國榮博士論文《王學內在的二重性及其歷史展開》以陽明學的內在二重性爲主線研究從陽明到近代梁漱溟、賀麟的哲學發展過程。作者認爲陽明學有兩種二重性，即良知二重性和致良知二重性：所謂良知的二重性是從形式和內容上區分良知，理是良知的內容，良知是心的形式，存在著非理性主義和神秘主義的張力；所謂致良知的二重性是良知是天賦的一次完成，而致則是過程性，存在天賦性和過程性張力。陽明學的發展和完結就是這種二重性的提出、完善和解決的邏輯演變過程〔註 38〕。（5）鮑世斌博士論文《明代王學研究：以本體——工夫理論爲中心的歷史考察》〔註 39〕從心性之辯這一解決成聖問題的切入點出發，梳理陽明學的產生、傳播、異見和終結過程。作者認爲在朱子是性本體，在陽明是心本體。〔註 40〕所謂本體與工夫的緊張關係是理想與現實、理論與實踐的矛

〔註 33〕　錢明《陽明學の成立と展開》，九州大學文學博士，2008 年；錢明，《陽明學的形成與發展》〔M〕，南京：江蘇古籍出版社，2002 年。

〔註 34〕　王棟（弘治十六年至萬曆九年，1503～1581），字隆吉，號一庵，山東泰州人。王艮族弟。

〔註 35〕　吳震《陽明後學の研究》，京都大學文學博士，1996 年；吳震，《陽明後學研究》〔M〕，上海：上海人民出版社，2003／2016 年。

〔註 36〕　吳震，《陽明後學研究》〔M〕，上海：上海人民出版社，2016 年，第 417 頁。

〔註 37〕　吳震，《陽明後學研究》〔M〕，上海：上海人民出版社，2016 年，第 448 頁。

〔註 38〕　楊國榮，《王學通論：從王陽明到熊十力》〔M〕，上海：華東師範大學出版社，2003 年。

〔註 39〕　鮑世斌，《明代王學研究》〔M〕，成都：巴蜀書社，2004 年。

〔註 40〕　本體工夫作爲哲學，特別是中國哲學的基本概念，起源於何時似乎並沒有定論。李澤厚認爲本體工夫這個問題很大，但究竟什麼是本體，何爲工夫？楊國榮認爲，從哲學史的角度看，將本體視爲與工夫相關的哲學話題，至少可以追溯到陽明及其後學。楊國榮認爲，陽明學有兩個基本觀點，一是從工夫說本體，即側重本體的形成，通過工夫形成本體，經驗變先驗；一是從本體說工夫，即側重於本體落實於工夫，先驗返經驗。總之是要把陽明學與西方哲學，特別是康德哲學進行比附的解釋，就能看出王陽明哲學的意味來。本體是個人的工夫的引導，而且任何個體行爲都需要在一個本體的引導下具體

盾，作者認爲陽明學並未解決此一矛盾，雖然其心本體和良知本體具有理性本質的品格，是普遍必然的道德律，是道德實踐的立法者〔註41〕。作者認爲陽明晚年以致良知爲本體，良知爲心體即本體，重建了心體（使心體得以確立）理論，即作爲先天本體的良知融合普遍性和個體性，爲自我提供依據，同時也意味著它可能導向自我的中心化，故一方面以工夫以復本體（勉強而致之），一方面工夫即本體（以工夫證本體），前者是後天消極的，後者是先天積極的（由理性資歷規矩尺度）。〔註42〕（6）任文利博士論文《心學的形上學問題探本》以形上學的問題爲中心追問了「良知究竟是什麼？」的問題，並經過對儒學、新儒學、陽明心學的徹底追問，提出良知是一個「知情合一」的範疇。〔註43〕作者認爲，分解地說（「謂之」）必須以綜合地說（「之謂」）爲前提。陽明心學話語系統爲承繼朱子而來，朱子擅場的是分解地說，如心統性情的心性論的性理說，貫穿陽明學的是他對理的意義的思考。朱子從客觀認識出發，試圖從自然界的普遍法則和秩序的意義上講述其生生不息的大化流行，故朱熹講理，以生爲頭腦；講性，以仁爲頭腦；講情，以愛爲頭腦。陽明的哲學並未朱子的這種客觀認識前提加以完全否定，而是認爲心體即天理（性理）的預設亦是一種客觀的認識，這就將外在的天理轉化爲內在的心體，所以工夫的展開，是不斷地澄明心體的過程而不是天理證成或者完成。

　　從文獻學角度通論的，有（7）王傳龍博士論文《陽明心學流衍考》〔註44〕以陽明學的內核爲佛教（內佛外儒）的觀點出發，考察陽明學的形成和發展，對陽明後學王畿、黃綰等人的生平事蹟和著作版本都有細緻辨析。作者認爲陽明學人的文集版本、學術主張和思想轉變存在內在的關聯性，理論的推理不能脫離文本的考察。（8）蔡龍九《朱子晚年定論之相關研究》〔註45〕

　　地展開。（李澤厚等，《什麼是道德：李澤厚倫理學討論班實錄》〔M〕，上海：華東師範大學出版社，2015年，第173～174、259～260頁）
〔註41〕鮑世斌，《明代王學研究》〔M〕，成都：巴蜀書社，2004年，第27頁。
〔註42〕鮑世斌，《明代王學研究》〔M〕，成都：巴蜀書社，2004年，第62～66頁。
〔註43〕蒙培元，《序言》〔A〕，任文利，《心學的形上學問題探本》〔M〕，鄭州：中州古籍出版社，2005年，第2頁。
〔註44〕王傳龍，《陽明心學流衍考》〔D〕，北京大學中國古典文獻學專業，2014年；廈門：廈門大學出版社。
〔註45〕蔡龍九，《朱子晚年定論之相關研究》〔D〕，臺灣大學文學院哲學系博士論文，2009年。

以陽明《定論》一書爲主軸，採取先分析後分類討論方式，以年代考據爲基礎，著重討論了朱陸王學術中的心性與工夫問題，主要討論三個問題，即一、《朱子晚年定論》的文本所呈現的問題意識是什麼；二、《朱子晚年定論》的立論或者邏輯是否具有合理性；三、《朱子晚年定論》引起或者導致了何種討論，即其延伸問題爲何。（9）姚文永《明代心學編年史》〔註 46〕，與俞樟華《王學編年》〔註 47〕比較起來，更注重史實的考證，該論文分爲王陽明早年悟道、王陽明心學形成並漸成潮流和王學後學成長並論爭期等三卷。作者認爲明代學風自吳與弼起，多延續宋儒尊德性一脈，且以居敬爲工夫，以人心教化爲內容，至陳獻章始化釋居敬而突出心體，並進而有居敬不失之胡居仁、婁諒和高揚氣質陳獻章等。但作者無法解釋何以陽明從學婁諒而正式進入儒者之道，也無法解釋何以陽明不提陳獻章的白沙之學。雖然《明史》中提到明代心學有所謂心學始於陳獻章、王守仁的說法，實際上陳獻章與王守仁並非同路人。吾人認爲，從性理學的脈絡看，陽明更認同婁諒居敬之學，而非白沙「以自然爲宗」之學。作者認爲陽明在龍場悟道其中一個刺激因素是無書可讀，〔註 48〕乃誤解。從陽明《居夷集》中若干詩文可徵，當時他帶了書，而且在大量閱讀，包括佛經。我們有理由認爲正是在不斷閱讀和思考中，陽明的悟道方有可能。作者又認爲「守仁創立心說，倡爲心學，就不得不與朱子之學劃清界限。同時，爲了以子之矛攻子之盾，以更大範圍爭取同志，守仁提出了一個朱子晚年定論說。」〔註 49〕此種論斷延續了長期以來的意識形態謬誤。任何一門影響深遠的學說都不是建立在反對他人學者特別是前人學說的基礎上的，融貫前賢方爲其成功之保障。

（10）文獻功力最扎實，至今無人超越的是日本陽明學者永富青地，其博士論文《王守仁著作の文獻學的研究》（早稻田大學，2004 年；汲古書院，2007 年）七百五十餘頁，全面考察了陽明著述的編纂、出版、流傳，並對有關陽明的若干文學作品進行了文獻的研究。最令人敬佩的是，作者以一人之力，考察了陽明著述的現存狀況，根據各種古籍目錄，實地查閱，收集了陽明佚文數十萬字，完成了中國學者無法完成的任務。此乃眞陽明學也！本書

〔註 46〕姚文永，《明代心學編年史》〔D〕，四川大學，2011 年；臺北：花木蘭文化出版社，2015 年。

〔註 47〕俞樟華，《王學編年》〔M〕，長春：吉林大學出版社，2010 年。

〔註 48〕姚文永，《明代心學編年史》〔D〕，四川大學，2011 年，第 51 頁。

〔註 49〕姚文永，《明代心學編年史》〔D〕，四川大學，2011 年，第 71 頁。

中多有引用其收集的資料。

通論式的陽明學，對於本研究來說，提供了大量資料和理論支持。

（乙）**雜史類**，即以某一具體問題爲中心研究者，以一事、一題爲主，或以具體學科理論爲基礎，或以西方哲學理論爲框架，或以某一概念爲主題，對陽明學加以範圍，使之呈現出某一類型的特徵。此類陽明學博士論文數量較大。以倫理問題、美學問題、釋道關係問題、文學問題、教育問題、本體工夫等等爲中心討論陽明學，試圖對某一向度的陽明學加以細緻梳理。

從個人生涯角度的研究，有（11）秦家懿博士論文《求智：王陽明之道》〔註 50〕認爲要瞭解陽明此一複雜性且矛盾性哲學，就得儘量「處身心」於他當時的環境與思想背景，隨著他本身思想的演化，而體會他的意思所在，因爲「陽明學是一種修身法，……人生的主要問題，是如何修身，成聖。」〔註 51〕（12）杜維明博士論文《新儒學思想的實踐：王陽明的青年時代（1472～1509）》〔註 52〕考察了陽明年輕時代的認識歷程和明代的歷史脈絡，試圖去感受陽明之所感，從而確認其思想的來源。作者認爲陽明學之所以成爲陽明學端賴兩個方面：一方面是持續不斷地以自覺（self-awareness）爲指導的生活方式；一方面是產生於經驗探求（experientialsearch）的之學方法。〔註 53〕杜氏在該書中特別強調了理解和詮釋陽明學的發展需要以朱熹的精神取向爲參照。但這絕非是將陽明和朱子對立起來，因爲「把程朱和陸王當作敵對學派

〔註 50〕秦家懿，《王陽明》〔M〕，北京：生活・讀書・新知三聯書店，2015（2011），秦家懿（1934～2001）博士論文《求智：王陽明之道》（Julia Ching, To Acquire Wisdom: the Way of Wang Yangming, Newyork: Columbia University Press, 1976）與杜維明博士論文《新儒學思想的實踐：王陽明的青年時代（1472～1509）》（Weiming Tu, Neo-Confucian Thought in Action: Wang Yangming's Yourth (1472~1509), Berkeley: University of California Press, 1976）在學界影響較廣。

〔註 51〕秦家懿，《王陽明》〔M〕，北京：生活・讀書・新知三聯書店，2011（2015），第 64 頁。

〔註 52〕杜維明博士《宋明儒學思想之旅：青年王陽明（1472～1509）》，哈佛大學 1968 年歷史與東亞語言專業。史華慈、楊聯陞教授指導。1976 年加州大學伯克利出版。收入郭齊勇、鄭文龍編《杜維明文集》（第 3 卷）（武漢出版社，2002 年）。其後單行本收入三聯書店 2013 年出版的《杜維明作品系列》，更名爲：《青年王陽明：行動中的儒家思想》。

〔註 53〕杜維明，《青年王陽明：行動中的儒家思想》〔M〕，北京：生活・讀書・新知三聯書店，2013 年，第 2 頁。

的兩分法不僅過於簡化，而且誤人」。〔註54〕杜氏從陽明學中找到了生命的哲
學，他說到，用陽明的見解來分析現代中國知識分子的大悲劇，是其失去了
作爲一個眞實的人必須具備的感性，因爲「知識分子應該是一群代表人性光
輝的社會良心。他們應該有極敏銳的觸覺和極高遠：應合人類全體保持精神
的交通，和社會大眾保持緊密的接觸，和自己所屬的群體保持血肉的關連。」
〔註55〕又說：「陽明立志做人的精神抉擇，是任何一個想爲中國建構民主、開
創科學的知識分子不能不深切體認的道理。人的身心之學是引導文化發展的
大指標、大動源。累積性的知識是愈新愈有價值，身心之學則是愈深愈有價
值。這種深入性的學問，不但是現代人心靈交通的基礎，也是通向精神世界、
展示歷史智慧的泉源。」〔註56〕（13）王建宏博士論文《王陽明思想再評價：
以成聖之道爲中心的考察》〔註 57〕認爲家庭環境、個人遭遇和時代政治生態
構成了陽明追求成聖之道的動因，成聖即是實現自身人性的完滿性，最終實
現立德立功立言的內聖外王之道。

　　（14）趙士林博士論文《心學與美學》以陽明心學與市民文藝關係爲核
心，以「傳統－現代」理論和李澤厚〔註 58〕「內聖－外王」二分法爲基礎，

〔註54〕 杜維明，《青年王陽明：行動中的儒家思想》〔M〕，北京：生活・讀書・新知
　　　　三聯書店，2013 年，第 191 頁。
〔註55〕 杜維明，《邁進自由之門的儒家：伯克利十年（1971～1981）》〔M〕，北京：
　　　　北京大學出版社，2013 年，第 41 頁。
〔註56〕 杜維明，《邁進自由之門的儒家：伯克利十年（1971～1981）》〔M〕，北京：
　　　　北京大學出版社，2013 年，第 42 頁。
〔註57〕 王建宏，《王陽明思想再評價：以成聖之道爲中心的考察》〔D〕，西北大學中
　　　　國哲學方向，2009 年；新北：花木蘭文化出版社，2015 年。
〔註58〕 李澤厚《經世觀念隨筆》根據史華茲（Benjamin Schwartz）的觀點認爲，儒
　　　　學傳統中，由於從一開始就具有宗教性因素與政治性因素的交融合一，使……
　　　　內聖與外王，呈現出兩極性的歧異關係。但由孔子到孟子，儒學內聖一面地
　　　　位突出，並與外王相離異。有離異而走向對立。以繼承孟子自許的宋明理學，
　　　　便是如此，它極大地也是片面地發展了這一傾向，使內聖成爲可以脫離甚至
　　　　必須脫離外王而具有獨立自足的價值和意義。內甚至成爲唯一的理論內容。
　　　　（李澤厚，《中國古代思想史論・經世觀念隨筆》〔M〕，北京：生活・讀書・
　　　　新知三聯書店，2008 年，第 281～284 頁）李澤厚認爲，陽明心學與其被視爲
　　　　程朱並峙的理學內部紛爭或派別，不如就整個宋明理學的歷史全程來考察和
　　　　確定其地位，這個地位就是理學走向末梢的邏輯終結。……客觀事實上，王
　　　　學在歷史上卻成了通向思想解放的進步走道，它成爲明代中葉以來浪漫主義
　　　　的巨大人文思潮的哲學基礎。（李澤厚，《中國古代思想史論・宋明理學片論》
　　　　〔M〕，北京：生活・讀書・新知三聯書店，2008 年，第 264～265 頁）

25

認為心學、理學均為儒學傳統的內聖之學、均尊奉同一道德原理，同要建構一個倫理主體，同要實現一個道德心，作為心性之學的內聖之學的基本使命是追求、培養、塑造、光復一種至善人性——道德心靈〔註59〕，在此，內聖＝外王，人性＝天性，心靈包蘊宇宙，倫常就是自然。而「天人合一」則是內在道德心性中人與自然的同一，天命、天理是道德意義的自然，「心」作為既內在又超越的倫理本體也就是宇宙本體〔註60〕，故從內聖之學的基本性質、學術總之、理論目的上說，心學亦理學，理學亦心學，其基本矛盾在於心本體與天本體對理的不同本體論詮釋〔註61〕。陽明心學之心本體將道德本體完全建立在人的心靈之中，符合內聖之學塑造道德人格、培育道德理性、建構倫理秩序、實現理想社會的基本精神，故中國文化從中古向近代的轉型肇端於市民文藝與陽明心學〔註62〕。同類還有（15）潘立勇博士論文《本體工夫論與陽明心學美學》〔註63〕認為本體與工夫為陽明學的基本命題。以心為存在的本體、本體工夫的一元論的陽明學是對朱熹理學的突破，在哲學上是革命性的，在美學上亦有重大影響，即心本體高揚審美主體、身心合一論肯定審美個體感性、狂者胸次導致審美意識的自覺和藝術叛逆精神的高漲、致良知推重審美知覺思維、知行合一注重審美實踐功能。作者又認為陽明心學美學本體論是為人生理想境界的可能提供本體的依據，其審美工夫論則是為人生境界的實現提供現實的途徑，最終指向的是人生境界的落實和圓成，所以人生境界的現實呈現就成為陽明心學的美學的最終的關懷〔註64〕。

（16）鮑永玲博士論文《種子與靈光：王陽明心學喻象體系通考》〔註65〕

〔註59〕趙士林，《心學與美學》〔M〕，北京：中國社會科學出版社，1992年，第4頁；人民出版社，2013年，第16頁。

〔註60〕趙士林，《心學與美學》〔M〕，北京：中國社會科學出版社，1992年，第22頁；人民出版社，2013年，第37頁。

〔註61〕趙士林，《心學與美學》〔M〕，北京：中國社會科學出版社，1992年，第6頁；人民出版社，2013年，第18頁。

〔註62〕趙士林，《心學與美學》〔M〕，北京：中國社會科學出版社，1992年，第206頁；人民出版社，2013年，第243頁。

〔註63〕潘立勇，《本體工夫論與陽明心學美學》〔D〕，復旦大學文藝學專業，2003年。

〔註64〕潘立勇，《一體萬化：陽明心學的美學智慧》〔M〕，北京大學出版社，2010年，第184頁。

〔註65〕鮑永玲，《「種子」與「靈光」：王陽明心學喻象體系通論》〔M〕，上海：上海書店出版社，2012年。

用隱喻的問題探究了陽明學，作者認爲儒家入世有爲即在於磨鏡、照鏡之身體力行，而不能僅僅停留於思辨口耳。通過對心、知、水、植物、鏡、光等心學所常用的比喻加以細緻分析，指出陽明心學與朱熹理學存通而與象山心學有異。陽明學的心、致良知都是有光、鏡、種子的喻象，陽明試圖以老莊之鏡喻和佛教之光喻融入儒家生生之仁的種子，使之充實、感動，但必須要付出卓絕努力，即不離敬的展開，因爲敬是可以體現在日常生活任何環節的，〔註66〕陽明後學卻往往忽視了這一點。

　　（17）朱承博士論文《超越心性——王陽明哲學的政治向度》〔註67〕提出，如果挑出心性論的討論，王陽明的學說中政治何以可能？如果這種政治哲學的向度具有可能性的話，它是以何種方式展開並有何種啓示？〔註68〕在陽明學的研究中，政治的考量往往流於其與現實政治關係的考察，諸如陽明的事功、謀略以及其政治影響等等，忽略了陽明學蘊含的政治哲學向度，所謂政治哲學向度包括其政治關懷、分析和對理想政治秩序的期待等，政治哲學的根本問題在於「什麼是人類良好的政治社會生活」和「如何實現良好的生活」〔註69〕，故政治哲學最終的節穴必然是人的問題，對儒學政治哲學而言則是在學理上提出治世之方以便實現良好社會生活，基於道德關懷而反對議政論政的單一性和片面性，基於三代之治的想像而試圖建構現實政治人的道德情懷和素養，基於人的良善本性而試圖建構以仁爲本的合理秩序等，均是儒家政治哲學向度的內在要求。作者一再表露出的觀點是，陽明的政治哲學向度乃是烏托邦，雖然邏輯自洽，但烏托邦畢竟只是口頭筆端的烏托邦，並沒有現實存在的空間和時間，只能停留在陽明及其後學的良好願望裏〔註70〕。

　　（18）高予遠博士論文《實踐的良知：王陽明哲學的闡釋》〔註71〕認爲

〔註66〕鮑永玲，《「種子」與「靈光」——王陽明心學喻象體系通考》〔D〕，華東師範大學，2010年，第194頁。

〔註67〕朱承，《超越心性——王陽明哲學的政治向度》〔D〕，華東師範大學中國哲學方向，2006年。

〔註68〕朱承，《治心與治世：王陽明哲學的政治向度》〔M〕，上海：上海人民出版社，2008年，第2頁。

〔註69〕朱承，《治心與治世：王陽明哲學的政治向度》〔M〕，上海：上海人民出版社，2008年，第140頁。

〔註70〕朱承，《治心與治世：王陽明哲學的政治向度》〔M〕，上海：上海人民出版社，2008年，第104、164、174頁。

〔註71〕高予遠，《王陽明哲學研究》〔M〕，廣州：廣東科技出版社，2003年。

陽明哲學中以良知爲我們在世之根基，展示了儒學以人固有的至善心體（良知）爲在世而不爲世拘的內在超越特性。作者認爲超越是一種呼喚生命大本的生命抉擇，是針對現世之役、超越現世之役而爲在世生命尋求意義和立身安命之本的過程，它一方面是對「在世界之中」的現實的認同和思考，一方面是追問並回答將逝我之爲我之意義何在。所謂外在超越即以在世之外尋找超越之力量，依靠上帝的理性和信念超拔我於現世之上，最終將個人現世生命融於外在超越者；內在超越則以內在生命良知之呼喚爲本，在現世之當下，聳立我之存在大本，以吾心不外放，操存自己本心至善，承擔現世命運，操存既久，得入聖賢境域。〔註72〕

　　（19）林丹博士論文《王陽明哲學的現象學闡釋》〔註73〕以西方哲學爲參考系，力圖結合胡塞爾和海德格爾的現象學哲學，融會中西，指出陽明哲學的總體特徵可以概括爲，它是對終極實在和生活境遇的這樣一種理解，即一種力圖使之非對象化和生活境遇化，故而其哲學不是形而上的理論思辨而是一種生活之道、生命之道，是思想境界與生活日用的交融合一，陽明的一生所揭示的是儒學或者說中國思想中的以身證道、人能弘道的思想，在此意義上，他以實際的生命打通了思想與生活，體現了宋儒所要求的聖賢之學的內在性〔註74〕。作者指出，從思想方式而言，陽明學不是一種理論思辨，也非邏輯的推理，而是一種本體性的揭示，即以現象的本原性呈現出知行的本體，這種本體顯然不是當代哲學的本質、實體。〔註75〕在此境域中，良知即是德性的切身化與世界的境域化的交融合一、人與世界的融合無間，致良知則是在運行投入之中到事情本身之中去，即在人的事爲之中，在人與世界打交道的過程中，在致良知之中實現。所以作者認同熊十力先生所說，「善夫陽明學派之言曰：即工夫即本體，一言而抉天人之蘊。」〔註76〕同類的還有，（20）

〔註72〕 高予遠，《王陽明哲學研究》〔M〕，廣州：廣東科技出版社，2003年，第232～234頁。

〔註73〕 林丹，《王陽明哲學的現象學闡釋》〔D〕，北京大學外國哲學方向，2005年。

〔註74〕 林丹，《日用即道：王陽明哲學的現象學闡釋》〔M〕，北京：光明日報出版社，2012年，第7頁。

〔註75〕 林丹，《日用即道：王陽明哲學的現象學闡釋》〔M〕，北京：光明日報出版社，2012年，第134頁。

〔註76〕 熊十力，《新唯識論（語體文本）・卷下第八章明心上》〔M〕，北京：中華書局，1985年，第565頁；林丹，《日用即道：王陽明哲學的現象學闡釋》〔M〕，北京：光明日報出版社，2012年，第163頁。1952年，熊十力《新唯識論》

鄭基良博士論文《王陽明與康德道德哲學的比較研究》〔註77〕、（21）梁徐寧《陽明心學的生命哲學闡釋》〔註78〕等等。

　　（丙）**史評類**，評騭者。這類論文採用現代哲學理論體系，對陽明學加以重新建構，提出了各自認爲的陽明學的關鍵問題，進而對陽明學提出各自的批判式分析。（22）方爾加博士論文《明代王陽明心學研究》〔註79〕認爲陽明心學是倫理意義上的主觀唯心主義，是非理性主義的主觀唯心主義，是強調學問與事功合一的主觀唯心論。陽明的思想風貌是在儒家文化居統治地位，周圍人儒學修養普遍較高的環境中形成的，有了這種環境，陽明才能讀到許多書，隨處有人指導答疑，討論切磋，這種環境也爲陽明踐履儒學、學做聖人提供了條件。〔註80〕（23）彭國翔博士論文《王龍溪與中晚明陽明學的展開》〔註81〕認爲本體與工夫可以說是整個宋明理學的基本範疇，中晚明陽明學的展開，也正是以本體與工夫之辯爲基本的骨幹〔註82〕，就儒學傳統來說，朱子學當然構成陽明學發展的存有論前提並預設了其言說的脈絡，同時儒釋道三教融合趨勢的深化，更使得中晚明的陽明學呈現出特有的風貌〔註83〕。相較於朱子學，陽明的哲學將合法性或者合理性的根源建基於內在的良知而非外在的天理，這種由外到內的轉化意味著以道德主體性取代了外在天理的權威性〔註84〕，因此所謂的本體即是道德本體或良知本體或心之本體，是一種終極實在和創造性根源。（24）李丕洋博士論文《眞理和自由境界的追索者：王陽明修道哲學的思想精蘊》〔註85〕根據其導師宋志明先生的說

　　（壬辰刪定本）已刪去此語。

〔註77〕 鄭基良，《王陽明與康德道德哲學的比較研究》〔D〕，臺灣文化大學哲學研究所，1983 年；臺北：文史哲出版社，2012 年。

〔註78〕 梁徐寧，《陽明心學的生命哲學闡釋》〔D〕，南京大學，2004 年。

〔註79〕 方爾加，《王陽明心學研究》〔M〕，長沙：湖南教育出版社，1989 年。

〔註80〕 方爾加，《王陽明心學研究》〔M〕，長沙：湖南教育出版社，1989 年，第 38 頁。

〔註81〕 彭高翔，《王龍溪與中晚明陽明學的展開》〔D〕，北京大學中國哲學史方向，2001 年。

〔註82〕 彭國翔，《良知學的展開：王龍溪與中晚明的陽明學（增訂版）》〔M〕，北京：生活・讀書・新知三聯書店，2015 年，第 14 頁。

〔註83〕 彭國翔，《良知學的展開：王龍溪與中晚明的陽明學（增訂版）》〔M〕，北京：生活・讀書・新知三聯書店，2015 年，第 16 頁。

〔註84〕 彭國翔，《良知學的展開：王龍溪與中晚明的陽明學（增訂版）》〔M〕，北京：生活・讀書・新知三聯書店，2015 年，第 74 頁。

〔註85〕 李丕洋，《眞理和自由境界的追索者：王陽明修道哲學的思想精蘊》〔D〕，中國人民大學中國哲學專業，2007 年；《追索眞理和自由的境界》〔M〕，內蒙古

法，認為研究中國哲學不能套用西方哲學的研究模式，必須抓住中國哲學的特色〔註 86〕，故認為從揭示真理、實現自由的認識途徑來看，中國哲學的特徵性範疇為修道〔註 87〕，修道一詞取自《中庸》「修道之為教」。作者認為，陽明致良知命題，表達的是合真、善、樂（美）於一體的高度凝練的哲學理念，是王陽明一生追索真理和自由境界的思想總結〔註 88〕；修道則是王陽明一生為追求真理和自由境界而不斷努力的時間過程。〔註 89〕作者認為所謂哲學體系有其內在的邏輯結構：即認識論→本體論→本體論→價值論→行為論→認識論所構成的層層推進、循環往復的結構與體系〔註 90〕。

（25）黃信二博士論文《王陽明致良知方法論之研究》〔註 91〕認為陽明論良知哲學，主要精神在以致良知指出工夫入手處，以歷史語言的轉變和該時代詮釋之需求，以新的詮釋內容，改變了孟子集義哲學的觀點，賦予孟子學新時代意義〔註 92〕。故作者以「以方法控馭材料」「以思想導引文本」的觀念為基礎，以「《中庸》修養論觀點是一論述致良知方法之適當方式」為論題，在《中庸》修養論觀點下，藉由「中和式自然動力」（在性與天的超越背景中，主體的能動性與力量）、「人自體」（良知自體，是生命力量的感應承載者，是自然生命發用時實存的經歷者）、「中庸的道德心境」（良知發用的狀態）三個概念的方法設定，把握陽明精神，並分析新範疇詮釋陽明學的合理性與適切性，嘗試性地提出一種新的詮釋方法，合理地論證陽明原典之精神，藉由這個過程，賦予陽明學新世紀之意義。作者認為，在方法上，致良知教是著重去人欲存天理的實踐原則，良知在此系統中即成為唯一的是非標準，但這種

人民出版社，2011 年。

〔註 86〕李丕洋，《追索真理和自由的境界：王陽明修道哲學概論》〔M〕，呼和浩特：內蒙古人民出版社，2011 年，第 292 頁。

〔註 87〕李丕洋，《追索真理和自由的境界：王陽明修道哲學概論》〔M〕，呼和浩特：內蒙古人民出版社，2011 年，第 20 頁。

〔註 88〕李丕洋，《追索真理和自由的境界：王陽明修道哲學概論》〔M〕，呼和浩特：內蒙古人民出版社，2011 年，第 17 頁。

〔註 89〕李丕洋，《追索真理和自由的境界：王陽明修道哲學概論》〔M〕，呼和浩特：內蒙古人民出版社，2011 年，第 32 頁。

〔註 90〕李丕洋，《追索真理和自由的境界：王陽明修道哲學概論》〔M〕，呼和浩特：內蒙古人民出版社，2011 年，第 29 頁。

〔註 91〕黃信二，《王陽明致良值方法論研究》〔D〕，輔仁大學哲學研究所，2002 年；文史哲出版社，2006 年；花木蘭文化出版社，2011 年。

〔註 92〕黃信二，《王陽明致良知方法論之研究》〔M〕，臺北：文史哲出版社，2006 年，第 27 頁。

內在道德意識並非生而有之，仍需灌漑與培養，在心地上用功與用力省察克治，方日漸有見其成果。同時，良知所具有的自慊特性，即表現爲道德情感，此一情感亦能督促與指導道德實踐過程，使人在戒懼與謹獨的精神上知行合一，在本體與工夫上察養以符合致良知教的深義﹝註93﹞。

從上述國內有關陽明學的博士論文可見，當前對於陽明學的研究已是牛毛繭絲、事無鉅細，清人鄭性作黃宗羲《明儒學案》作序時感歎有明一代學術繁盛，他說，「明儒沿襲（朱陸），而其間各有發揮開闢，精確處不可淹沒。」﹝註94﹞我們今天回顧陽明學研究亦可同樣說，僅從諸多以陽明學爲題的博士論文，確實各有發揮開闢，精確處不可淹沒，這或許即爲鄭氏所謂的「爲己之學」﹝註95﹞。這些論文中，採取了各種不同的方法論，比如本體論和工夫論在國內的陽明學研究中最爲常見，甚至是一種常識，學者從何時開始使用這樣的方式來理解宋明理學？

據筆者的淺見，似乎是出自王國軒（1934～）﹝註96﹞的《本體與工夫——理學主旨新探》《心性之學的界定與其主題》。王先生說經過研究，他覺得把理學的主旨概括爲「本體與工夫」更符合實際，這樣的主旨既能體現理學的宇宙論、存在論、心性論和境界說，又可以包含理學的認識論、修養論和審美、心理等等，使理學更加貼近其本來風貌。因爲宋明理學是典型的本體論哲學，同時又是講工夫的哲學，所謂本體就是關心天地萬物和人的聯繫、本質及其依據，工夫則包括一般的道德修養方法和手段，又是人的認識能力、

﹝註93﹞黃信二，《王陽明致良知方法論之研究》﹝M﹞，臺北：文史哲出版社，2006年，第94頁。

﹝註94﹞（清）黃宗羲，《明儒學案（修訂本）》﹝M﹞，沈芝盈點校，北京：中華書局，2013（2008），第1頁。

﹝註95﹞「後之觀者，毋師己意，毋主先入，虛心體察，孰純孰駁，孰淺孰深，自呈自露，惟以有裨於爲己之學，而合乎天地之所以爲大，其於道也，斯得之矣。」（清黃宗羲，《明儒學案（修訂本）》﹝M﹞，沈芝盈點校，北京：中華書局，2013（2008），第1頁）這裡所謂的爲己之學，是儒家核心主張，即良好社會的基礎源自個人的道德與性靈，完成個人的教育也就成爲儒家思想（教育思想）的核心。參見：李弘祺，《學以爲己：傳統中國的教育》﹝M﹞，香港：香港中文大學出版社，2012年。

﹝註96﹞王國軒，〈本體與工夫——理學主旨新探〉﹝J﹞，《孔子研究》，1992年第1期，第43～48頁；王國軒，〈心性之學的界定與其主題〉﹝J﹞，《孔子研究》，1993年第3期，第21～22頁。

審美能力和心理建設的途徑。本體論則分爲理本體論（周敦頤、二程）、氣本體論（張載、王夫之）、心本體論（陸九淵、王陽明）、性本體論（胡宏）。宋明心性之學的最主要的特點是把心性本體化，並通過工夫來完善本體，所謂本體包括了三層含義，即本然，存在的狀態；本根，生化的作用；本質，現象的實質。這樣理解理學的確是一種方便的法門，不過似乎拋棄了性理學的根本立足點，即「止於至善」。性理學家一生追求均圍繞止於至善之地而不遷展開。本體工夫更多的是在哲學意義上討論，因爲本體工夫論實際上已經將本體論視爲一種假設和理論上的空想，這樣的觀念在熊十力時代就曾嚴厲地予以反對過，他認爲，良知不是假設而是呈現，所謂呈現就是要保持「止於至善」這一基本的道的訴求。所以筆者不使用本體論工夫論的方法來討論陽明學，當然，我們認爲本體論和工夫論對於理解宋明理學的哲學知識非常有力，簡潔明快且周延。

除了這些博士論文之外，陽明學的論著指不勝屈，其中關於陽明哲學的討論和生平經歷的論說更是汗牛充棟。其中以唐文治〔註 97〕、張君勱、牟宗三、陳榮捷、鄧艾民、陳來、張學智、耿寧等先生之著作貢獻最大。唐文治在民國時期出版了《陽明學術發微》〔註 98〕，是現代學者中第一部以性理學的方式深入討論陽明學的著述，該書從陽明事蹟、陽明學宗旨和關鍵課題、陽明學貫通經學、陽明學通於朱子學及王龍溪述陽明學等層面全面揭示了陽明學作爲儒家學說的內核及其發展。唐文治該書力證良知之學爲救人心之關鍵。他又引胡泉《陽明先生書疏證》說：「惟朱子精微之語，自陽明體察之以成其良知之學；惟朱子廣博之語，自陽明會通之，以歸於致良知之效。」〔註 99〕實有獨得處。張君勱《王陽明：中國十六世紀的唯心主義哲學

〔註97〕 唐文治（1865～1956）字穎侯，號蔚之、茹經，江蘇太倉人，光緒十八年（1892）進士。

〔註98〕 唐文治《陽明學術發微》一書原爲民國間鉛印本，第 110 頁，國家圖書館藏有縮微膠卷。今已收入臺中縣文聽閣圖書有限公司於 2010 年出版之林慶彰、蔣秋華主編的《民國時期哲學思想叢書》（第一編 91 冊），有功學林。該書第 91 冊另收錄了陳健夫《王陽明學說及其事功》、張縣周《陸王哲學》，第 90 冊收錄胡哲敷《陸王哲學辨微》、宋佩韋《王守仁與明理學》，第 92 冊收錄江謙《陽明致良知學》、李一真《陽明學》、吳召宣《王朱學說》。均爲今日學界頗不易得的民國時期學者所著有關陽明學的著述。

〔註99〕 唐文治，《陽明學術發微》〔M〕，林慶彰，《民國時期哲學思想叢書（第一編第 91 冊）》〔M〕，臺中：文聽閣圖書有限公司，2010 年，第 69 頁。

家》〔註100〕、牟宗三《從陸象山到劉蕺山》〔註101〕、陳榮捷《王陽明與禪》
〔註102〕三書分別從不同角度闡釋了陽明學的哲學特點、發展脈絡和思想來
源，對學者皆有啓發之功。

　　鄧艾民《朱熹王守仁哲學研究》〔註103〕是一部系統研究朱子學和陽明學
的專書，從陽明的一生、唯心主義泛神論世界觀、知行合一、致良知、四句
教等五個角度闡釋了陽明學的人生精神和哲學要旨，他說：「他創造了致良知
的學說，他的一生體現了他的致良知學說，成爲封建主義的聖人。我們肯定
他爲聖人，因爲他的一生達到了中國封建社會所要求達到的最高標準，爲鞏
固中國封建社會其全面的、長遠的作用，而不是一時一地的具體工作效用。」
「聖人都是存天理、滅人欲的，是知行合一的」，王守仁的一生「在完成一些
列具體功績時，表現出堅強的意志和極大的勇氣，當仁不讓，見義勇爲，蹇
以反身，困以遂志，用之則行，捨之則藏。」〔註104〕「他的一生就是他的哲
學的表現，而他的哲學也就是他的爲人的結晶。他的哲學思想的每一次變
化，都是從他切身的生活體驗中得來的，而不只是從抽象的理論推衍出來
的。」〔註105〕

　　陳來《有無之境：王陽明哲學的精神》〔註106〕問世於上世紀九十年代，

〔註100〕張君勱，《王陽明：中國十六世紀的唯心主義哲學家》〔M〕，江日新譯，臺北：
　　　　東大圖書股份有限公司，1991 年。

〔註101〕牟宗三，《從陸象山到劉蕺山》〔M〕，臺北：學生書局，1990 年；上海：上
　　　　海古籍出版社，2001 年；《牟宗三先生全集（第 8 冊）》〔M〕，臺北：聯經出
　　　　版事業股份有限公司，2003 年；長春：吉林出版集團有限責任公司，2010／
　　　　2016 年。

〔註102〕陳榮捷，《王陽明與禪》〔M〕，臺北：臺灣學生書局，1984 年。

〔註103〕鄧艾民，《朱熹王守仁哲學研究》〔M〕，上海：華東師範大學出版社，1989
　　　　年。

〔註104〕鄧艾民，《朱熹王守仁哲學研究》〔M〕，上海：華東師範大學出版社，1989
　　　　年，第 112 頁。

〔註105〕鄧艾民，《朱熹王守仁哲學研究》〔M〕，上海：華東師範大學出版社，1989
　　　　年，第 113 頁。

〔註106〕陳來，《有無之境：王陽明哲學的精神》〔M〕，北京：北京大學出版社，2013
　　　　（2006）。此書先後多次再版，最早由人民出版社 1991 年出版，至 1997 年收
　　　　入該社《中國大哲學家研究系列》重印。2009 年收入《陳來學術論著集》，
　　　　由生活・讀書・新知三聯書店出版。北京大學出版社最新版是 2013 年第 2
　　　　版，列入《博雅英華》系列。從該書反覆再版的情況來看，國內當前陽明學
　　　　研究著述中無出其右者。作者也表示：「無論如何，在 1990 年代初，本書確
　　　　實可以說在文化上、學術上都是比較突出的一本書，引起關注也是自然的。」

爲解決陽明學何以成爲陽明學的問題，該書從陽明學是朱子學的反動這一基本立場出發，提出理解陽明學（包括其人及精神）可以從「豪雄」與「浪漫」這兩個關鍵要素出發，與之對應的則是哲學境界論的有與無，所謂有是儒家的道德主體性，所謂無是佛道的生存智慧。作者認爲：「對於陽明，我們必須記住，一方面他對灑落自得、無滯無礙的境界有眞體會，另一方面他始終堅持以有爲體、以無爲用，以敬畏求灑落。」「在本質上，本體工夫之辯的境界含義是敬畏與灑落之爭，這是我們把握明代理學的內在線索。」這些論述均有獨創性。作者又細緻考察了陽明學中的若干事實爭議，並提出了較有創建的意見。後來作者又在陽明佚文的收集上做出了重要貢獻〔註107〕。

　　張學智《明代理學史》是第一部系統闡述明代哲學的專著，作者認爲哲學不僅是表達義理更是宣洩情感，故提出了研究明代理學的體驗的方法論，這是哲學史家第一次對理學研究方法提出了自覺的主張，具有啓示性意義，即「研究中國思想家，特別是理學家，只有把握了他們的氣象、他們的境界，才是眞正把握了他們，而氣象、境界要靠體驗。體驗不僅是和研究對象處在同一立場，用同情的理解的態度去解讀他們，更重要的是體察他們的氣象，他們在字裏行間所表達的情感，這種情感在構成他們思想中所起的作用。」〔註108〕其後，作者又撰寫《中國儒學史·明代卷》一書，兩書共同組成了明代學術思想的完整性表達。作者提要鉤玄，注重梳理明代理學的理學結構體系（邏輯框架），揭示了明代理學思想的多彩畫面。作者提出的，陽明「終生提倡一條以道德爲首務，以道德帶動知識，以人的整體素質提高爲歸宿的路徑。他平時教導弟子更多地注意在道德理性、在意志上用功，他以自己的切身體會，教人在事變中鍛鍊意志。」〔註109〕無疑是對陽明學何以成爲陽明學的一個好的回答，對本研究也頗有啓發。

　　（第 403 頁）

〔註107〕陳來，《中國近世思想史研究》〔M〕，北京：商務印書館，2003 年；《中國近世思想史研究（增訂本）》〔M〕，北京：生活·讀書·新知三聯書店，2010年。

〔註108〕張學智，《明代哲學史》〔M〕，北京：中國人民大學出版社，2012 年，第 3頁。該書第一版有北京大學出版社 2000 年出版。其後作者又出版了《中國儒學史·明代卷》（北京大學出版社，2011 年）

〔註109〕張學智，《明代哲學史》〔M〕，北京：中國人民大學出版社，2012 年，第 101頁。

耿寧《人生第一等事：王陽明及其後學論致良知》〔註110〕一書鴻篇巨製，考察良知之定義最為細密，該書第一部討論陽明的致良知說及其三個不同的良知概念，第二部對陽明後學之間關於致良知的討論展開詳密研究。在所有的陽明學著述中，作者第一次區分出向善的秉性（本原能力，心理素質概念）、倫理的意向（對本己意向中的倫理價值的直接意識、本原意識、良心，道德──批判概念）和至善的本體（始終完善的良知本體，宗教──神性概念）等兩個的三個概念，認為前二者是經驗概念，後者則是對經驗的超越，也即理想概念和信仰概念。作者指出第三個良知的概念「在確切的詞義上是對完善的（神性的）實在的熱情。」〔註111〕這樣，陽明的良知和致良知就在此得以理論化的重建並顯示出其現實的哲學精神價值。

蔡仁厚《王陽明哲學》〔註112〕繼承乃師牟宗三《王陽明致良知教》學術精神，主張不以西方的尺度來衡量中國的學問，認為日本人以肢解排比方式將陽明學分為某某論，實際上是湮沒了中國學問的真本性真面貌，認為「為學如果沒有服善之心，真理終將離我們遠去。反之，一念真誠，量力盡分，則儒聖先哲之學，終有光大發皇之日。」〔註113〕實際上即是以敬的精神來理解陽明。作者堅持了敬的立場，認為陽明學是王陽明一生踐履的過程，不是思辨的事，乃是實踐的事。學以為己就是成就德性的自我，它是一種真實的生命。「沒有對學問的真誠，不從事真實的道德踐履，而侈談自我，那必然會認賊作子，誤妄終身。」〔註114〕

另外，值得一提的，是吳光先生在陽明學的貢獻。他主持《王陽明全集》的點校出版及新編本的出版，又組織出版陽明學人《劉宗周全集》《黃宗羲全集》《馬一浮全集》等書的點校出版，為學術研究提供了文獻基礎。同時，又組織了諸多陽明學研究的會議，主持出版《陽明學研究》《陽明學研究叢書》等等，極大的拓展了國內陽明學研究的深度和廣度。至少從當代陽明學的發展來看，吳光功不可沒，斯為陽明之功臣。

〔註110〕（瑞士）耿寧，《人生第一等事：王陽明及其後學論致良知》〔M〕，倪梁康譯，
　　　　北京：商務印書館，2014 年。
〔註111〕（瑞士）耿寧，《人生第一等事：王陽明及其後學論致良知》〔M〕，倪梁康譯，
　　　　北京：商務印書館，2014 年，第 273 頁。
〔註112〕蔡仁厚，《王陽明哲學》〔M〕，臺北：三民書局，1983（1974）；北京：九州
　　　　出版社，2013 年。
〔註113〕蔡仁厚，《王陽明哲學》〔M〕，北京：九州出版社，2013 年，第 3 頁。
〔註114〕蔡仁厚，《王陽明哲學》〔M〕，北京：九州出版社，2013 年，第 16 頁。

以上關於陽明學的博士論文和指標性著述進行了簡要概述，未免掛一漏萬。這些論著均以陽明學爲主題，或綜論陽明學的發展歷程，或分論陽明學的關鍵性課題，或聚焦於特定的面向其及相關問題，有意無意地彰顯了陽明學的豐富性和多元詮釋的可能性，對於陽明學何以成爲陽明學這一問題進行了或多或少地回應。

在這樣的情況下，如何寫出一部有新意的且於斯道有所自得的博士論文，似乎並非輕而易舉之事。故而筆者踵繼前修，在探索「陽明學何以成爲陽明學」這一關鍵性問題時，緊扣成人之道、成德之教的教化哲學，進入陽明學所延續的性理學的範疇，以教育哲學和思想的問題意識爲依據，切入自身的生命體驗，以誠敬之心，探求成人之道，試圖通過對王陽明的教化哲學的研究，發現其中關於「如何將成人之教落實在德性自我的彰顯過程之中」的生命智慧。

二、教育史視域的王陽明研究

性理學家認爲教育乃最重要的行政活動，在他們看來，只有教育才能開化民智〔註 115〕，由此才能實現社會秩序的良性發展與運行。研究作爲性理學的王陽明教化哲學，即以其著述、主張和實踐爲出發點，回歸儒學（性理學）傳統，追求好的生活與好的社會〔註 116〕；通過對陽明學術的發展路徑、脈絡和原理的探究，準確地把握人生之道和社會治道，這種把握是以個人的生存

〔註 115〕張君勱，《新儒家思想史》〔M〕，北京：中國人民大學出版社，2006 年，第43 頁。在明代，對於地方官員來說，辦學校、行教化是其行政能力的一大表現，官員於公於私都熱衷於提倡教育，因此建立學校以便安撫當地百姓成爲廣獲推行的政策。（科大衛，《皇帝與祖宗》〔M〕，南京：江蘇人民出版社，2009 年，第 114 頁）

〔註 116〕趙汀陽認爲，幸福和命運是哲學的兩個最根本的問題。如果沒有這兩個問題墊底，其他問題都是盲目漂流著的，無論是先驗還是經驗，分析還是解釋，建構還是解構，獨斷還是對話，自由還是民主，制度還是規則，如果不以幸福和命運爲前提問題，都是無意義的。今天世界最大的危機就是人類命運的危機和人的幸福危機。（趙汀陽，《論可能生活（第 2 版）‧增訂版前言》〔M〕，北京：中國人民大學出版社，2010（2015），第 6 頁）向輝，〈「莫見乎隱莫顯乎微」淺論〉〔J〕，《關東學刊》，2016 年第 6 期。不過，本書立論的基礎並不在於證成一種作爲生活的儒學或者生活儒學，所謂生活儒學是以現象學的詮釋模式，以與西方胡塞爾、舍勒、海德格爾等人的平等對話中展開的哲學範疇，其立論基礎是破解和解放儒學形而上學，通過生活即儒學和歷史即現實的詮釋，使儒學價值得以回歸生活本身。（黃玉順，《面向生活本身的儒學：黃玉順自選集》〔M〕，成都：四川大學出版社，2006 年）

體驗感受偉大思想的洞察、體悟歷史與現實的緊張，從而使學術思想有眞實的用力處和落腳處。它是通過對王陽明學術思想的整體把握而發現和描述歷史個性與思想共性；在個性的表達和描述上，則離不開思想史的深度考察和教育史的廣度思考，蓋人類思想不惟是人類活動的依憑，也是人類精神挺立的樞機，足爲當世之法，足爲後世師，故「一部中國思想史即是一部中國教育思想史，凡是歷史上被社會所尊重的人物，他都帶有教育家的精神」〔註 117〕亦無不可。

　　現代教育史家在對教育思想和教育哲學的學術研究和歷史考察中，逐漸形成了學科的學術自覺。如任時先（《中國教育思想史》，1937 年）認爲，研究教育問題應從思想史方面入手，弄清中國教育思想發展的情況，進而得出解決中國教育問題的途徑，即是中國教育史的立場，因爲教育思想即是教育哲學，這種哲學應用在社會政治中就意味著教育制度或者教育政策，可以說，有什麼樣的教育思想就會出現什麼樣的教育實踐，有什麼樣的教育哲學就會出現什麼樣的教育規劃。〔註 118〕。陳青之（《中國教育史》，1934 年）曾將教育史研究區分爲四項：首先是要對歷代教育制度與學說進行說明，同時對其變遷之原因加以描述；其次是要對不同時代與地域的教育情形加以比較分析；第三要對教育與社會經濟政治的關係加以闡發，特別是對教育與統治階級的複雜關係加以闡明；最後是要對教育的得失予以客觀地評價。陳氏認爲只有將四項作一系統敘述，以備未來研究教育者之指針方可成就一部教育史〔註 119〕。對於作爲哲學主張的教育思想而言，作一教育史的考察就不僅僅是對特定人物的事蹟和觀點做一教育學科式的分解，而是需要全方位的考察包括（1）歷史進程的描述、（2）異同的歷史比較、（3）現實的應用分析、（4）客觀批評。學界對於教育思想和教育哲學往往等同視之。正如邱椿所指出的，學界對教育哲學有綜合科學式與價值衝突調和式的區分，「教育哲學家根據科學知識、社會背景、個人經驗以確立一根本假定或觀察點，在根據這個觀察

────────

〔註117〕胡美琦，《中國教育史》〔M〕，臺北：三民書局，1978（1986），第 2 頁。錢穆說：全部中國思想史，亦可謂即是一部教育思想史，至少一切思想之主腦，或重心，或其出發點與歸宿點，則必然在教育。中國一切教育思想，又可一言蔽之，曰：「在教人如何做人」，即所謂做人的道理。（錢穆，《國史新論》〔M〕，北京：生活·讀書·新知三聯書店，2012 年，第 286 頁）

〔註118〕任時先，《中國教育思想史》〔M〕，臺北：臺灣商務印書館，1986 年，第 2 頁。

〔註119〕陳青之，《中國教育史》〔M〕，長春：吉林人民出版社，2012 年，第 1 頁。

點去估定、調和及發見教育價值，去說明古今教育思潮之緣起與變化，去批評教育原理與實施，去組織一嶄新的嚴密的教育思想系統，使人一方面明瞭教育事業之多方面的關係，他方面又有統一的態度，爲從事於教育工作的指南，這便是教育哲學。」〔註120〕在吾人看來，上述關於教育思想與教育哲學的觀點，均指向對於古今教育思潮，以古鑒今，試圖以之作爲解決現實教育問題的依據和背景支持。學術研究正需要此種精神，故而對於作爲古代教育思想或教育哲學的陽明學研究，必須有教育史的這種學術自覺，從教育思想和教育哲學的問題出發，以更深入的瞭解、理解和詮釋經典教育思想爲基本的學術訴求。

王陽明的教化哲學在中國教育史上具有重要地位，有關中國教育史的通史著作均有專章介紹他的教育思想。如沈灌群著《中國古代教育和教育思想》〔註121〕理學分爲左派（程頤、朱熹）和右派（程顥、陸九淵、王陽明），而陽明學被視爲一種保守主義的哲學〔註122〕。王陽明的教育思想對先秦以來的歷代教育教學經驗予以總結，並據此提出了他的教育主張，如認爲學校教育的基本任務是「成德」，以明人倫爲中心任務，以教以人倫爲教育方針，以知行合一爲教育教學方法論。〔註123〕陽明理想中的教師，絕非講說之師，他必須滿足這樣的條件：第一「莊敬自持，外內若一」，第二有明確的義利的辨別，第三能「以身先之」，如此，教師方可能在實際的教育教學中知行合一。〔註124〕這樣才是眞正的行爲世範的教師。也有教育哲學家對王陽明的教育思想進行了深入探析，代表人物是邱椿教授〔註125〕。

〔註120〕轉引自：姜琦，《教育哲學》〔M〕，上海：群眾圖書館公司，1933年，第13～14頁。

〔註121〕沈灌群著《中國古代教育和教育思想》（湖北人民出版社）一書闡述了自遠古至明清時代的學校教育和教育學遺產，介紹了孔子、墨子、孟軻、荀子、樂正克（《學記》作者）、董仲舒、王充、鄭玄、韓愈、張載、王安石、朱熹、王陽明、顏元、王夫之和戴震等十六人的教育理論和方法。

〔註122〕沈灌群，《中國古代教育和教育思想》〔M〕，武漢：湖北人民出版社，1956年，第88頁。

〔註123〕沈灌群，《中國古代教育和教育思想》〔M〕，武漢：湖北人民出版社，1956年，第120～124頁。

〔註124〕沈灌群，《中國古代教育和教育思想》〔M〕，武漢：湖北人民出版社，1956年，第123頁。

〔註125〕邱椿（1897～1966）號大年，江西寧都人。美國哥倫比亞大學師範學院博士。北京大學、北京師範大學教育系教授。

　　邱椿《王陽明的教育思想》（以下簡稱《思想》）一文是學者以馬克思主義爲指導試圖重構陽明學歷史遺產的教育史學路徑範本。在諸多關於陽明學教育的論述中，邱教授的文字流暢、思路清晰，且用現代教育哲學的視野重建了教育史中的陽明學形象，又初步地嘗試使用馬克思主義的階級分析和辯證法理念和方法重構教育哲學，即便原作發表於上世紀五十年代末，至今已歷時五十年，該文仍不失爲一篇極有分量的學術研究論文，對陽明學的教育主張進行了全面分析，在現代教育史研究中有其指標性意義。〔註126〕《思想》一文共八個部分：即前言、哲學思想、教育本質論、教育目的論、教育方法論、兒童教育論、社會教育論、對王陽明的哲學和教育思想的批評。〔註127〕此文收入《古代教育思想論叢》（中冊，以下簡稱《論叢》）。

　　從《思想》的結構來看，邱教授將陽明學的教育思想用教育哲學的範疇重新加以論述，即用教育哲學的本質論、目的論、方法論解構了陽明學。教育哲學，首先是一種哲學，因此哲學思想基礎決定了教育哲學的四論，而陽明一切教育思想的哲學基礎是致良知說。心即理說則是其教育本質論的哲學基礎。〔註128〕教育是盡心或致良知的過程，是教人培養道心或執行良知的命令，以保持和諧的倫常關係之過程，這便是教育的本質。〔註129〕這一關

〔註126〕邱教授原計劃撰寫《中國古代教育思想史》一書，並未完成，1985 年北京師範大學出版社出版了邱教授《古代教育思想論叢》一書三冊，收錄其撰寫的宋明以來九位儒學家的教育思想論文，即上冊：朱熹、陸九淵、楊簡；中冊：王陽明、黃宗羲、顧炎武；下冊：王夫之、顏元、李塨，約八十萬字。邱教授對古代教育思想的研究，以資料的扎實豐富，分析的邏輯條理，論述的全面完整而著稱，其成果也多爲後來的各種中國教育史所採納、吸收或繼承。這四篇文章及其後整理的專書是國內較早系統地以教育哲學的觀念研究古代教育思想的論著。從 1957 年到 1962 年，邱教授在《北京師範大學學報》先後發表了四篇文章，考察了王陽明（1957）、顏元（1958）、王夫之（1961）和顧炎武（1962）等明清時期重要儒學人物的教育思想和方法。其中《王陽明的教育思想》一文長達 26 頁，超過 25000 字。

〔註127〕該文後收入《古代教育思想論叢》（中冊，以下簡稱《論叢》），並標時間爲 1955 年 7 月 10 日，共分十章，即在《思想》一文基礎上改「前言」爲「時代背景」，改「批評」爲「批判」，又增加「傳略」和「王陽明的哲學和教育思想的流傳」。該書編者說：「這次我們出版邱椿教授遺著，都是經他本人修定稿並親自謄寫的。」因此，《思想》和《論叢》都可視爲作者思想的表達。

〔註128〕邱椿，〈王陽明的教育思想〉〔J〕，《北京師範大學學報》，1957 年第 01 期，第 61 頁；邱椿，《古代教育思想論叢（中冊）》〔M〕，北京師範大學出版社，1985 年，第 10 頁。

〔註129〕邱椿，〈王陽明的教育思想〉〔J〕，《北京師範大學學報》，1957 年第 01 期，

於教育本質的論述在《論叢》中被刪去，改爲：「這樣看來，所謂致良知之學與教亦即是維持封建社會的倫常關係之學與教。」〔註130〕這樣的改動意味著，將教育本質區分爲封建的和非封建的，而所有封建時期的思想家的教育本質論必然就是維持封建社會倫常關係的。吾人認爲，前一論述更具啓示意義。

其次，教育哲學是關於人的教育的理論思考，是對人類教化意義問題的理論體系。王陽明所認識的教育，是盡心的教育，是致良知的教育，是明人倫的教育。他所認識的教育，在主觀方面是培養道德品性的過程，在客觀方面是維持倫常關係之過程。因此，凡是能直接間接有助於盡心、致良知、明人倫的學習對象都是有陶冶價值的教材。〔註131〕出於對陽明學的同情理解，讓教育史家超越了歷史時空束縛，將教育的本質視爲社會和諧關係的保持。這種本質論的敘述如今仍是別具慧眼的教育哲學洞見。

第三，教育哲學是有明確目標的哲學思考。王陽明的萬物一體論是其教育目標的哲學基礎。教育目標當然在致良知或發展以天地萬物爲一體的仁德了。仁德即是良知。所以說教育目標在致良知即等於說它在培養仁德或發揮以天地萬物爲一體的精神。這是教育的總目標，分析起來，有明明德和親民的兩種任務。「換言之，所謂明明德即是闡明以天地萬物爲一體的仁德之本體；所謂親民即是發揮以天地萬物爲一體的仁德之功用。」〔註132〕所謂仁德的本體就是明明德，就是涵養德性，而非知識的灌輸和藝能的訓練。傳統的教育哲學往往將教育目標視爲是教人學做聖人，對此，邱教授認爲，學做聖人固然不錯，但關鍵在於學其明明德，學其存天理而去人欲，學其體認以天

第 63 頁。

〔註130〕 邱椿，《古代教育思想論叢（中冊）》〔M〕，北京：北京師範大學出版社，1985年，第 12 頁。

〔註131〕 邱椿，〈王陽明的教育思想〉〔J〕，《北京師範大學學報》，1957 年第 01 期，第 64 頁。《論叢》改爲：「一切教育是盡心的教育，是致良知的教育，是明人倫的教育。換句話說，教育在主觀方面是培養封建的道德品性之過程，在客觀方面是維持封建的倫常關係之過程。這邊是教育的本質。凡是能直接間接有助於盡心、致良知、明人倫的學習對象都是有陶冶價值的教材。」邱椿，《古代教育思想論叢（中冊）》〔M〕，北京：北京師範大學出版社，1985 年，第 14 頁。

〔註132〕 邱椿，〈王陽明的教育思想〉〔J〕，《北京師範大學學報》，1957 年第 01 期，第 64～65 頁；邱椿，《古代教育思想論叢（中冊）》〔M〕，北京：北京師範大學出版社，1985 年，第 15 頁。

地萬物爲一體的仁德之本體。〔註133〕明明德與親民又是合而爲一的過程，而至善或良知是明明德和親民的最高準則，所以致良知是教育的終極目標，因爲假如沒有至善或良知作爲最高準則，明明德和親民的兩種目標便孤立起來，便會發生很嚴重的偏差，要麼是虛罔空寂，要麼爲權謀智術。所以致良知的教育目標是要兼顧明明德和親民的，是要結合主觀的道德品性和客觀的親民工夫的。〔註134〕

第四，教育哲學包括了治學和教學的方法論思考。王陽明的知行合一論是其教育方法的哲學基礎。所謂教育方法包括治學和教學方法論。邱教授認爲，反求諸心、在事上磨練或在行動中學習、循序漸進、因人施教是王陽明提出的關於治學和教學方法的四個主要原則，這些原則與致良知說的精神是一貫的，「所謂反求諸心，即是要學生將一切傳說訴諸其良知的獨立判斷；所謂在事上磨練或在行動中學習，是要學生在客觀事物和實踐中做致良知的工夫；所謂循序漸進，是要學生依據其發育程度與認識水平去致良知；所謂因人施教，是要學生依據其殊異的個性，分別做克治工夫，以共歸於良知之至善。所以王陽明的治學和教學方法亦可稱爲致良知的方法。」〔註135〕「反求諸心」或「得之於心」的原則，即注重心得、體驗、理解和獨立思考，邱教授認爲，「天下仁所公有的道理或學術應讓天下人運用其獨立思考共同討論或研究之。學術上一切是非應訴諸吾人的獨立判斷。」〔註136〕「在事上磨練」或「在行動中學習」的原則，它亦可稱爲實踐性的原則。所謂事上磨練就是格物，就是在事事物物上致吾心之良知。致知不能懸空進行，而必須在事上磨練。所謂在行動中學習，是說一切學習都是在行動中進行的，在行動中學習是最好的學習法。循序漸進的原則，亦可稱爲量力性或可接受性的原則。

〔註133〕邱椿，〈王陽明的教育思想〉〔J〕，《北京師範大學學報》，1957 年第 01 期，第 65 頁；邱椿，《古代教育思想論叢（中冊）》〔M〕，北京：北京師範大學出版社，1985 年，第 15 頁。

〔註134〕邱椿，〈王陽明的教育思想〉〔J〕，《北京師範大學學報》，1957 年第 01 期，第 67 頁；邱椿，《古代教育思想論叢（中冊）》〔M〕，北京：北京師範大學出版社，1985 年，第 18 頁。

〔註135〕邱椿，〈王陽明的教育思想〉〔J〕，《北京師範大學學報》，1957 年第 01 期，第 71～72 頁；邱椿，《古代教育思想論叢（中冊）》〔M〕，北京：北京師範大學出版社，1985 年，第 27 頁。

〔註136〕邱椿，〈王陽明的教育思想〉〔J〕，《北京師範大學學報》，1957 年第 01 期，第 68 頁；邱椿，《古代教育思想論叢（中冊）》〔M〕，北京：北京師範大學出版社，1985 年，第 20 頁。

要就學生當前的認識水平著手，逐漸擴充其知識，若不顧及發育程度或認識水平，則不但無益而且有害。與之相應的，教材的難易程度亦應與學生的發育程度和認識水平相一致，要考慮到量力性或可接受性。因人施教的原則，亦可稱爲適應個性的原則。教育不是要束縛一切學生使之成爲一個模子裏出來的東西，而是要根據其個性予以分別陶冶，各就其短處隨時針砭。

第五，兒童教育和社會教育。邱教授對陽明的《社學教條》《訓蒙大意示教讀劉伯頌等》和《十家牌法》系列文告進行分析，提取其中有關兒童和社會教育的主張，認爲王陽明在社學教條中，關於兒童教育的目標、課程、各學科陶冶價值與其教學法等，以及十家牌法和南贛鄉約的精神範疇，都可以歸納於其致良知說中，所以其兒童教育和社會教育目標在致良知，具體方法都是達到此目標的手段。

可見，邱教授從教育哲學範疇出發，對王陽明的思想加以梳理，提出了陽明學是以致良知爲核心和主旨的思想體系，致良知說是其一切哲學思想的總結〔註137〕，包括心即理說的宇宙論或本體論、知行合一論的認識論、萬物一體論的人生觀〔註138〕，因此，致良知說是其一切教育思想的哲學基礎〔註139〕。《思想》一文中說：「所謂致良知，是不分內外、動靜、人我，隨時、隨地、隨事，都忠實地執行固有的良知之命令。」〔註140〕《論叢》改爲「所謂致良知即是在事事物物上實踐其良知的命令。」〔註141〕邱教授關於王陽明教育思想的分析，是自覺以教育哲學的概念重構其思想遺產的一篇重要文字。論及王陽明的教育思想而不以此文爲重要參考，在學術價值上將打折扣。與邱教授以教育哲學重構陽明學類似，今人陳清春《七情之理：王陽明道德哲學的

〔註137〕 邱椿，〈王陽明的教育思想〉〔J〕，《北京師範大學學報》，1957 年第 01 期，第 61 頁；邱椿，《古代教育思想論叢（中冊）》〔M〕，北京：北京師範大學出版社，1985 年，第 9 頁。

〔註138〕 邱椿，〈王陽明的教育思想〉〔J〕，《北京師範大學學報》，1957 年第 01 期，第 61 頁。《論叢》中將本體論、認識論和人生觀等刪去。

〔註139〕 邱椿，〈王陽明的教育思想〉〔J〕，《北京師範大學學報》，1957 年第 01 期，第 61 頁；邱椿，《古代教育思想論叢（中冊）》〔M〕，北京：北京師範大學出版社，1985 年，第 10 頁。

〔註140〕 邱椿，〈王陽明的教育思想〉〔J〕，《北京師範大學學報》，1957 年第 01 期，第 61 頁。

〔註141〕 邱椿，《古代教育思想論叢（中冊）》〔M〕，北京：北京師範大學出版社，1985 年，第 10 頁。

現象學詮釋》〔註 142〕以儒家道德價值的現象論、原理論、本體論和實踐的工夫論、境界論重構陽明的道德哲學體系，提出人格主義、感性主義和自由主義的陽明道德哲學是一種人格儒學。該書與邱教授的思路較爲一致，均是用一種哲學觀點來重建陽明學，這種重建的工作對於我們從不同的向度理解陽明學頗有裨益。

在宋明理學的通史著作中，也對陽明學的教育論做了分析。侯外廬等《宋明理學史》指出，陽明認爲治道不興的關鍵在於學術不明，故而他自覺以聖學弘揚爲己任，一生講學不輟，所到之處，或立鄉約，或興社學，或創書院，積極教人以存天理去人欲，認爲如果人人能致良知，以天地萬物爲一體，則道德統治自然可至。〔註 143〕該書還將王陽明的教育方法歸納爲啓發誘導、學貴自得、循序漸進和因材施教等幾項言傳身教的經驗。

另外，在中國教育史的通史著述中，陽明學（心學）教育思想均有專章講述〔註 144〕。

據初步調查，中國教育史專業方向博士論文有二篇，均爲上個世紀北京師範大學教育系博士所著：畢誠〔註 145〕《陽明學派教育思想研究》、賴忠先〔註 146〕《致良知之學：王陽明道德修養與道德教育思想研究》。關於陽明教育思想的專著〔註 147〕就筆者目力所及，上個世紀末至今，大陸學界有四部，其

〔註 142〕陳清春，《七情之理：王陽明道德哲學的現象學詮釋》〔M〕，北京：人民出版社，2016 年。

〔註 143〕侯外廬、邱漢生、張豈之，《宋明理學史（下）》〔M〕，北京：人民出版社，2005（1987／1997），第 237 頁。

〔註 144〕如王炳照、閻國華主編《中國教育思想通史》（李國鈞、金林祥主編第四卷（明清），湖南教育出版社，1994 年）第二章「王守仁的教育思想」，第三章「陽明後學的教育思想」；孫培青、李國鈞主編《中國教育思想史》（第二卷，華東師範大學出版社，1995 年）第十五章「陽明學派的教育思想」；張瑞璠主編《中國教育哲學史》（於述勝、張良才、施扣柱著第三卷，山東教育出版社，2000 年）第二章「明代心學教育哲學的創立」、第三章「王守仁的教育哲學」、第四章「心學派教育哲學在明中後期的發展」。

〔註 145〕畢誠《陽明學派教育思想研究》，北京師範大學，1988 年。毛禮銳、王炳照教授指導。

〔註 146〕賴忠先《致良知之學：王陽明道德修養與道德教育思想研究》，北京師範大學，1996 年。王炳照教授指導。

〔註 147〕臺灣有丁仁齋《王陽明教育學說》（復興書局，1955 年）、張濟時《陽明講學的精神和風貌》（國父遺教出版社，1955 年）、胡美琦《陽明教育思想》（中央文物，1957 年）、龔書綿《陽明思想與現代教育》（自印本，1968 年）、高廣孚《陸王教育思想之研究》（臺灣師範大學，1970 年）、吳蘭《王陽明教育

一爲畢誠博士《儒學的轉折：陽明學派教育思想研究》〔註148〕，其一爲吳宣德《江右王學與明中後期江西教育發展》（江西教育出版社，1996 年），其一爲余文武《王陽明教育思想研究》（西南交通大學出版社，2008 年），其一爲李丕洋《明道淑人、化民成俗──陸王心學中的教育哲學研究》（人民出版社，2016 年）。四書從不同的角度介紹了王陽明思想的特質、結構和影響，對其教育思想進行了不同的解說。

畢著《儒學的轉折：陽明學派教育思想研究》〔註149〕以王陽明及其後學所構成的陽明學派爲主軸，主張研究陽明學派的教育思想，須以陽明的教育思想爲核心，並與其生平學術背景、政治實踐和教育實踐及其所創立的陽明

思想之研究》（臺灣中華，1986 年）注書，均未見。（見：戴瑞坤《中日韓朱子學陽明學之研究》附錄六「陽明學研究論著目錄（中文篇 1915～2000）」，臺北文史哲出版社，2001 年）

〔註148〕畢誠《儒學的轉折：陽明學派教育思想研究》（教育科學出版社，1992 年；中國發展出版社，2010 年。即前述畢氏博士論文《陽明學派教育思想研究》）。

〔註149〕畢著《儒學的轉折：陽明學派教育思想研究》六章 32 萬字 412 頁，除緒論外，可分爲三個部分：第一部分爲陽明學說概要，包括（1）王陽明生平及其教育思想的形成與發展過程、（2）陽明學說形成的北京及學術思想體系；第二部分用教育學理論分析陽明的教育觀念，包括（3）教學思想、（4）德育思想、（5）社會教育；第三部分討論陽明學的發展及其教育思想，即（6）陽明學派教育思想的展開與影響。陽明學及陽明學派的思想是封建社會後期從宋明理學過渡到明清之際啓蒙思想的必要橋樑，是古代教育思想即學術發展史上的一個重要環節，爲新儒學的改造和發展乃至走向近代鋪平了道路，爲儒學的歷史性轉折作出了不可磨滅的貢獻，故該書標題「儒學的轉折」即是此意。該書認爲資本主義萌芽時期市民階層要求個性自由、個人享樂以及社會刻意擺脫程朱理學束縛、解放思想的價值觀念異動和人與文化的自覺爲基本論說前提，以王陽明及其後學所構成的陽明學派爲主軸。其所表徵的教育價值論爲重實德實行和個體道德人格，抬高了人的地位與道德價值，突出了倫理本位，重建了人本主義的教育學說，其最終目的是維護封建綱常名教和封建統治，因此陽明教育思想在理論和實踐上均有不可克服的矛盾，勢必陷入困境。該書反對將陽明學說與存在主義和主觀唯心主義等量齊觀，堅持陽明學的教育思想即道德修養論和道德價值論，故德育論是陽明教育思想體系的核心，並按照現代教育理論將陽明的教學原則歸納爲立志爲先、事上磨練、整體明瞭、順其自然、因材施教、自家解化等六個層面，而其教學方法歸納爲點化法、啓發式談話法、講授法、討論法、筆談法、函授法、考試指導法等。陽明後學可分爲激進派（王畿、王艮、何心隱、李贄等）、保守派（錢德洪、張元忭、鄒守益、歐陽德、轟豹、羅洪先等）和修正派（黃綰、季本、李材、劉宗周、黃宗羲等），在不同政治立場、學術旨趣和學說理論層面上，選擇性繼承、發展了陽明學說。

學派相聯繫,而對陽明學的學理分析,提出「知行合一」是陽明教育思想的根本精神。從教育理念的辨析著眼,主張王陽明的教育思想就是知行合一的道德學說和人本主義的教育學說。〔註150〕

吳著《江右王學與明中後期江西教育發展》〔註151〕認為,理學產生以後,在論及教育尤其是道德教育問題時,無不對人的道德教育發展問題進行討論,甚至可以說,理學家對教育乃至哲學的探討均以此為中心,故作為理學發展一個環節的陽明心學是道德哲學,即關於道德主體的人格定位及道德實踐問題的哲學。王陽明哲學體系存在內在的缺陷,其內在道德法則、現實世界中的心和良知與外在的道德行為之間的關聯必然聯繫存在理論上的缺失和斷裂,王學分化為必然。同時,王學分化是通過具體的人實現的,考察其學術衍變須從後學學術發展自身包括接受者的學說和當時的學術爭論及其融合的視野全面考察。就江右王學來看,所謂空疏、虛妄之類的關於陽明學流弊的說法,並不符合歷史事實,江右王門從一開始即注重道德踐履而非空談心

〔註150〕 畢誠,《儒學的轉折:陽明學派教育思想研究》〔M〕,北京:教育科學出版社,1992 年;中國發展出版社,2010 年。

〔註151〕 吳著《江右王學與明中後期江西教育發展》第八章 27.5 萬字 397 頁,除序言和附錄外可以分為三部分,第一部分討王學分化與江右王學的歷史演變,包括(1)王學的分化與江右王學的形成,(2)江右王學的學術流變;第二部分揭示江右王學教育思想主張,包括(3~5)江右王學的哲學與教育論證:良知論、格致論、理欲論,(6)江右王學異端的教育論;第三部分以書院和社會教育為中心討論江右王學的擴展情況,包括(7)江右王學與明中後期江西的書院和將會,(8)江右王學與明中後期江西的社會教育。該書附錄一為江右王門弟子知見錄,從《〔順治〕吉安府志》《〔光緒〕南昌府志》《〔同治〕瑞州府志》《〔同治〕贛州府志》等後世方志中輯錄江右王門弟子 260 餘人。該書認為陽明「心即理」「知行合一」「致良知」為其思想發展三個階段。討論陽明學須認識到,教法和知識接受、教育和知識傳播之間的複雜關係、教法的差異導致的學術多面性、知識接受者自身的理解導致對於教育所傳遞的知識之間的多重詮釋等均與學術思想的複雜多面性相關,因此陽明學的考察必然是一種以若干學人為重點的多層次考察。另外,本書特別重視書院、講會等教育機構和教育形式,認為陽明心學在江右的傳播與江西書院的發展有直接關係,或者說二者之間存在著相互影響和促進的關係,該書梳理了陽明後學在江西所建八十八所書院名單,認為此數量占等到到崇禎時江西書院 244 所中的三分之一左右,可徵當時王學的興盛。總之,該書從教育發展繁榮的多元性著眼,認為從現代教育發展指標,如學校、書院、社學、私學及其他教育設施等教育組織機構的數量可以測量到陽明學在江西的發展及其對當時教育的巨大作用,學術的繁榮正是在差異的論辯中,在教育組織機構的擴展中,教育的內容和方式得以發展變化。

性。〔註152〕

余著《王陽明教育思想研究》〔註153〕認爲，陽明學是一致良知爲核心的實踐道德學說，良知是其道德淪的基礎，致良知是主體以知行合一的形式漸次開展的道德實踐過程。〔註154〕作者明確表示，該書不是對於陽明教育思想的精深研究，不是對於陽明教育思想的重新發現，不過是基於對陽明原著與陽明學研究的集納〔註155〕，故可視爲對陽明教育思想相關文本資源（據參考書目，總計193種）的梳理改編。

李玊洋《明道淑人、化民成俗——陸王心學中的教育哲學研究》〔註156〕晚出轉精，系統梳理了從陸象山、王陽明到羅汝芳在內的心學系統的教育哲學思想。作者提出，陸王心學是獨立於科舉教育制度之外的民間儒學，其基本宗旨是明道與成聖，其基本手段是書院講會。陽明的教育哲學重德、重行，通過自身的榜樣垂範，通過眞誠惻坦、圓融活潑的教學方法，吸引了大批學者追隨，形成了強大的社會運動力量，成爲一種思想解放運動。

另外一部歷史的考察陽明學的著作，亦可算作教育史的考察，即：鄧志峰博士論文《王學史（1521～1584）：從僞學到準官學說——兼論晚明的師道

〔註152〕吳宣德，《江右王學與明中後期江西教育發展》〔M〕，南昌：江西教育出版社，1996年。

〔註153〕余著《王陽明教育思想研究》六章16.6萬字268頁，除附錄外可分三部分，第一部分陽明事蹟介紹，即（1）學問、事功與講會；第二部分爲陽明教育學理念，包括（2）教育目的論、（3）教育主張、（4）德育思想、（5）教育方法與教育內容；第三部分爲陽明教育實踐，即（6）社會教育與蒙學教育。作者認爲陽明的教育教育實踐所面臨的歷史境遇與雖與當下有霄壤之別，但其以德育思想爲核心的教育理論仍具有現實意義，以現代德育原理、倫理原則觀之，良知是陽明教育思想的核心概念（原點），心即理是其教育哲學內核，知行合一爲過程論也是其教育方法、致良知爲方法論，故基於明人倫（明倫成德）的道德目標（或教育內容）而採取致良知之學。作者明確表示，該書不是對於陽明教育思想的精深研究，不是對於陽明教育思想的重新發現，不過是基於對陽明原著與陽明學研究的集納，故可視爲對陽明教育思想相關文本資源（據參考書目，總計193種）的梳理改編。

〔註154〕余文武，《王陽明教育思想研究》〔M〕，成都：西南交通大學出版社，2008年。

〔註155〕余文武，《王陽明教育思想研究》〔M〕，成都：西南交通大學出版社，2008年，第267頁。

〔註156〕李玊洋，《明道淑人、化民成俗——陸王心學中的教育哲學研究》〔M〕，北京：人民出版社。

復興運動》〔註157〕從政學互動角度研究陽明學，試圖凸顯王學參與意識形態重建的功能〔註158〕，所謂師道復興，與唐宋間師道的興起相對應，復興載體爲陽明學，特別是其中的師道派，從以師道自任到以師道自居，彰顯了知識分子的主體精神，其中君師關係的處置則成爲影響學派發展的核心問題。

〔註157〕 鄧志峰博士論文《王學史（1521～1584）：從僞學到準官學說——兼論晚明的師道復興運動》（復旦大學，2000 年；朱維錚教授指導；中國文化史方向）出版時更名爲《王學與晚明的師道復興運動》（社會科學文獻出版社，2004年，《東方歷史學術文庫》）分上中下三編，37.6 萬字，正文 474 頁，包括導言、上編：誰與青田掃舊塵——嘉靖時期的文化政策（1 正嘉之際的政局轉換、2 大禮儀與更定祀典、3 僞學之禁、4 嘉靖後期的文化形式）、中編：泰州學派與晚明的師道復興思潮（1 王艮與晚明的師道復興思潮、2 狂俠派、3 會通與樂學）、下編：在朝王學——王與朱共天下（1 思想淵源及行動取向、2 張居正的反講學、3 王守仁從祀）。是書前有其導師朱維錚序。朱氏稱，單憑意識形態需要來判斷傳統學說的非歷史尺度，邏輯上站不住腳，且愈發失去市場，因爲它既不能解釋王學在晚清各派改革者中間不乏迴響的現象，亦不能說明清初民初王學復活的歷史事實。當代王學復興（王學研究成爲熱點），一方面是突破觀念禁錮或者填補歷史空白的考量，一方面是接受外來思想體系（如現代港臺新儒家學說）啓迪而萌發的衝動。以黃宗羲《明儒學案》爲圭臬的哲學史或思想史研究，企圖找出王學興衰分化的觀念動因，並未揭開歷史的面紗，即無法歷史的解釋陽明學說的變異及其學派的分化。作者認爲王學研究有三種不同思路（範式），即哲學－宗教、經濟－社會和政治－意識形態，其中哲學的研究爲大宗，有觀念史和思想史兩種不同路徑，觀念史的研究推求觀念產生的原因及觀念的邏輯演進（容肇祖、馮友蘭、牟宗三、陳榮捷、勞思光、岡田武彥、荒木見悟、陳來、楊國榮等），思想史的研究考察思想家觀念意識與其時代環境間的互動關係（侯外廬、韋政通等）。作者從政學互動角度研究陽明學，試圖凸顯王學參與意識形態重建的功能，主要側重於對王學興起與文化政策的互動考察。人是活動的行動著的存在，是關係中的存在，故行動即生活狀態本身，行動取向意味著生存方式的目標與可能，決定了行動者的性格，是個人或學派的內在傾向性，由是，分殊出陽明後學早期的三個集群，即修正（鄒守益、歐陽德、羅洪先、聶豹等）、師道（王艮）和會通（王畿）三派，嘉靖後期至萬曆則爲在朝王學（徐階、耿定向、張居正）、狂俠派（顏鈞、何心隱）、樂學派（王襞、韓貞、朱恕）、會通派（李贄、羅汝芳、楊起元、周汝登、管志道、焦竑、陶望齡）。同時自正德時期興起，在正嘉之際已開始大行於世的王學，在嘉靖大禮儀時開始以宗派的面目，正式登上政治舞臺，參與著嘉靖以後學術與政治的互動，使之成爲一支在朝、在野均不可忽視的力量。王守仁與批評者們在理論上的相互辯難，鍛鍊了學者們思維敏銳性，激勵他們隨時反省自己的學說是否真正持之有故、言之有理，而漸次修正，以期各臻於完善，這樣的爭論對學術發展而言有百利而無一害。
〔註158〕 鄧志峰，《王學與晚明的師道復興運動》〔M〕，北京：社會科學文獻出版社，2004 年，第 10 頁。

　　雖然邱椿教授所著專文是上個世紀五十年代傑作，但限於特定的時代思潮，有深入之必要；從博士論文和專書數量來看，以教育史的學術視野研究陽明學為數不多，在陽明學的整體研究中所佔比重較小，且博士論文均為上世紀八九十年代所做，在陽明學研究的問題意識、研究方法論和研究角度上或多或少地沿襲了當時處於主流的社會思潮的影響，缺乏對王陽明教化哲學的細緻考辨，以「敬」為中心梳理王陽明的教化哲學實有迫切之必要。

附錄二　中日陽明學博士論文一覽表

編號	著者	時間	題　　　　目	指導教授	畢業院校
中國大陸地區陽明學博士論文					
1	方爾加	1987	明代王陽明心學研究	石峻	中國人民大學
2	楊國榮	1987	王學內在的二重性及其歷史展開	馮契	華東師範大學
3	畢　誠	1988	陽明學派教育思想研究	毛禮銳、王炳照	北京師範大學
4	趙士林	1988	心學與美學	李澤厚	中國社會科學院
5	陳居淵	1992	清代詩歌與王學	章培恒	復旦大學
6	賴忠先	1996	致良知之學：王陽明道德修養與道德教育思想研究	王炳照	北京師範大學
7	肖　鷹	1998	王陽明美學研究	葉朗	北京大學
8	任文利	1999	陽明及陽明後心學：從王陽明到黃宗羲	蒙培元	中國社會科學院
9	葉遠厚	1999	王陽明心學新探	葛榮晉	中國人民大學
10	李　璃	1999	惡的揚棄與惡的消解：比較黑格爾與王陽明的教化之路	謝遐齡	復旦大學
11	趙　旗	1999	心學與禪學	張豈之	西北大學
12	鄧志峰	2000	王學史（1521～1584）：以偽學到準官方學說——兼論晚明的師道復興運動	朱維錚	復旦大學
13	高予遠	2000	實踐的良知：王陽明哲學的闡釋	謝遐齡	復旦大學
14	彭國翔（彭高翔）	2001	王龍溪與中晚明陽明學的展開	陳來	北京大學
15	談蓓芳	2001	王陽明哲學與明代後期文學	章培恒	復旦大學

編號	著者	時間	題　　　目	指導教授	畢業院校
16	林洪兌	2001	王陽明四句教研究	張立文	中國人民大學
17	朴喆洪	2002	陽明哲學的儒佛道三教和合體系及其精神	張立文	中國人民大學
18	楊月清	2002	陸王心學派的易學思想研究	潘富恩	復旦大學
19	許珠武	2002	王陽明良知本體論研究	謝遐齡	復旦大學
20	鮑世斌	2002	明代王學研究：以本體──工夫理論爲中心的歷史考察	周桂鈿	北京師範大學
21	潘立勇	2003	本體工夫論與陽明心學美學	朱立元	復旦大學
22	陳立勝	2003	一體的仁與樂：王陽明思想研究	馮達文	中山大學
23	梁徐寧	2004	陽明心學的生命哲學闡釋	洪修平	南京大學
24	陳時龍	2004	明代中晚期講學運動：1526～1626	樊樹志	復旦大學
25	林　丹	2005	王陽明哲學的現象學解讀	張祥龍	北京大學
26	胡永中	2006	致良知論：王陽明去惡思想研究	鄭萬耕	北京師範大學
27	朱　承	2006	超越心性：王陽明哲學的政治向度	楊國榮	華東師範大學
28	劉莉萍	2007	萬物一體：王陽明倫理思想的精神	姚新中	中國人民大學
29	李丕洋	2007	眞理和自由境界的追索者：王陽明修道哲學的思想精蘊	宋志明	中國人民大學
30	陳多旭	2007	教化與工夫：工夫論視域中的陽明心學系統	李景林	北京師範大學
31	李洪衛	2007	論王陽明的身心觀	高瑞泉	華東師範大學
32	辛麗麗	2007	陽明成聖學研究	焦國成	中國人民大學
33	李相勳	2008	王陽明與李退溪心性論比較研究	張立文	中國人民大學
34	劉笑非	2008	陽明心學的宗教維度	朱良志	北京大學
35	李會富	2008	江右王學研究	張立文	中國人民大學
36	楊硌堂	2008	大美心之光：從王陽明心學看中國文人書畫大和諧精神	范曾	南開大學
37	張　勇	2008	學以至聖──證法與教法統一視野下的陽明心學	董志鐵	北京師範大學
38	劉　聰	2008	陽明學與佛道關係研究	洪修平	南京大學
39	朱曉鵬	2009	王陽明哲學與道家道教關係研究	楊國榮	華東師範大學
40	王建宏	2009	王陽明思想再評價：以成聖之道爲中心的考察	張豈之	西北大學
41	許　多	2009	無心之心：王龍溪與天泉證道	張學智	北京大學

編號	著者	時間	題　　　目	指導教授	畢業院校
42	陳慧麒	2009	會通儒釋——以周汝登爲中心對明末陽明後學的研究	張立文	中國人民大學
43	王中原	2010	王陽明政治倫理思想研究	呂錫琛	中南大學
44	鮑永玲	2010	種子與靈光：王陽明心學喻象體系通考	潘德榮	華東師範大學
45	王　進	2010	良知、光明、美：王陽明良知「日喻」的哲學美學意蘊	劉綱紀	武漢大學
46	鮑希福	2010	三教本心：心學整合儒釋道三教思想研究	王葆玹	中國社會科學院研究生院
47	曲　輝	2010	16～17世紀儒學思想變遷軌跡探論——以陽明心學爲主線	徐兆仁	中國人民大學
48	薛青濤	2011	明詞與陽明心學	劉揚忠	中國社會科學院研究生院
49	張小明	2011	黔中王學研究	李承貴	南京大學
50	朴吉洙	2012	本體與境界之間：王陽明心性說的本質與特徵	陳來	北京大學
51	熊貴平	2012	同異與是非之辯：王陽明佛教觀研究	麻天祥	武漢大學
52	王麗霞	2012	事功與心性之間：王陽明心學研究的一個視角	黎紅雷	中山大學
53	李多梅	2012	陽明後學倫理思想研究	董群	東南大學
54	黃文紅	2012	王陽明樂思想研究	陳道德	湖北大學
55	孟　瀟	2012	遇與言：以《傳習錄》爲論說中心	劉夢溪	中國藝術研究院
56	阮春暉	2012	陽明後學現成良知思想研究	章啓輝	湖南大學
57	謝　旭	2013	王學與中晚明文學理論的關係研究：以七子派和公安派爲個案	梁道禮	陝西師範大學
58	楊　洋	2013	王陽明求中美學思想研究	鄒華	首都師範大學
59	畢　遊	2013	從朱陸異同到朱王：以理、性、心、知四個範疇爲中心	盧鍾鋒、陳祖武	中國社會科學院研究生院
60	馬曉虹	2013	陽明心學與明中後期文學批評	張恩普	東北師範大學
61	陳　琦	2014	王陽明致良知思想研究	張連良	吉林大學
62	陳媛媛	2014	王陽明心學之道德主體性研究	李振綱	河北大學
63	李雲濤	2014	李贄童心說與陽明心學	王衛東	雲南大學
64	王傳龍	2014	陽明心學流衍考	孫欽善	北京大學
65	侯　丹	2015	陽明詩歌與佛禪	李小榮	福建師範大學

編號	著者	時間	題　　　　目	指導教授	畢業院校
66	牛冠恒	2015	王陽明論語學研究	王杰	中共中央黨校
67	李　亞	2015	梁啓超與近代中日陽明學	郭連友	北京外國語大學
68	秦泗岩	2016	陽明心學平議	張錫勤	黑龍江大學
臺灣地區陽明學博士論文					
1	朱秉義	1977	王陽明入聖的工夫		文化大學歷史研究所
2	戴瑞坤	1979	陽明學說對日本之影響	林尹、潘重規、邱棨鐊	文化大學中國文學系研究所
3	崔完植	1984	王陽明詩研究	高明、李鍌	臺灣師範大學中國文學研究所
4	鄭基良	1984	王陽明與康德道德哲學的比較研究	高懷民	文化大學哲學研究所
5	宋河璟	1984	王陽明心學之研究	黃錦鋐	臺灣師範大學國文研究所
6	鄭勝元	1986	陽明哲學之研究	程兆熊	文化大學哲學所
7	李明漢	1988	陽明良知概念的形成及其意義之探討	牟宗三	文化大學哲學所
8	李相勳	1993	王陽明工夫論之研究	蔡仁厚	東海大學哲學研究所
9	林惠勝	1995	王陽明與禪佛教之關係研究	戴璉璋	臺灣師範大學國文研究所
10	田炳述	1995	從理學到心學之發展看王陽明哲學特色	楊祖漢	文化大學哲學研究所
11	近藤朋子	1998	陽明學與藤樹學之研究	黃錦鋐	國立師範大學國文學系
12	黃信二	2002	王陽明致良知方法論之研究	陳福濱	輔仁大學哲學研究所
13	張昆將	2002	日本德川時代純忠與至孝思維的典型——以陽明學與兵學爲中心	黃俊傑	臺灣大學歷史學研究所
14	黃淑齡	2004	重尋「仲尼顏子樂處，所樂何事？」——明代心學中「樂」的義涵研究	林麗眞	臺灣大學中國文學研究所
15	羅永吉	2005	陽明心學與眞常佛學之比較研究	林聰舜	國立清華大學中國文學系
16	張藝曦	2005	王學、家族與地方社會——以吉水、安福兩縣爲例	王汎森	臺灣大學歷史學研究所

編號	著者	時間	題　　目	指導教授	畢業院校
17	蔡淑閔	2005	陽明學派遊學活動研究	董金裕	國立政治大學中國文學研究所
18	朱湘鈺	2006	平實道中啓新局——江右三子良知學研究	鍾彩鈞	臺灣師範大學國文學系
19	吳伯曜	2006	王陽明四書學研究	康義勇	國立高雄師範大學國文學系
20	林久絡	2006	王門心學的密契主義向度——自我探索與道德實踐的二重奏	關永中、張永俊	臺灣大學哲學研究所
21	林明進	2007	王陽明哲學及其道德教育實踐之研究——以南部地區國小教師爲例	裘學賢	國立臺南大學教育經營與管理研究所
22	楊正顯	2008	一心運時務：正德時期（1506～21）的王陽明	王汎森、張永堂	臺灣清華大學歷史研究所
23	戴裕記	2008	王陽明良知體現論的美學向度探究	蕭振邦	淡江大學中國文學系
24	王繼華	2008	王陽明實踐哲學研究	張永儁	中國文化大學哲學研究所
25	蔡龍九	2009	《朱子晚年定論》之相關探究	張永俊、杜保瑞	臺灣大學哲學研究所
26	盧其薇	2011	宋明理學習概念研究：以朱子、王陽明、劉蕺山爲考察	林安梧	臺灣師範大學中國文學系研究所
27	侯潔之	2010	晚明王學宗性思想的發展與理學意義——以劉師泉、王塘南、李見羅、楊晉庵爲中心的探討	莊耀郎	臺灣師範大學中國文學系研究所
28	許佩玟	2014	王學之質疑及其流弊——以理論之探究爲中心	莊耀郎	臺灣師範大學國文學系
29	劉姿君	2015	陽明後學對「良知教」之把握偏正研究：依「判教」之可能義理型態分別	莊耀郎	臺灣師範大學國文研究所
日本陽明學博士論文					
1	崔在穆	1991	東アジアにおける陽明學の展開		築波大學
2	吉田公平	1991	陸象山と王陽明		広島大學
3	韓睿嬿	1993	何心隱の生涯と思想：その秩序像をさぐる		東京大學
4	古川治	1994	中江藤樹の総合的研究		東北大學
5	李鳳全	1994	中國近世近代社會における陽明心學の展開に関する研究		九州大學
6	吳　震	1996	陽明後學の研究		京都大學

編號	著者	時間	題　　　　目	指導教授	畢業院校
7	蘭　明	1997	北村透谷研究——思想的形成の多層性を中心に		東京大學
8	鄭址郁	1998	良知現成論に関する研究：王龍渓・王心斎を中心にして		九州大學
9	永冨青地	2004	王守仁著作の文獻學的研究		早稲田大學
10	錢　明	2008	陽明學の成立と展開		九州大學
11	森田康夫	2009	大塩平八郎と陽明學		立命館大學
12	大場一央	2010	心即理：王陽明前期思想の研究		早稲田大學
13	中純夫	2011	初期江華學派の研究：朝鮮における陽明學受容		京都大學
14	伊香賀隆	2012	陸王心學における「自然」と「工夫」についての研究：陸象山・王陽明・王龍渓		東洋大學
15	焦　堃	2014	陽明學と明の政治		京都大學
16	水野實	2014	王守仁の思想と明代における『大學』解釈の諸相		早稲田大學

說明：
1. 大陸內並無類似日本的博士學位論文查詢數據庫（http://ci.nii.ac.jp/d/），故本一覽表並未涵蓋國內全部有關王陽明研究的論文。
2. 關於王陽明的研究內容複雜，本表所列論文以王陽明研究爲主題，同時包括部分以陽明後學爲主題的博士論文，並未涵蓋全部陽明後學研究博士論文。
3. 日本博士論文檢索系統只有 1991 年以後數據。
4. 本一覽表的全部數據均源自網絡數據庫，包括：
　甲：中國知網「中國優秀博碩士學位論文全文數據庫」〔註1〕；
　乙：萬方「中國學位論文全文數據庫」〔註2〕；
　丙：中國國家圖書館「館藏博士論文與博士後研究報告數字化資源庫」〔註3〕；
　丁：臺灣「人文及社會科學引文索引資料庫」〔註4〕；
　戊：日本博士學位論文查詢數據庫〔註5〕。
上述數據庫均未能包括中國和日本各高校歷年來全部博士論文數據。

〔註 1〕 中國知網中國優秀博碩士學位論文全文數據庫
　　　　http://epub.cnki.net/KNS/brief/result.aspx 跡 dbprefix=CDMD.
〔註 2〕 萬方中國學位論文全文數據庫 http://c.g.wanfangdata.com.cn/Thesis.aspx.
〔註 3〕 中國國家圖書館館藏博士論文與博士後研究報告數字化資源庫
　　　　http://mylib.nlc.cn/web/guest/boshilunwen.
〔註 4〕 臺灣人文及社會科學引文索引資料庫 http://tci.ncl.edu.tw/cgi-bin/gs32/gsweb.
　　　　cgi/ccd=GhX8jq/tcisearcharea 跡 opt=1&mode=basic.
〔註 5〕 日本博士學位論文查詢數據庫 http://ci.nii.ac.jp/d/.

後 記

　　孟子曰：「君子深造之以道，欲其自得之也。」南華子曰：「君子深造之以學，勿以文憑混之也。」先聖先生，其揆一也。混之以文憑者，得一紙；造之以道者，得一善。得一善而拳拳服膺，斯為聖人之徒與？雖復聖顏子，無夫子諄諄，誰其玉成？雖至聖陽明，無師友敬愛，良知何致？況吾竀且劣，望聖人宮室，至美至大，幸不見棄，聆粹然仁義之言，覿韙然閎博之辯，閱蔚然組麗之文，雖愚不足以知道，亦欣欣然樂聖人之道矣。

　　某頗善謔，先生賜一「渾」字。王荊公有言「生渾則蔽性，性渾則蔽生」矣，吾心中悵悵不安者，良以久也。後閒翻字典，渾字赫然非僅混帳糊塗之謂，其一曰大，其一曰樸，其一曰純，其一曰豐。陽明云：「當專心致志，惟先覺之為聽。言有不合，不得棄置，必從而思之；思之不得，又從而辨之，務求瞭解，不敢輒生疑惑。」渾大廣遠，分明規模；正諸先覺，求諸古訓；躬勤學問，斯乃有所得矣。歐公詩云：「人稟天地氣，乃物中最靈。性雖有五常，不學無由明。輪曲揉而就，木直在中繩。堅金礪所利，玉琢器乃成。仁義不遠躬，勤勤入至誠。學既積於心，猶木之敷榮。根本既堅好，翕鬱其幹莖。」此歐公《贈學者》之詩，純樸至理，動人心弦，渾然一體，非常人所能及。余小子也，幸從師遊，學聖經賢傳，研性命至理，袪蔽復明，濬源植根，返虛入渾，積健為雄，其為章實齋所謂「學於聖人，斯為賢人；學於賢人，斯為君子」哉。

　　凡治聖賢之學者，莫不以誠敬之心為起點，以勤勉為基點，以師友為支點，孔孟之學如是，性理之學如是，教育之學亦如是矣。性理之學，切於己身；教育之學，要在求真。所謂己身，匪格致無以成形；所謂求真，匪愛敬無以明覺。夫子修己以敬，後世學者莫不以此為切己之宏規；程子體貼，後世學者莫不以此為學術之最高準則。吾不敏，敬遜求之。敬即謹也，遜即勉也。《中庸》曰：

-237-

「庸德之行庸言之謹，有所不足不敢不勉，有餘不敢盡，言顧行行顧言，君子胡不慥慥爾。」朱子曰：「踐其實，擇其可。德不足而勉，則行益力；言有餘而訒，則謹益至。」陽明曰：「學以存其心者，何求哉，求諸其心而已矣；求諸其心何爲哉，謹守其心而已矣。博學也，審問也，愼思也，明辨也，篤行也，皆謹守其心之功也。」先聖先賢，其學如此，吾心嚮往之。

然某學力不逮，智慧不足，所成之文，拙且陋矣，蒙師長輩抬愛，僥倖過關，感佩之情無以言表。博士四載，拙論草成，得益諸師友者夥。謹致謝忱，永銘在心：

于師述勝、謝師立中、金師炳鎬、顧明遠先生、錢民輝教授、朱志勇教授、徐勇教授、孫邦華教授、施克燦教授、杜成憲教授、劉立德先生、于建福教授、李景林教授、褚宏啓教授、李致忠先生、陳先行先生、張志清先生、陳紅彥先生、梁愛民先生、陳荔京先生、陳立先生、田正強先生、曾憲才先生、許英康博士、周衛勇博士、劉宏濤博士、李勇剛博士、尹韜博士、何嬌霞博士、劉繼青博士、包丹丹博士、張小麗博士、婁嶴菲博士、王文修博士、王旭輝博士、馬強博士、李剛博士、翟奎鳳博士、陳雲豪博士、趙文友博士、胡平博士、張波博士、王廣生博士、于超博士、孫國鋒博士、孫碧博士、趙娜女史、邱星宇女史、張志國博士、楊照坤女史、孫嫣女史、王楊女史、錢律進女史、郭晶女史。

《中庸》云：「君子之道，闢如行遠必自邇，闢如登高必自卑。《詩》曰：『妻子好合，如鼓琴瑟；兄弟既翕，和樂且耽；宜爾室家，樂爾妻帑。』子曰：『父母其順矣乎。』」家人竭力襄贊，博論方可成文，吾何其幸也，可不勉哉。

且賦詞一闋，調寄《折桂令》，以終其篇：

撰博文，轉瞬四年。

舊酒猶香，意興闌珊。

且賦新詞，遐思倦倦，碧草雲天。

昨日秋，今日春，歸來燕子。

映山紅，江南駐，濃翠屏山。

記得兒時，桃杏芭蕉，笑滿芳枝，鶯語池邊。

歲次強圉作噩建巳立夏翌日，花橋邨民向輝恒之甫記於長安林坰刺蝟河畔渾渾齋。